KB247340

5·18국제연구원 연구총서 1

기억하기, 연대하기

5·18국제연구원 연구총서 1

REMEMBER

SOLIDARITY

기억하기, 연대하기

5·18기념재단 5·18국제연구원 엮음

SYSTEM

REENACT

5·18기념재단
The May 18 Foundation

심미안

5·18국제연구원 총서를 발간하며

에드워드 카(Edward H. Carr)는 『역사란 무엇인가』에서 다음과 같이 말했다. "'사실'이라는 것은 역사가가 불러줄 때만 말을 한다. 어떤 '사실'에게 발언권을 줄 것인가, 또 어떤 순서로 어떤 맥락에서 말하도록 할 것인가를 결정하는 것은 역사가인 것이다. '사실'이라는 것은 자루와 같다. 그 속에 무엇인가를 넣어주지 않으면 사실은 일어서진 않는다." 이 말에 따르면 역사는 모든 사실을 아우르지 않는다. 즉 과거부터 현재에 이르는 인류의 삶은 역사로 기록되면서 드러난 사실들과 은폐되고 묻힌 사실들이 함께 존재한다는 것이다.

그렇다면, 역사로 기록된 사실과 은폐되고 망각되는 사실 사이의 차이를 가져오는 요인은 무엇인가? 이와 관련하여 벤야민(Walter Benjamin)은 『역사의 개념에 대하여』에서 파울 클레(Paul Klee)의 그림, 〈새로운 천사 Angelus Novus〉(1920) 해석을 통해 자신의 견해를 밝힌다. 그는, 전쟁과 폭력의 잔해를 바라보며 진보의 이름으로 밀어닥치고 있는 거센 폭풍에 의해 속절없이 미래로 떠밀려가야만 하는 천사의 허망하고 슬픈 표정을 통해서, 2차대전의 폭력과 유대인 학살에도 어쩔 수 없었던 무력한 베를린의 '천사'를 역사적으로 해석하고 있다. 파시즘이 절정에 달하던 시대의 벤야민 역시 역사의 천사와 비슷한 상황이었다. 그래서 벤야민은 역사의 천사가 하지 못한 일, 즉 부서진 파편들을 모아서 결합하는 방법에 관해 성찰하고자 했다. 물론 여기서 잔해들은 역사서술에서 다루어지지 못한 것, 억압되고 배제된 것을 의미한다.

그런데 역사에서 망각된 것을 되찾는 기억은 새로운 인식이라는 의미를 넘어 정치적인 의미를 가질 수밖에 없다. 벤야민에 의하면 망각된 것, 억압된 것의 회귀는 기존의 지배적인 담론을 무너뜨리는 힘이 된다. 망각된 것은 사회적인 힘에 의해 억압된 것이고, 망각된 것에 대한 기억은 그 힘에 대한 항의가 되면서 기존의 지배 질서를 전복시키기 때문이다. 푸코(Michel Foucault) 역시 어떤 사회든 복수의 권력 관계들이 사회를 구성한다고 하면서, 이 권력 관계들은 전쟁-억압 도식에 따라 분석해야 한다고 주장하고, 앎들 사이의 전쟁상태를 강조한다. 그리고 역사적 기억 및 서술도 같은 맥락에서 언급하고 있다.

역사에 기록되는 것과 은폐되고 망각되는 것, 이 차이를 결정하는 것은

해당 사회의 균열이다. 한 사회에서 다양한 이유로 분열된 사람들이 전쟁
상태에서 어떤 사실은 역사로 기록하고, 또 어떤 사실들은 은폐하거나 사
람들의 인식대상조차 되지 못하게 하는 것이다. 그리고 사회적 변화 속에
서 은폐되고 망각된 사실들을 기억하는 것은 균열을 만들어내는 그 사회
의 권력 관계에 저항하는 몸부림이 된다. 그리고 이러한 몸부림이 사회 내
권력 관계에서 밀려난 세력들 사이의 연대로 이어지고, 그 연대와 권력 관
계 사이에 전쟁상태가 만들어지면서 사회구성의 재편이 일어나게 되는 것
이다. 하지만 기억이 항상 그런 사회적 저항의 의미일까? 사회적인 것이
작용하는 힘의 방향은 순식간에 변화할 수도 있다. 긍정적이었던 특정 기
억이 순식간에 부정적인 방향으로 바뀔 수 있고, 능동적이었던 기억이 수
동적으로 될 수 있다. 기억이 지닌 힘의 성격과 방향이 다양하게 변할 수
있는 것이다. 그런 만큼 한 사건의 기억이 기념으로 구체화 되면, 역설적
으로 그 기념이 사회구성원들의 인식과 행위를 규제하면서 권력 관계로
작동할 수도 있다. 이런 점들이 기억과 기념에 대한 학문적 접근을 어렵게
한다.

　5·18국제연구원은 지난 3년간 이른바 '5·18 해결을 위한 5원칙'을 성찰
한다는 목표하에 다양한 학술행사를 조직해왔다. 그래서 2023년에는 '책
임'을, 2024년에는 '기념'을 주제로 선정해서 학술적인 접근을 시도했었
다. 그러다가 2024년 12월의 계엄선포로 인한 내란사태 속에서 시급한 정
세에 개입하기 위하여 2025년 연구원의 주요 주제는 '계엄과 이행기 정의'
로 바뀌었다. 물론 '5·18 해결을 위한 5원칙'을 성찰한다는 목표가 사라진
것은 아니다. 오히려 2024년 말에 시작된 내란사태는 기억과 기념의 중
요성을 강조하는 계기가 되었다. 과거 사실을 기억하고 기념하는 것이 현

재의 긍정적인 힘으로 작용할 수 있다는 것을 증명했기 때문이다. 이러한 인식에 근거하여 5·18국제연구원은 기념과 관련한 기존의 성과들을 모아서 5·18국제연구원 연구총서 1집을 발간하고자 한다. 5·18국가폭력 및 항쟁과 관련한 기억들이, 그리고 그와 관련된 유·무형 기념장치들이 어떠한 양상을 보이는지, 그것들은 어떠한 전쟁상태에 있는지, 그 속에서 광주의 '천사'가 할 수 있는 것은 무엇인지 등을 성찰해 보려는 것이다.

5·18국제연구원 연구총서 1집은 '기억하기, 연대하기'라는 제목으로 모두 세 개의 부문, 즉 기억과 제도, 기념과 재현, 기억과 연대로 구성되어 있다. 그리고 모두 여덟 분의 연구자가 논문을 내어주셨다. 연구자들께 감사를 드린다. 각각의 논문은 나름대로 중요한 문제의식과 성찰을 담고 있지만, 분산된 상태로는 그 울림이 크기 어렵다. 이제 하나의 책에 모임으로써 각각의 논문은 시너지 효과를 낼 수 있을 것으로 기대한다. 이 책이 나올 때까지 애써주신 우리 연구원의 연구위원과 직원들께도 감사를 드린다. 총서를 기획하고, 논문을 모으는 과정에서 이들의 노력이 컸다. 또 심미안의 송광룡 사장 이하 직원들께도 감사를 드린다. 파일로 존재하는 논문들이 훌륭한 책으로 탄생하는 데는 이들의 전문성과 성실함이 큰 역할을 했다. 이 기획이 5·18연구는 물론이고 기억과 기념에 대한 하나의 디딤돌이 되기를 기대하며, 이만 발간사를 마친다.

2025년 12월

5·18국제연구원 원장 최정기 씀

차례

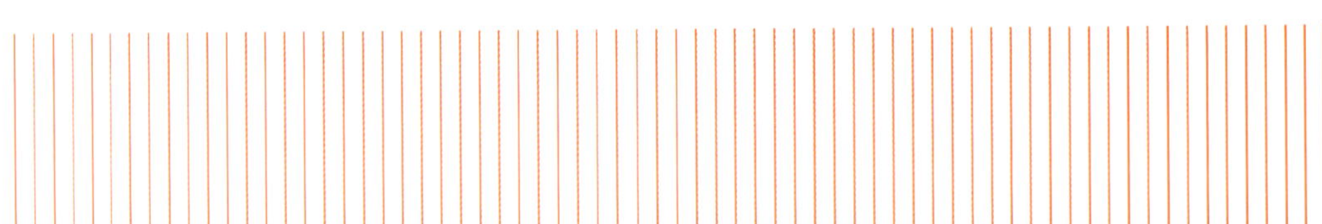

1부
기억과 제도

시간의 정치와 해방으로서 추념

이남희

본고는 1987년 이후 한국의 기억 구성을 중심으로 다루고자 한다. 시간의 정치와 신자유주의적 합리성이 1987년 이후 한국에서 과거의 해방 프로젝트를 거부하거나 가려버리는 여러 양상과 언설 및 행동으로 이어지는 모습을 살펴보았다.[1] 한국 사회는 내전이라고 말할 정도로 격렬한 역사 논쟁을 겪었다. 이러한 논쟁에는 박정희 신드롬부터 노무현 정부의 '친일파' 문제 청산 노력, 한국에 대해 지나치게 비판적이라는 뉴라이트의 역사 교과서 비판 등이 있었다. 또한 이러한 논쟁에는 광주민주화운동과 같은 역사적 의미의 도전도 있었다. 이러한 모든 사례에서 역사 해석의 변화는 필자가 시간의 정치라고 말하는 '시대가 변했다'라는 개념을 중심으로 한다. 국내외 깊고 폭넓은 변화에서 나온 시간의 정치는 일반적으로 20세기

---

[1] 본고의 관찰과 분석은 필자가 최근 출간한 『신자유주의 한국의 기억 구성과 시간의 정치』(듀크대학교 출판부, 2022)에서 발췌한 것이다.

전반의 혁명적 정치, 특히 1980년대 민중 운동을 부정하고, 과거 및 과거의 역사적 부정의를 해결하지 못한 현재에 일어난 부정의에서 현재의 개인들의 책임을 무마하는 역할을 주로 했다.

자크 랑시에르는 현재와 과거를 구분하는 시간이라는 개념이 "불가능성의 원리"로 작용한다고 제안했다. 랑시에르는 포스트 거대담론 시대에 "시대가 변했다"와 같이 무해해 보이는 진술이 "불가능성에 대한 진술"로 손쉽게 재구성된다고 지적한다. 즉, 시대가 변했다는 것은 실제 시간이 흘러갔으며 해당 시대에 존재했던 것이 사라졌다는 것만을 단순히 의미하는 것이 아니다. 그동안 시간이라는 개념에 내재된 가능성이 불가능하게 되어 더 이상 현재 및 가능한 것의 영역에 속하지 않게 되었음을 의미하는 것이다.[2] 널리 알려진 발터 벤야민의 『역사철학테제』에서 역사란 정해진 선형적인 궤적에 따라 진행되지 않으며, 과거와 현재간 깊고 지속적인 연관성이 있다. 특히 현재의 해방적 가능성은 과거의 부정의를 어떻게 바라보는가와 깊은 연관성이 있다는, 시간에 대한 다른 이해와 역사관을 제시한다.[3] 벤야민은 역사를 진보로 보는 관점은 두 가지 위험을 내포하고 있다고 지적하였다. 첫째, 과거의 역사를 재구성하면서 전복적 차원의 삭제, 왜곡, 순화가 수반되며, 둘째, 역사 기록이 현대 사회의 지배 세력에 맞춰 현재의 경향에 공조하게 될 위험이 있다는 것이다. 비판적 역사관은 역사를 연속적인 진보로 보는 역사관을 무효화하고 역사가와 사회가 과거의 부정의에 대한 의식을 날카롭게 다듬고 패배를 겪은 사람들의 투쟁, 열망,

---

2   자크 랑시에르, 『우리는 어떤 시대에 살고 있는가?』 폴리티카 코뮌 4(2013).
3   발터 벤야민, 『역사철학테제』, 일루미네이션: 발터 벤야민의 에세이와 성찰, 한나 아렌트 편집, 해리 존 번역(뉴욕: 하코트, 브레이스 앤 월드, 1968).

이루지 못한 꿈에 동참할 때 확보된다.

시간의 정치는 현재 민주주의 상황과도 깊이 연관되어 있다. 민주적 수사학이 넘쳐나고 있음에도 불구하고, 규제되지 않은 자본, 정치적인 것으로부터 분리된 경세, 민주주의 원칙에 대한 신자유주의의 지배로 인해 민주주의의 진정한 의미가 상실되었다는 주장이 전 세계적으로 우세하다. 만족스럽지 못한 개혁과 과격한 신자유주의적 조치들로 인해 만연한 환멸과 실망이 나타났고, 이는 소위 '진보적 정치'라는 것이 1987년 이후 한국 사회의 각종 요구들과 조응하지 못했기 때문이다.

소련과 동유럽의 '현존 사회주의'의 붕괴, 세계화와 신자유주의에 따른 광범위한 경제 구조 조정, 과거 권위주의 정권들의 '자유 시장 민주주의'로의 이전 등 크게 기려진 한국의 민주주의 전환 직후 세계적으로 변화가 이어졌다. 포괄적이고 빠르게 정치적 자유화가 진행되었지만, 1997년 'IMF 위기'로 알려진 경제 침체와 금융 위기 결과 한국은 시장의 요구를 우선하고 이에 순응하는 전면적 신자유주의 구조 조정의 길에 들어섰다.

역사 수정주의에서 작동하는 시간의 정치는 정치적 자유화와 포악함과 기민함을 주입한 신자유주의의 동시적 발전을 빼놓고 생각할 수 없다. 미셸 푸코부터 웬디 브라운 등의 학자들이 지적했듯이, 신자유주의는 경제 또는 무역 정책이나 국가와 경제 간 관계 변화 그 이상을 의미한다. 즉, "경제적 가치, 관행, 지표를 인간 삶의 모든 차원으로 확장"하는 준거적 합리성이 되었다. 시장 모델을 모든 영역과 활동으로 확산시키는 과정에서 인간은 "철저하게 시장 행위자인… 호모 에코노미쿠스"로 재구성되는 것이다.[4] 특히 일부 미국학 학자들은 세계적으로 신자유주의의 발전이 부상하는 탈식민지화와 새로운 사회 운동에 대한 대응이자 다문화 중립성을 도모하여 글로벌 자본주의의 불평등하고 인종적 위계 구조를 가리는 방안이었다고 보았다. 이러한 맥락에서 신자유주의는 2차 세계대전 전후 사회운동에 대응하기 위해 동원된 '부정의 인식론적 구조'로 보인다고 한다. 이 부정의 구조는 과거 소외되었던 주체, 사상, 관행을 선별적이고 불균등하게 인정하고 통합하여 과거 해방 운동과 사상을 새로운 권력 방식으로 변형시킨다는 것이다.

필자가 다른 저술지에서 주장했듯, 뉴라이트 역사학에서는 "철저하게 호모 에코노미쿠스"로 재구성된 인간이라는 개념이 두드러졌다. 한 역사가가 뉴라이트 역사학을 '신자유주의 역사학'이라고 규정했듯이 한국 현대사는 호모 이코노미쿠스의 역사로만 배타적으로 재구성된다. 특히 뉴라이트 학자들은 식민지 시대에 '위안부'나 산업 노동자로 동원된 이들이 노동의 대가로 임금을 받고 일을 한 것일 뿐이라고 주장하며, 기타 역사/윤리적 고려와 함께 노동 동원에 위협과 폭력이 사용되었던 식민지 맥락을 도외시하고 있다. 이영훈의 글에서 보여지듯 1945년 이후 한국인은 극심한 빈곤에서부터 경제 발전과 자유민주주의를 향해 점진적으로 나아가는 개인의 진보 과정으로 재구성되며, "자유"와 "개인주의"는 한국인 모두의 번영을 위해 지대한 공헌을 한 것으로 그려진다.[5]

뉴라이트 학자들의 입장은 현대 한국이 직면한 문제, 특히 미래를 형성해 나갈 때 역사 역할의 불확실성에 대응하는 것처럼 보일 수 있다. 1960

4 　웬디 브라운, 『민주주의 살해하기: 신자유주의의 스텔스 혁명』, 브루클린, 뉴욕: 존 북스, 2015, 30쪽.
5 　이영훈, 「왜 다시 해방 전후사인가」, 『해방 전후사의 재인식』, 박치향 외 편저, 책세상, 2006.

년대 이후, 특히 선진 산업사회에서는, 과거가 현재의 패턴을 결정하고, 과거가 현대 사회가 복잡한 문제들을 헤쳐 나갈 길을 열어줄 것이라는 흔한 믿음에 도전이 제기되었다. 역사가 위른 뤼젠은 역사학이 지금까지 이러한 도전들에 대응한 빙식을 다음 두 가지로 정리했다.[6] 첫 번째 대응 방식은 과거의 해석이 오늘날 우리가 직면한 문제에 가르침을 줄 것이며 역사적 이해와 지식은 안정적인 형태의 민족 정체성을 제공하여 현대 생활에 방향성을 제시할 것이라는 기존의 믿음을 계속 고수하는 입장이다.

두 번째 대응 방식은 근대성의 진보 과정에서 역사적 단절이 나타났던 사례에 주의를 기울이고 동시에 이 각각의 사례를 "진보 이념의 결을 거슬러서" 비판적으로 검토하여 최근까지 역사학의 근간을 이루었던 진보의 서사를 비판적으로 재평가하는 것이다. 그러나 이러한 비판적 분석이 모호한 결과를 낳았다. 즉 현시대가 겪고 있는 문제들은 오래전 과거의 모습과 교섭하게 된다. 오늘날 사회가 더 많은 갈등이나 딜레마와 씨름하면 씨름할수록 정작 오늘날 우리의 삶 자체는 별다른 의미를 제시하지 못하는 것으로 느껴지고, 반대로 과거는 마치 그것이 역사적 정체성을 재구성하기 위한 대안을 제공하는 듯 매력적으로 다가오게 되는 것이다.

역사학에서든 국가 정치에서든 개인이 역사 속에서 어떤 지점에 서 있는지에 대한 감각을 상실하게 되면서 현재보다 더 이상적이고 더 매력적인 대안을 찾아 과거를 헤매는 사례는 많이 있다. 프랑스의 경우 미테랑 시기부터 시작된 이른바 민족 정체성의 위기 혹은 위기감은 저 유명한 '기

---

6 위른 뤼젠, 「포스트모더니즘에 비추어 본 역사적 계몽: '새로운 난해함'의 시대에서 역사」, 『역사와 기억 1, 2호』, 1989, 109~131쪽.

억의 터'로 상징되는 집단 기억에 관한 연구를 촉발했다. 이는 프랑스가 다시는 분열될 수 없는 하나로 거듭날 것이며, 이로써 신민족주의자와 다문화주의자의 정치적·문화적 프로젝트를 한번에 물리칠 수 있을 것이라는 희망을 담은, '기억을 통해 프랑스를 재발명'하려고 시도했던 보수적인 사례였다. 카를로 긴즈버그는 그의 저서 『치즈와 구더기』에서 16세기 이탈리아의 방앗간 주인 메노키오의 이야기를 탐구한다. 배우지 못한 농민 메노키오를 급진적이고 유물론적인 세계관을 가진 독립적인 사상가로 묘사한다. 긴즈버그는 이러한 세계관을 16세기 이탈리아 민중 문화의 일부였다고 주장한다. 즉 1960년대 혁명의 실패로 인해 좌절되었던 바로 그 미래는 과거 한 농민의 급진적 세계관으로 재탄생하였던 것이다. 또한, 미국 내 '미국을 다시 위대하게'와 같은 구호와 백인 민족주의 운동의 부상은 과거를 극단적으로 동경하는 것이기도 하다.

한국의 경우 1990년대 후반 '박정희 신드롬'에서 보듯 이른바 박정희의 '귀환'은 현재의 불확실성과 불안을 달래기 위한 대중적 필요성이 일정 부분 반영된 것이기도 하다. 유교적 성 역할에 충실했던 18세기 양반 가문의 여성을 그린 이문열의 『선택』이든, 탐욕스러운 강대국들에 맞서 조국의 미래를 지키기 위해 은밀하게 핵무기를 개발하려고 노력했던 열정적 민족주의자로 박정희를 재탄생시킨 김진명의 『무궁화 꽃이 피었습니다』이든, 1990년대에 잘 알려진 작품 또는 베스트셀러 중 많은 작품이 신화와 같은 과거로 돌아가 현재와 대비되는 역상의 영감을 찾고자 했다. 한국사를 소설 형식으로 각색한 이러한 작품에서 대안적 과거는 "그 자체의 '진정한' 시간"으로 묘사되며, 이에 따라 실제 현실은 더욱 적대적이며 소원한 것으로 느껴진다.

그러나 뤼젠이 말하듯, 역사적 역상은 현재와 다른 미래를 상상하고 그러한 미래를 구축하기 위한 행위의 지침이 될 수 있는 미래의 시각을 반드시 제공하는 것은 아니다. 이미 가버린 날들에서 역상 혹은 대안적 이미지를 세시하는 일은 대개 윤색되고 이싱화된 과거로 도피하는 것으로 이어지고 이는 다시 현재를 부정적으로 보는 경향을 강화한다. 당장은 현대 사회의 만연한 허무함에 일시적인 위안을 줄 수도 있겠지만, 그 허무함을 해결하거나 극복하는 데 그 어떤 도움도 주지 못한다. 오히려 이상화된 역사적 이미지는 허울뿐인 대안을 제공하고 현대 사회에서 경험하는 방향 상실을 가려버리면서 현재 위기의 깊이와 형태를 모호하게 만든다.

뉴라이트 역사학은 긍정적인 한국사 인식을 강조한다. 그것을 통해 대한민국의 국민으로서 확고한 정체성을 가지게 된다는 것이다. 오직 긍정적인 역사 이미지만이 우리에게 올바른 역사적 교훈을 줄 것이라는 주장은 역사적 지식과 전통이 자아와 민족 정체성을 고양하고 유지한다는 관념과 밀접히 엮여 있다. 이러한 생각이 표현된 것이 바로 '자학적' 역사관이다. 이 역사관을 통해 우파 인사들은 독일이나 일본, 한국에서 과거와 미래 사이의 전환기적 정의를 추구하는 학계와 대중적 노력을 비판해오고 있다.

1980년대 서독에서 일어난 이른바 역사가 논쟁에서 철학자 위르겐 하버마스는 고대로부터 내려온 시각, 즉 역사가 오늘날의 삶에 지침서가 되어 줄 것이라는 시각, 다시 말해, 우리는 보통 "무언가 긍정적이고 모범이 될 만한 것만이" 역사의 교훈이 된다는 시각을 재고해야 한다고 제안한다. 개인과 사회는 긍정적 경험만이 아니라 부정적인 경험으로부터도, 심지어 실망으로부터도 가르침을 얻을 수 있다. 하버마스는 말했다. "역사가 우리에게 도전을 제기했을 때에 우리는 비로소 중요한 깨달음을 얻게 된다. 그 도전은 전통이 실패했다는 사실을, 지금까지 우리 행동의 지침서가 되어 왔던 신념들이 사실 우리가 앞으로 해결해야 나가야 할 문제를 겉돌기만 한다는 사실을 보여 준다." 역사적 교훈을 얻기 위해서는 불편하고 해결되지 못한 사안을 숨기는 것이 능사가 아니다. 오히려 그러한 사안이 역사의 "반증 사례들과… 무너진 기대"를 밝혀 주어 우리에게 비판적 통찰력을 주게 된다.[7] 억압된 과거의 요소들과 상호작용하면서 현재를 위해 역사를 비판적으로 사용하는 것은 벤야민이 말한 "추념"의 역사를 상기시킨다. 그의 경구처럼, "결을 거슬러 역사를 빗질"한다는 것이다. 이러한 벤야민의 통찰은 최근 한국 역사학계의 논쟁을 평가하기에 매우 적합하다.

추념의 시학

벤야민은 1940년 유럽이 나치라는 재앙에 휩싸여 있을 때 쓴 널리 알려진 9번째 논문에서 그 유명한 "역사의 천사" 이미지를 통해 이 위기감을 표현했다.

역사의 천사는 죽음을 직감한 채 그대로 머물러 지금까지 파괴된

모든 것을 다시 재건하려고 한다. 그러나 천국에서 태풍이 몰아쳐 난

7   위르겐 하버마스, 『베를린 공화국: 독일에 관한 글』, 스티븐 렌달 번역, 링컨: 네브래스카 대학교 출판부, 1997, 11~13쪽.

이러한 구절에는 절망이 만연하지만, 여러 학자가 지적했듯 벤야민은 이 논문에서 허무주의적이거나 절망적인 역사라는 개념을 주장하지는 않는다. 그에게 구원의 가능성은 희미하게나마 현재, 즉 "지금 여기의 시간(Jetztzeit)"에 존재한다. 이 구원 혹은 추념이라는 개념을 통해 벤야민은 역사성의 지배에 도전했다. 그는 "역사와 다른 식의 관계를 맺는다는 것은 곧 다른 역사적 시간성을 가진다는 것을 의미한다."고 썼다. 벤야민에게 과거의 공리주의적 관점, 즉 과거가 "우리 추론의 정확성을 향상시키고 그렇게 하여 우리의 미래를 향한 지식을 증대시킨다."는 관점, 다시 말해 우리가 흔히 과거를 기억해야 하는 이유로 제시되었던 바로 그 관점, 역사가 지속적으로 전개된다는 믿음은 그가 "역사주의"라고 표현했던 사상, 즉 역사를 곧 진보와 객관성으로 재단했던 잘못된 역사학에서 출발한 것이다.

벤야민은 역사주의 대신 "역사를 그 결을 거슬러 빗질하라."고 조언한다. 그에 따르면 역사가가 해야 할 일은 발전의 "수레바퀴 아래 깔린 자들과 연대"하는 것이다. 흔히 발전은 성취로 간주되어왔고, 의기양양한 국가주의적 서사는 바로 이러한 생각에서 탄생한다. 벤야민에게 과거는 "알아나가야 하는 객체가 아니라 주체, 즉 의미를 함께 형성해 나가는 능동적인

---

8   벤야민, 『역사철학테제』, 257~258쪽.

파트너"로 간주된다. 나아가서 과거란 단순히 실제 일어났던 일만이 아니라 열망하고 계획하였으나 끝내 실현되지 못했던 일들까지 포함하는 것이다. 역사는 "알지 못하는 이야기와 아직 이루지 못한 열망을 모두 포괄한다. 역사의 수면 아래에는 상실과 후회, 열정, 질투, 그리고 구원의 희망이 숨어 있다." 따라서 역사는 동질적이고 텅 빈 시간의 누적이 아니요, "연속된 사건은 염주 목걸이" 같은 것이 아니다. 역사는 "구원의 가능성을 결여한 채" 그저 더 많은 정보만 켜켜이 쌓인 것이 아닌 것이다. 지금 여기의 시간이야말로 진정한 역사적 시간이고, 그러한 시간은 오직 "과거와 현재 사이의 복잡한 접점"에서만 경험할 수 있다.

바로 이 순간, 다시 말해 과거의 이미지가 일순간 연속성을 부수고 나와 현재에 번쩍이게 되는 그 찰나의 순간을 포착하기 위한 방법론으로 벤야민은 "역사 유물론"을 제안했다. 이 접근법은 "역사주의를 관통하여" 진보를 가능하게 한 움직임들을 보여주고, 과거의 부정의에 대한 의식을 환기시킴으로써 현재의 관성에 도전하는 새로운 행동을 촉구한다. 심지어 이미 실패한 역사조차 "현재의 인식과 이해를 통해 새로운 연결"을 만들어 낼 수 있다면, 그것의 미래(즉, 지금 기준으로 현재)가 그것을 구원할 가능성이 생기게 된다. 역사적 구원이란 과거의 세대가 현재의 세대에게 부과한 과업이요, 과거가 현재에 요하는 "도덕적 요구"인 것이며, 이에 대해서 곧 다시 논의하고자 한다.

해방으로의 추념

벤야민은 과거의 부정의와 현재의 해방의 기회가 불가분의 관계로 연결되어 있다고 주장한다. 그에게 있어, 과거의 부정의를 기억하는 일은 현재의 해방을 위한 필수조건일 뿐만 아니라, 그것을 이룰 수 있는 유일한 방법이다. 벤야민은 역사적 과정이 남긴 도덕적 부채를 다음과 같이 논평했다. "앞서 살았던 모든 세대와 마찬가지로 우리는 희미한 메시아적 권능을 부여 받았다. 과거는 이 힘에 지분을 요구한다." 철학자 악셀 호네트는 "지분을 요구한다"는 표현에 대해 과거의 세대들이 현재 세대에게 요구하는 일종의 도덕적 권리, 즉 우리 세대로 하여금 과거 어느 세대들이 겪어야 했던 부정의에 대해 인정하고 또 보상하라고 요구하는 권리라고 설명한다.

> 모든 현재는 그 이전 세대가 "알아주지 않는 노고"를 통해 생산한 물질적이고 상징적인 자산에 의해 풍요를 누린다. 그 과정에서 이전 세대는 그들의 희생과 궁핍에 이떤 보상도 받지 못했다. 따라서 역사적 과정은 도덕적 연루의 연쇄로 이루어져 있다. 이 연쇄 속에서 과거의 모든 보상받지 못한 고통은 현재 세대의 실질적 부채를 증가시킨다. 벤야민에 따르면 이 점증하는 부채로부터 자유로워지는 것만이 인류 전체의 성공적 해방을 가능하게 할 조건이다. 현재에 선행하는 모든 부정의에 적절한 속죄와 보상을 하지 않는 한 그 어떤 세대도 스스로 "자유롭다"고 할 수 없을 것이다. 특히 여기서 자유라는 개념이 자기 자신과 자연스러운 동의를 할 자유를 포함한다면 말이다.[9]

현재에서 과거의 도덕적 책무를 이행하는 일이 해당 사회가 진정한 해방을 얻기 위해 필수적이라는 벤야민의 주장은 역사적 부정의의 보상과 속죄를 요구하는 최근 논의에서 지대한 중요성을 지닌다. 역사가 베버 비버네지는 과거 부정의 피해자를 위해 사후적으로 정의를 추구하는 일이 결코 부정적 결과로 이어지지 않을 것이라고 설득력 있는 주장을 제시했다. 그에 따르면, 과거 악행의 피해자들에게 보상을 하거나 혹은 어떤 나라가 그들의 죄악을 인정하는 식의 사후적 조치들은 미래지향적인 정치나 혹은 미래에 대한 유토피아적이고 해방적인 비전을 그리는 작업에 악영향을 끼치지 않는다. 그는 과거를 부정적으로 바라보고, 부정적인 것을 모두 시대 착오적이거나 오직 과거에만 존재하는 것으로 간주하는 태도를 가리켜 "시대적 이분법"이라고 일컬었다.

이러한 관점은 "대한민국의 미래 세대는 언제까지 주홍글씨가 쓰인 옷을 입고 다녀야 할 것인가?"라고 한탄하는 교과서 포럼의 창립 선언문, "언제까지 과거에서 온 겁에 질린 손님이 시민적 덕목과 조국애의 거부권을 행사하도록 두어야 하는가?"라고 한탄한 독일 역사가 미하엘 슈튀르머의 사례를 재고하도록 한다.[10] 비버네지는 과거의 부정의를 인정하면 현재나 미래에 부정적 결과로 이어진다는 우려가 특정한 역사적 사고 또는 역사 철학에서 나왔다고 주장한다. 이러한 유형의 역사관은 과거와 현재, 미래 사이의 관계를 "공존할 수 없는 것"으로 인식한다. 각 세대를 "별개의

---

9   악셀 호넷, 「과거의 소통적 공개: 발터 벤야민의 인류학과 역사철학의 관계에 대하여」, 『뉴 포메이션스 20』, 1993, 91쪽.

10   미하엘 슈튀르머, 「역사에서 배우기?」 의미와 형태 2 (1994); 하버마스, 베를린 공화국, 5에서 인용.

상호 배타적인 독립체들"로 다루며, 이는 우리가 서로 다른 시간대에 걸친 부정의와 책임을 이해하는 것을 방해한다. 이때 현재의 시점에서 성공적인 것으로 간주되지 않는 정치적·역사적 대안은 모조리 과거에 속한 것으로 혹은 최소한 시대 착오적인 것으로 치부된다. 프란시스 후구야마의 역사 종말에 관한 주장은 이러한 배제의 논리를 명징하게 드러낸다. 그는 자유민주주의의 승리로 대변되는 오늘날의 상황이 역사 그 자체의 종말이라고 주장했다. 자유민주주의의 대안이 될 만한 정치적 형태가 모두 실패로 돌아갔다는 것이다. 이러한 식의 사고에서는 과거와 현재 사이의 구조적 연속성이 삭제된다. 이로 인해 과거 부정의의 성찰이 현재를 살아가는 사람의 도덕적 책임감으로 이어지지 않는다. 오히려 희생자나 생존자가 과거의 부정의를 지속적으로 언급하는 것을 바람직하지 않은 일로 꺼리게 된다.

비버네지는 "현재 사회의 주류 자유민주주의적 이상에 부합하지 않는 모든 현상을 과거의 것 혹은 시대 착오적인 것처럼 '연기하는'" 관행에 주의를 촉구했다. 과거를 현재나 미래와 대비되는 것으로 보는 시간관은 특정한 기능을 수행한다. 그것은 과거에 일어난 부정의에 대한 우리의 책무를 씻어버리고, 나아가 역사적 부정의의 정의를 추구하지 않는 현재에 대해서도 우리의 죄를 사면해 준다. 비버네지는 시간성에 관한 새로운 비전, 역사에 대한 새로운 철학을 촉구한다. 그것은 역사적 시간대를 더 이상 "공존할 수 없는" 혹은 "이분법적인" 것으로 보지 않는 비전과 철학이다. 그가 연구했던 사후적 정의를 추구하는 집단은 이분법적인 시간대 이해를 거부하고, 심지어는 시간적 거리에 관한 관념에도 의문을 던졌다. 남아프리카 공화국의 쿨루마니 서포트 그룹은 그들의 지속적인 정의 추구를 정당화하면서 희생자와 생존자의 입장에서 "과거는 여전히 현재"라고 주장했다. 아르헨티나의 오월광장 어머니회와 1980년 광주민주화운동 유가족은 40년이나 되는 시간이 흘렀으나 그들의 자녀가 실종된 사건을 그저 과거의 일로만 간주할 수 없다. 이러한 이들에게 과거의 부정의가 낳은 피해자로서 혹은 그러한 피해자의 가족으로서 그들이 겪은 경험은 과거와 현재 그리고 미래를 구분하지 않는다. '급진적 비동시성'이라는 관념을 통해 이들은 벤야민이 말한 "구원"과 "추념"을 추구해 나갔던 것이다.

필자는 뉴라이트 학자들이 '위안부' 및 식민지 시대 강제 징용 노동자 등 역사적 주제를 다룰 때 어떻게 시간의 정치에 가담하는지, 즉 어떻게 개인들의 생생한 경험을 현재와 더 이상 관련이 없는 것으로 만들어 현재와 과거의 사건 간 거리를 만드는 인식론적 폭력에 가담하는지에 관하여 간략하게 논의했다. 현재에 엄연히 존재하는 현상이나 인물에 대해서도 그들의 눈에 바람직하지 않아 보이는 것이라면 모조리 과거로 몰아내는 이러한 시간의 정치는 뉴라이트 역사학만의 문제는 아니다. 한국 우파 진영에서는 다양한 유형의 피해자와 그 유가족을 향한 비난과 모욕이 광범위하고도 공공연하게 일어나고 있다. '위안부'와 그 지지자, 광주민주화운동의 피해자와 유가족, 보다 최근에는 세월호 희생자와 유가족에 이르기까지, 이 모든 피해자에게 한국 우파는 이제 과거는 과거일 뿐이라는 사실을 받아들이고, 앞으로 나아가야 한다고 강요한다. 심지어 침묵하기를 거부하는 피해자에게는 '강박적'이고 '꼴사납다'고 경멸하기까지 한다.

비판적인 개입과 현 상태의 반발이 혼재된 오늘날의 모순적인 상황을 적절하게 헤쳐 나가기 위해 우리에게 필요한 것이 바로 새로운 시간적 이해, 즉 벤야민이 제안했던 역사관이다. 이 관점에서 보면 역사는 미리 정해진 단선적 경로에 따라 진행되는 진보의 과정이 아니다. 그것은 "연속성과 단절, 파열과 폐쇄, 전진과 퇴보 사이의 시간적 긴장"이 이어지는 변증법적 과정이다. 과거 세대의 인정받지 못한 고통을 보상하고 과거 미완의 투쟁을 계속하는 것은 진정한 사회 해방의 가능성을 열고, 변혁적 정치적 실천의 한계와 가능성을 고려하는 것이다.

이남희 캘리포니아대학교 로스앤젤레스(UCLA) 현대 한국사 교수, 한국학센터 소장.

과거사 기억, 기념의 굴절과 의미화

김동춘

기억, 기념의 정치성

1960년 4·19혁명 이후 1987년 6월항쟁까지의 한국 민주화운동은 세계사적으로 자랑할 만한 위대한 투쟁의 역사다. 1948년 정부 수립 이후 한국전쟁 시기까지 발생한 국가 폭력과 학살, 1961년 5·16 쿠데타 이후 1990년대까지 지속된 국가 폭력과 인권 침해는 반인륜적인 국가범죄의 백화점이다. 이 두 흐름의 과거사는 오늘의 한국을 만든 가장 결정적인 역사였고, 오늘 우리는 그것의 의미를 두고두고 되새김질해야 한다. 그러나 중요한 과거 사실과 그 기억은 여전히 제대로 자리 잡지 못하고 있으며, 미래 세대에게 제대로 교육되지 않고 있으며, 관련된 각종 기억, 기념행사

---

* 이 글은 『문학들』 78호(문학들, 2024)에 게재된 논문 「과거사 기억, 기념의 굴절과 의미화」를 수정·보완한 것임을 밝혀둡니다.

는 그냥 국가가 주도하는 의례로 변질되었다.

과거 민주화운동이나 국가 폭력에 대한 인정, 그 사건의 성격 규정과 그것에 대한 이름 붙이기[命名], 그리고 그 사건들을 국가나 사회, 지역사회와 이웃이 어떻게 기억하고 기념할 것인가는 그 자체가 매우 정치적 사안이다. 특히 역사적 사건에 대한 기억을 둘러싼 갈등은 '상징 투쟁', 혹은 정치 투쟁의 일환이다. 전쟁, 혁명이나 항쟁, 거대한 정치 변동, 그리고 학살 등 심각한 국가 폭력 사건에 대해서는 그것에 성격 규정과 이름 붙이기, 기념사업에서 사용되는 언술과 진행 방식에도 대립된 세력들 간의 정치적 갈등, 의미 부여가 스며들어 있다. 그래서 우리가 기록과 기억에서 사용되는 언술, 기념의 의례를 살펴볼 때는 언제나 그것이 누구의 기억이고 누가 주도하는 기념이고, 어떤 과정을 거쳐 공식화된 기억인지 물어야 한다. 그리고 사적 기억과 공식적 기억 간에는 언제나 긴장과 충돌이 있는데, 국가 폭력 사건의 경우 피해자의 개인 기억이 이후의 공식 기억과 완전히 배치되기도 한다.

특정 기억은 다른 기억을 압제하기도 하고, 두 기억이 경합하면서 충돌하기도 하고, 사적이거나 정치적인 이유로 변형 굴절되기도 한다. 특히 과거사 진상 규명, 과거 중요한 사건들에 대한 사후의 바른 이름을 붙이는 [正名] 과정에서 '경합하는 기억'들이 정면 충돌하기도 하고,[1] 그 실제 내용이나 역사적 의미가 굴절, 변형되기도 하고, 세력들 간의 정치적 타협을 거쳐 절충안이 만들어지기도 하고, 시대적 변화 현재의 필요 때문에 과거의 사건이 새롭게 명명, 혹은 의미 부여되기도 한다. 기억, 기념 자체가 정

---

1   김동춘, 『이것은 기억과의 전쟁이다』, 사계절, 2013

치 과정이고, 정치적 각축의 저류에는 사회적 의미 부여, 집합적 의식, 각
종 이념이나 이데올로기가 작용하기도 한다.

지금까지 한국에서는 기억과 기념, 그 의미화가 단순히 집권 세력, 정
당에 따라 편차를 보이는 정도를 넘어서 극단적인 충돌로 가는 경향이 많
다. 해방 후 1947년 3·1절을 기념하는 행사가 좌·우익 양측에 의해 별도로
치러지고, 행사 이후 퍼레이드에서 두 세력이 유혈적인 충돌이 발생한 사
건이 대표적이다. 통상 국가권력은 과거 자신이 저지른 폭력과 인권 침해
에 대해서는 사실 자체를 부인하면서, '기억의 봉기'를 압제하기도 하고,
그 역사적 성격을 완전히 반대로 해석하기도 했다. '전쟁정치'가 여전히 압
도하는 분단, 냉전체제 하의 한국에서는 정치사회적으로 사회 구성원이
완전히 합의할 수 있는 과거의 기억, 모두가 동의하는 기념사업이 거의 없
다. 그래서 민주화 이후에도 역사교과서에 실릴 내용을 둘러싼 대립이 계
속된다. 이승만·박정희 동상 세우기나 추대하기 작업, 맥아더 동상 끌어내
리기 등도 기억 투쟁의 일환이다.

그래서 지금도 한국 현대사의 여러 중요 사건에 대한 이름 붙이기, 진
상 규명, 피해자 신원(伸冤), 기억과 기념, 특히 공식 해석은 언제나 심각
한 정치적 논란을 불러일으킨다. 그리고 이 논란은 단순한 해석, 의미화의
차이 정도에서 머무는 것이 아니라, 정권의 교체와 거의 동시에 진행되면
서 심각한 대립 양상으로 나타난다. 그것은 그 많은 큰 사건, 국가 폭력의
가해와 피해에 대한 제대로 된 진상 규명도 없었고, 당사자들 간의 화해의
과정도 없었다.

국가나 사회공동체의 오늘을 있게 만든 역사적 사건은 모든 후세대의
구성원이 응당 기억하고 기념해야 한다. 그리고 그 희생과 공로에 대해서

는 마땅히 국가나 사회가 깊이 존중하고, 아픔에 공감해야 한다. 특히 국가의 독립, 정치적 민주화, 대중의 삶을 개선시킨 소수의 선구적인 투쟁에 대해서는 그에 합당한 사회적 존중이 부여되어야 한다. 역사적으로 중요한 사건에 대한 사회적 망각이나 공식적 공공적 기억의 결핍과 굴절, 그리고 희생자들에 대한 정당한 정치사회적 인정이나 대우의 부재는 사회에 큰 주름과 갈등의 여지를 남긴다. 특히 정치권력과 사회가 이들의 공로와 희생 자체를 묵살하거나 제대로 인정해 주지 않을 경우, 자신의 희생으로 정치 공동체가 살아남았고, 다수의 대중들이 삶을 유지하는 등 혜택을 보게 되었으며, 심지어 자기 외의 사람들 일부가 그러한 공로를 활용하여 권력과 이익까지 누리게 되었다고 생각하는 배제된 희생자는 크게 분노하지 않을 수 없다. 희생과 공로를 제대로 인정받지 못했다고 생각하는 사람들의 분노는 폭력을 유발하기도 한다.

우리는 한국에서 기억, 기념이 어떻게 억압, 변형, 굴절되는지 살펴봄으로써 한국 정치사회의 심층, 오늘의 한국사회가 안고 있는 문제의 심층에 도달할 수 있다.

1987년 민주화 이후의 과거 사건에 대한 기억, 기념 활동

한국에서 기억을 둘러싼 투쟁은 과거의 '압제된 기억'이 '봉기'를 일으킨 민주화운동과 병행하였다. 1987년 6월항쟁은 '광주 5·18'의 기억을 환기하자는 1980년 이후의 민주화 투쟁의 연장 속에 있었다. 한국전쟁 전후 발생한 온갖 종류의 국가 폭력 사건에 대한 진상 규명 작업이 1990년 이후 본격화되었고, 김대중 정부 이후 민주화운동에 대한 당사자와 인정 요구, 관련 단체의 정리 작업이 활발해지면서 기억, 기념사업이 본격적으로 시작되었다.

정부 차원에서는 「민주화운동 관련자 명예회복 및 보상 등에 관한 법률」(2000)이 제정되어 민주화운동 관련자의 명예회복과 보상이 민주주의 발전과 국민화합의 초석임을 밝힘으로써 민주화운동 기념·정신 계승의 역사적 중요성과 사회적 필요성이 인정되었다. 그리고 「민주화운동기념사업회법」(2001)은 "헌법에 보장된 국민의 기본권을 침해한 권위주의적 통치에 항거하여 국민의 자유와 권리를 회복·신장시킨 활동"을 민주화운동으로 정의하여 이를 기반으로 민주화운동기념사업회가 설립되어 활동을 시작하였고, 그 이후 연례적으로 민주화운동을 기념하는 행사가 개최되었다. 이 「민주화운동기념사업회법」은 이후 계속 개정되어 1960년 이승만 정권을 붕괴시킨 '2·28대구민주화운동, 3·8대전민주의거, 3·15의거'를 포함하였으며, '4·19혁명, 부마항쟁, 6·10항쟁 등'을 민주화운동으로 인정하였다.

그러나 이에 앞선 기억, 기념 작업의 선두 주자는 광주5·18항쟁이었다. 1980년대의 민주화운동은 그 자체가 곧 5·18 당시 신군부가 저지른 천인공노한 학살 '부인'을 정면에서 '부인'하는 일종의 기억 투쟁이었다. 광주5·18항쟁의 진상 규명 요구는 1987년 이전부터 시작되어, 1990년 이후에는 가해자의 책임과 피해자 보상, 진상 규명, 그리고 사건의 성격에 대한 명명 등이 본격적으로 진행되었는데, 이 자체가 가장 중요한 정치적 갈등 사안이었다. 1990년 노태우 정권이 서둘러 추진한 광주민주화운동보상법은 사건에 대한 진상 규명이 없는 상태에서 시작되었으며 이후 1995년

5·18특별법에 의해 전두환·노태우 두 전직 대통령이 처벌되었으나, 5·18 학살 사건에 대한 진상 규명은 여전히 결여된 상태로 과거사 정리가 진행되었다.[2] 조직 즉 신군부가 광주항쟁당시 시위대를 학살한 사실에 대한 책임도 묻지 않았다. 전두환이 주도한 12·12 사태, 즉 신군부의 집권은 단순한 '내란죄'로 처벌되었다.

즉 진상 조사가 결여된 상태에서 추진된 5·18 피해자 보상 조치, 가해자의 단죄는 한계를 가질 수밖에 없었고, 5·18 당시 학살과 국가 폭력을 포함한 전체 상을 정립하려는 의지가 없었던 노태우 정부는 광주 5·18을 '민주화운동'이라고 서둘러 이름 붙였다. 그리고 피해자 배·보상이라는 회유책을 쳐 놓고, 피해자들이 그 회유책에 자발적으로 들어올 수밖에 없게 만든 다음, 피해자들을 심사하여 개인적으로 보상 조치를 진행했다. 이후 「5·18민주유공자예우에 관한 법률」(2002)은 5·18민주화운동 희생자와 피해자를 민주유공자로 예우하고, 국가와 광주광역시가 5·18민주화운동 기념·정신계승에 상호 협력하여야 함을 천명하였다. 2018년 3월 13일, 5·18민주화운동 진상 규명을 위한 특별법에 제정되어, 5·18 학살의 가해자인 신군부의 범죄행위를 조사하기 시작했다.

그러나 한국의 기억, 기념사업에서 가장 민감할 뿐더러 국민 간의 갈등을 내포하고 있는 사안은 한국전쟁이다. 한국전쟁으로 부를 것인지, 6·25라고 부를 것인지에 대한 공식명칭 논란은 지금도 계속 진행 중이다.[3] 한

---

2   안종철, 「과거청산과 미해결과제」, 『5·18 민중항쟁과 정치·역사·사회』, 5·18기념재단 엮음, 제5권, 2006.
3   6·25 대신 한국전쟁으로 부르자는 제안은 민주화 이후 본격화되었다. 이에 대해서는 김동춘, 『전쟁과 사회 – 우리에게 한국전쟁은 무었이었나?』, 돌베개, 2006.

국전쟁에 대한 다양한 방식의 기억, 기념사업은 사건 직후부터 계속되었는데 거의가 공로를 세웠거나 희생된 군인에 대한 위령사업이 주를 이루었다. 과거의 반공희생자 합동위령제는 자유수호희생자 합동위령제로 명칭을 바꾸어 전국 100여 곳 이상에서 다양한 형태의 위령제가 개최되었다. 그리고 전국 각지에는 한국전쟁 전후 전투에 감가했던 군인, 경찰 희생자에 대란 위령탑이 건립되어 있다. 그런데 이러한 전쟁 기억에 균열을 일으킨 것이 바로 피학살자 유족회의 운동이었고, 제주, 거창, 산청 등지에서의 진상 규명 운동, 그리고 2005년에 설립된 제1기 진실화해를위한 과거사정리위원회(진화위)의 진상 규명 활동이었다. 제1기 진화위의 활동이 종료되고, 새로운 사실이 발굴되고, 한국전쟁의 기억의 지형이 극적으로 변했다. 그리고 진실 규명 이후 각종 권고가 내려짐에 따라 민간인 희생자에 대한 위령사업이 정부나 지자체 유족 차원에서 시작되었다.

제1기 진화위 활동이 종료될 무렵인 2009년 당시, 전쟁 중 희생당한 군인, 경찰 위령비는 전국적으로 894개가 있었으나 민간인 희생자 대상의 위령비는 50개에 불과했고, 그중에서도 군·경에 의해 희생된 민간인 대상 위령비는 22개에 불과했다. 한국에서 군인과 경찰의 희생에 대해서는 아주 적극적으로 기억하고 있으며 그들의 죽음은 적절히 위로를 받았으나, 전쟁기에 억울하게 죽은 민간인을 기억할 수 있는 표지판은 거의 없었다. 한국자유총연맹이 건립한 반공희생자 위령비는 거의 모두가 일반인들이 가장 접근하기 쉬운 곳에 크게 건립되어 있으나, 2000년대 이후 지역사회의 반대를 무릅쓰고 유족들이 건립한 극소수의 민간인 희생자 위령비는 사건 현장 등 일반인들이 접근하기도 어려운 곳에 그것도 아주 조그마하게 설치되었다. 기억의 극도의 비대칭은 바로 한국사회의 권력 지형과 이데올로기 지형을 그대로 보여 준다.

즉 2000년대 이후 한국전쟁에 대한 기억의 경합의 가능성이 열렸다. 그러나 사실 두 기억의 경합이라기보다는 주류적인 기업이 압도적으로 우세한 가운데, 후자의 기억을 여전히 탄압는 과정에서 지속적인 갈등과 충돌이 발생했다고 봐도 좋을 것이다. 한국전쟁 시기 좌·우 양측에 의한 학살이 많았던 고창의 경우가 대표적이었다. 지역 우익단체는 새롭게 설치된 민간인 희생자 위령탑의 철거를 계속 요구했다. 전국의 여러 지역에서 진실화해위의 진실 규명 결정에 의해 설치된 학살지 표지판도 누군가에 의해 망치나 정으로 파괴되고 땅에 묻혔다. 1961년 5·16 쿠데타 직후 군부에 의해 한국전쟁 피학살자 유족들이 건립한 비석이 파괴된 것과 유사한 양상이 이명박 정부 이후 지금까지 나타나고 있다. 아직 발굴되지 않은 군인과 민간인들의 유골, 발굴되어도 법적 근거가 없어서 제대로 안치되지 못하고 있는 피학살자의 유골과 유해, 학살당한 사람에 대해 아직 제대로 위령사업을 실시하거나 위령탑을 세울 수 없는 현실, 이 모든 일이 한국이 아직 휴전 상태임을 말해 주고 있다.

결국 광주5·18항쟁 당시 학살의 경우나 한국전쟁기 민간인 학살사건처럼 가해자가 단죄되고, 어느 정도의 진실이 밝혀졌다고 하더라도, 보수적인 정권이 들어서거나, 군·경찰 등 가해 기관이 그것을 제대로 '인정(acknowledgement)'하지 않는다면, 진실은 여전히 공식 기억의 자리를 차지하지 못한다. 국가나 가해 측의 중요 정부 기관이 각종 특별위원회의 진상 규명이나 법원의 판결 결과를 인정했다고 치더라도, 형식적 인정에 그치고 재발 방지를 위한 내부 조직 문화나 관행의 개혁 등 조치를 취하지 않는다면, 진실은 공식 기억의 위상을 갖지 못한다. 그래서 가해자나 가해

기관은 기회만 오면 이 모든 결과를 무시하려는 경향이 있다.

한편 정부 기관이 형식적으로 새로운 진실을 '인정'하고, 공식적인 기념사업을 수행하고, 관련자들의 국가 유공자의 대우를 받는다고 하더라도, 시민사회 즉 언론이나 교육기관, 각 사회단체, 학술연구자들이 이 일에 무관심하여 사실을 공개적으로 알리기를 주저하거나, 교과서 서술에 포함하지 않고, 시민사회가 그것을 그냥 지난 일로 치부하면서 넘어간다면, 진실은 여전히 사회적 기억이 되지 못한다.

국가의 부인, 공식 기억 부재와 피해자의 인정투쟁

과거 군사 정부는 국가 공권력의 잘못으로 인해 발생한 심각한 인권 침해의 진상 규명을 방해하거나, 그러한 주장을 하는 희생자, 그리고 운동가들을 탄압해 왔다. 이것은 현대판 부관참시(剖棺斬屍), 즉 2차, 3차 가해라 할 수 있다. 한국정부가 한국전쟁기 군·경과 미군이 저지른 학살 사건에 대한 반세기 이상의 진상 규명 요구를 억압, 묵살한 것, 그리고 유족회의 진상 규명 요구를 탄압한 것이 대표적이다. 특히 5·16 쿠데타 직후 군부는 전국 여러 지역에서 자연발생적으로 일어난 유족들의 진상 규명 운동을 탄압했다. 당시 박정희 지휘 하의 군부는 "특히 유족회 사건은 엄히 다루되 반공을 국시의 제일의로 다루는 혁명정부에 유족회 사건이 가장 위해로운 사건이므로 엄격히 수사하라."고 지시하였다. 그들은 국가의 공식 기억 외의 다른 기억이 등장하는 것을 가장 두려워했다.

정치적으로 위기에 몰릴 때마다 이승만을 건국의 아버지로 부각시키려는 보수세력의 지속적인 시도는 그의 재임 기간 동안 저질러진 독재, 부패, 그리고 학살의 기억을 지우기 위한 정치 투쟁이다. 1948년 8·15가 '건국절'이 되면 항일운동의 역사는 묻히고 친일반공세력이 건국영웅이 된다. "과거를 지배하는 자는 미래를 지배한다. 현재를 지배하는 자는 과거를 지배한다."는 조지 오웰(Orwell)의 말이 한국처럼 잘 적용되는 나라도 없었을 것이다. 그것은 바로 권위주의 세력이 기억의 독점을 통해 공식 기억을 일방적으로 유포, 교육하였으며, 압제된 기억, 국가 폭력의 기억을 은폐하거나 조작한 일이 지금까지 계속되고 있다는 사실에서 확인된다. 그런데 과거 군사정권 시기에는 학살, 인권 침해 기억의 억압이 일반적이었으나, 그 이후에 기억의 봉기, 그리고 공식 기억과 압제된 기억 간의 경합, 과거사에 대한 이름 붙이기 논쟁이 시작되면서 기억의 정치는 새로운 국면에 접어들었다.

　권위주의 정권을 거치는 동안 국가 폭력에 대한 피해자의 기억은 철저하게 억압되어 왔고, 거슬러 올라가 항일운동, 민족해방운동에 대한 역사는 우익 보수주의 독립운동가들의 공적만 편향적으로만 기억, 주입되어 왔다. 정부 수립 이후 수많은 국가 폭력 사건의 수많은 피해자의 주장, 비주류 언론의 폭로, 제3자의 고발과 증언에 의해 국가가 자행한 학살, 인권 침해나 잔혹 행위가 알려지면 일단은 국가가 모른 채하거나, 증거를 인멸하기도 하고 부인할 수 없는 증거가 발견되면 기억을 굴절시키거나 편향적 해석을 한다. 국가는 코헨(Stanley Cohen)이 말하는 문자적 부인, 즉 사실 자체를 부인하는 것이다.[4] 이 점은 모든 국가범죄에서 나타나는 특징이지만 한국도 예외는 아니다. 이처럼 범죄를 저지른 국가 기관의 태도는

4　스탠리 코언, 『잔인한 국가, 외면하는 대중』, 조효제 역, 창비, 2009.

통상의 범죄자들이 보이는 태도와 동일하다. 증거인멸이나 사건 은폐를 시도하지만 그것이 어려우면 피해자나 목격자에 대한 공갈과 협박, 말 바꾸기, 피해자 무력화, 매수 등을 시도한다.

국가가 청년들을 죽음의 지경까지 몰기 위해서는 그에 대한 합당한 설명과 이유가 제시되어야 하고, 본인과 부모, 일반 국민들은 그러한 내용을 충분히 알아야 할 권리가 있다. 그러나 한국에서 전쟁과 관련된 거의 많은 일들은 여전히 공개되지 않고, 국가는 희생자들에게 사과하지도 않고 시간이 지나도 사건의 모든 진상은 드러나지 않았다.

진상 조사나 피해자 증언을 통해 억압된 기억이 드러나면 국가는 이제 문자적 부인에서 해석적 부인을 하게 된다. 학살의 사실은 있으나 전쟁 상황이니 어쩔 수 없었다, "북한의 남침위험이 있으나 불가피했다"라는 식이다. 광주5·18항쟁의 경우 처음에 군사정권은 언론보도를 통해 난동, 혼란 등으로 학살의 사실 자체를 부인하다가, 문제가 되니까 태도를 바꾸어 "폭도들에 대한 난동"으로 해석했다. 1982년 '계엄사'는 "사망자 117명 중 88명은 모두 난동자 자신들에 의한 오발, 민가에 침입하여 일가족 살해 및 금품탈취, 강·온 양립에 의한 총격 등으로 인한 것"으로 설명했으며, 군부는 사전 계획설을 부인하면서 "시위현장에서의 감정 격화, 특전부대 특유의 기질, 과잉진압과 시위격화, 발포대응과 군의 자위적 대응의 결과"라고 설명하였다. 그리고 "5·18은 민주화운동이 아니라 김대중 구속에 때한 지역민의 반발이 표출된 것이다."라는 식으로 해석을 굴절시켰다.[5]

<hr>

[5] 오승용, 「오늘의 5·18, 쟁점과 진실」 오승용, 한선, 유경남 지음, 『5·18 왜곡의 기원과 진실』 5·18기념재단, 2012.

1987년 군사정권이 종식되고, 박정희 전두환 정권 하에서 저질러진 온갖 국가 폭력과 인권침해 사건이 세상에 드러나게 되었다. 그래서 '인정'을 요구하는 여러 '유공자', '유족회', '희생자' 집단이 등장했다. 각 단체는 자신의 억울함을 알아 달라고 국가와 사회를 향해 호소했다. 자신의 고통스러운 기억이 진실이며, 국가는 진상 규명을 통해 그것을 인정해야 한다고 주장했다. 진실이 어느 정도 드러났음에도 불구하고 정부가 해석적 부인 방식으로 여전히 그 희생과 공로를 인정하지 않거나, 사회적으로도 그 사건, 자신의 고통과 희생이 점차 망각되어 가는 현실 속에서 사건의 희생자나 관련자들은 심각한 트라우마에 시달린다. 자신을 고통에 빠트린 집단이 여전히 권력과 담론을 주도하거나, 일부 관련자들이 자신도 관련된 사건에서 공로를 인정받아 권력과 부를 누리는 것을 목격하는 다수의 희생자들은 자신의 억울함을 참을 수 없어서 폭력적인 방식으로 희생에 대한 인정을 요구한다. 과거 특수임무자들의 활동이나 베트남 전쟁 고엽제 피해자들의 폭력 행사도 그런 것이었다.

즉 공적 인정과 공식 기억의 부재는 사적 기억을 폭발시키고, 희생자들의 거친 인정 투쟁을 촉발한다. 공적 기억에서 합당한 몫을 차지하지 못했던 사람들의 기억의 '봉기'는 폭력적 발화와 거친 저항의 행동으로 나타난다. 이것은 모두 과거 사실에 대한 부인, 편향적인 기억 기념 행사, 자신의 과오를 시인하지 않는 국가권력과 가해 집단의 일관된 태도에서 기인한 것으로 볼 수 있다. 북파공작원 즉 특수임무자나 베트남전 참전자들이 움직인 이유는 광주 5·18 희생자들과 민주화 관련자들에게 각종 보상 조치가 이루어진다는 소식때문이었다. 이들은 자신은 국가를 지킨 일에 목숨을 걸었는데 '민주화' 공로가 국가를 지킨 공로를 압도하는 '이해할 수 없는' 현실을 목격하고, 분노한 것이다. '폭도'로 지목되었던 사람들이 '유공자'가 되는 정책적 조치를 목격하면, 과거 치안과 국가안보 업무에 종사했으나 오히려 '폭도'들보다 자신이 국가로부터 더 나은 대우를 받지 못했다고 생각하는 군·경 출신들과 우익세력들은 사람들은 이제 이러한 인정 사업, 기억 기념 사업 자체를 극도로 부정적으로 보게 된다. 결국 노태우 정권 하에서 국민 '화합'이라는 명분하에 진행된 광주 5·18 피해자 보상 작업은 광주 5·18의 기억만을 굴절시킨 것이 아니라, 그 이전의 수많은 사회적 피해와 피해 복원의 과제를 배제하고 유족과 국가 간의 일대일의 문제로 만들어 버렸다.

중요한 역사적 사건과 결부된 희생과 헌신이 민원 해결 요구 방식으로 제기되고, 정치권은 표를 의식하여 이들의 비뚤어진 인정 투쟁을 무마하기 위해 보상 위주의 조치를 취할 경우, 과거사에 대한 기억이 일그러진다. 이들의 희생과 헌신에 대해 다른 사회구성원이 뭐라고 말하기는 어렵기 때문에 사회는 이들 희생자들의 항의 시위, 심지어는 폭력 행사에 대해 침묵하거나 방관한다. 그래서 공적 의미를 갖고 있는 역사적 사실의 복원이나 공적 기억의 수립은 대체로 당사자들의 일방적 주장으로 나타난다. 이들 희생자 집단 내에서도 희생의 정도와 차이를 둘러싸고 서로 간의 반목이 발생했다. 국가의 공식 진실과 공식 기억이 없으니 모두가 자신이 가장 중요한 주역이자 당사자라 생각하고 그것을 정치권과 사회에 요구하게 된다. 일제하 강제동원 피해자, 고엽제 피해나 북파공작원 조직들 내부의 분열과 갈등이 대표적이었다. 과거 국가에 의해 일방적으로 희생되었으나 감히 억울함을 제대로 호소하지도 못했던 사람들이 민주화 이후에 본격적으로 기억의 봉기를 일으킨다.

자신의 고통과 희생이 부당하게 부인되거나, 국가의 존립에 기여한 공로를 인정받지 못하게 된 사람들의 항의와 요구, 특히 자신이 겪은 일들을 객관적인 차원에서 듣거나 생각해 보지 못한 사람들의 인정투쟁은 곧 자신의 고통과 희생의 기억을 '사유화'하는 것이다. 그래서 이러한 사유화된 기억들이 서로 간에 충돌하고 분열된다. 앞서 강조한 것처럼 정부 기관에 의해 과거의 국가 폭력 사건이 진실 규명이 된다고 하더라도, 그것이 공식 기억으로 인정되는 과정에서는 노골적인 왜곡 굴절이 일어난다. 그래서 사적 기억의 난립을 막기 위해서는 기억의 공식화를 위한 체계적인 진상 규명, 그것에 기초해서 역사적 진실의 수립이 수반되어야 한다.

전쟁, 국가 폭력, 재난사고 등으로 보통 사람들이 희생된 경우, 희생자들 대다수는 자신이 왜 희생되었는지 알지 못하는 경우가 많고, 그것을 알기 위한 기회나 학습의 경험도 없는 경우가 많다. 사회적으로는 저학력, 저소득층의 출신들인 보통의 희생자들은 자신의 억울함을 풀기 위해 누구에게 호소하고 어떤 방법을 동원해야 하는지도 알지 못하는 경우가 많다. 그래서 전쟁, 폭력, 큰 재난사고가 발생했을 당시에도 그들은 사회에서 '쓰레기 취급' 당한 경우가 많았지만, 각종 특별법 등에 의해 사건의 보상을 받는 과정에서도 시민으로 인정받지 못하고 경제적 보상만 받고 침묵하도록 강요당한다.

민주화 공로자의 인정과 기억의 문제

그렇다면 전쟁, 국가 폭력 등에 의한 희생이 아니라 역사적 공로, 즉 일제의 독립운동, 그리고 이후의 민주화운동이라는 높은 이상과 가치를 위해 투쟁한 사람들에 대한 공로의 인정과 그것에 대한 기억 문제는 어떠한가? 즉 국가 폭력에 의해 희생된 경우와 애초부터 큰 대의를 품고 부정한 권력 행사에 맞서 투쟁하거나 항쟁 과정에서 국가권력의 피해를 입었다가 이후 국가나 사회로부터 공로를 인정받는 경우는 성격이 다를 것이다.

이 경우 실제 투쟁과 운동에 참여했던 당사자는 투쟁 과정에서 국가권력의 피해를 입었다고 하더라도 그것은 자신이 선택한 행동의 예상되었던 결과로 받아들여 국가가 추진하는 공적 인정을 기피할 수도 있다. 특히 운동이나 투쟁을 적극적으로 조직하거나 주도한 사람으로서는 사후에 그 공로를 인정받으려는 생각을 전혀 하지 않았기 때문에 오히려 자신이 그 정당성을 인정하지 않는 국가나 정권이 추진하는 공훈과 각종 기념사업에 대해서는 자신의 행동의 대의를 값싸게 인정받는 것이라 생각해서 아예 거부하기도 했다. 특히 과거의 많은 항일운동가 중에는 친일파나 가짜 독립운동가들이 정부의 인정을 받아 독립운동가 행세하는 꼴을 보기 싫어서 아예 유공자 신청을 하지 않는 사람도 있고, 자신이 보상을 바라고 그런 목숨을 건 투쟁을 한 것이 아니기 때문에, 신청을 거부한 경우도 있다.

그러나 국가는 마땅히 이들 개인의 공적을 기억해야 하고, 적절한 명예를 부여하고 기념사업을 추진해야 한다. 그런데 이 경우도 섣부른 개인적 보상조치가 진정한 공로에 대한 공적 인정, 혹은 투쟁에 대한 공적 기억의 확대를 방해할 수도 있다. 마이클 센델(Michael Sandel)이 『돈으로 살 수 없는 것들』에서 강조하였듯이 보상은 다른 가치를 밀어낸다. [6] 개인 차원의

---

[6]　마이클 센델, 『돈으로 살 수 없는 것들』, 와이즈베리, 2012.

보상이 진행되면 이들이 대의를 위해 투쟁하거나 헌신한 사실, 그들의 기억은 공식화되지 못하고 오직 당사자의 것이 되어 버린다.

국가 폭력의 희생자는 물론 민주화운동 유공자들에 대해서도 당사자가 사망이나 치명적 상해를 입은 경우 금전적인 보상은 결코 이들의 공적에 대한 합당한 인정에 미치지 못한다. 예를 들어 광주5·18항쟁의 경우 사망자, 실종자, 상이자 등 4,000여 명에 대해 여러 차례 보상이 이루어졌으나. 그 보상액은 피해자 가족들의 정상적인 생활을 가능하게 할 정도에는 절대적으로 미치지 못했다. 그리고 보상법에서 정한 피해의 개념도 외형적 육체적인 것에 치중했지 내면적 정신적 피해는 거의 고려되지 않았다.

민주화운동에 대한 명예회복과 보상 역시 마찬가지다. 독재정권 하에서 항의하거나 투쟁한 것은 이후의 보상을 예상한 행동이 아니었다. 당시의 시점에서 저항 행동은 자신의 인생을 건 경우가 많았다. 자신의 이후의 모든 기득권 심지어 목숨까지도 포기할 각오를 한 사람들에게 이후 자신의 일을 기억해 주기를 원하는 마음은 당연하지만, 그것에 대한 금전적 보상은 공적인 인정과 기억과 충돌할 수 있다. 민주화가 되었다는 지금도 대부분의 민주화운동 관련자들에게 사회적 인정과 보상은 자신이 잃어버린 것과 비교해 보면 초라하기 그지없다.

광주5·18항쟁의 예처럼 국가의 공식 기념일 지정, 각종 여러 가지 기념 행사, 명예회복과 훈장 수여, 그리고 경제적 보상액을 좀 더 늘리면 '유공자'에 대한 사회적 인정, 그들의 투쟁 기억의 공식화는 좀 더 진전될 수 있을까? 아마 그렇지 않을 수도 있다. 중요한 것은 국가의 형식적인 인정이 아니라 사회가 인정해 주는 일이다. 조직적인 저항운동, 민주화운동이라는 것은 원래가 사회적 연대를 기초로 진행되는 것이므로 참가자 개인별로 공적을 심사해서 인정받으려는 일은 그러한 행동에 감행했던 당사자의 주관적 의미 부여와는 맞지 않다. 국가가 공식적으로 개인의 유공자 여부, 기여 여부를 심사하면 반드시 이런 문제가 발생한다. 앞에서 국가 폭력의 희생자들에 의해 기억의 사유화가 발생한 것처럼 국가가 기억, 희생, 공적을 독점적으로 추진할 경우에도 비슷한 문제가 발생할 수 있다.

물론 국가 폭력의 희생자들과는 달리 가치와 이념과 확신에 기초해서 민주화운동이나 통일운동에 앞장선 사람들은 자신과 관련된 '사건'을 사적인 것으로 보지 않고, 애초부터 공적인 것으로 보고, 정부에서 받은 보상금도 사회에 환원하기도 했다. 인혁당 사건 희생자들이 보상금을 출연하여 4·9평화재단을 만들고, 고문 등 국가 폭력 희생자들을 의한 치유사업에 앞장서는 것이 대표적인 사례다. 그러나 이와 같은 저항운동과 관련된 희생의 경우에도 국가가 훈·포상 대상자를 선별하고 보상 조치를 실시할 경우, 당사자들은 물론 사건의 의미를 깊이 알지 못하는 가족들이 주도하는 각종 모임에서 내부의 분열이 일어날 소지는 매우 크다. 즉 민주화운동에 참가한 일이 국가가 인정하는 자랑스러운 경력이자 상징으로 공인되고 그 상징이 보상을 수반할 경우에는 공적 기억의 확대보다는 자기 개인의 공적에 집착할 여지가 점점 커진다. 여기서 중요 사건의 역사적 기억이 변형, 굴절된다.

사실 5·18을 '민주화운동'이라 보는 것이 타당한지도 검토해 봐야 하지만, 민주화운동이라는 개념과 범위 자체도 사실 매우 애매하다. 정치적 위기 상황에 공권력의 폭력이 행사되는 상황에서는 평소에는 정치에 대해 생각하지 않았던 사람들이 순간의 정의감과 우발적인 분노 때문에 저항 행동에 나설 수도 있고, 기업의 노동자들의 경우 사용자들의 부당한 노동 탄압에 맞서 단순한 경제적 요구를 제기하면서 시작된 노동쟁의가 점점 확대되어 정치권력에 대한 저항이 되기도 한다. 한국전쟁 전후 '배가 고파서' 군에 입대한 사람이 이후 국가의 유공자로 공식 인정받듯이, 시위 현장에 우연히 지나가다가 그냥 경찰의 발포로 희생되어 민주화 '유공자'가 되기도 한다. 희생은 희생대로 국가나 사회가 인정과 보·배상을 해 주어야 하지만, 공적의 인정은 그것과 다른 차원에서 매우 신중하고 형평성 있게 진행해야 한다.

사실 4·19혁명이나 광주5·18항쟁 당시의 역사적 격변기에 정권과 폭력에 맞선 저항 행동의 상당 부분은 그 이전의 조직적 활동, 그리고 일관된 의지와 숙고에 기초하지 않은 일방적 희생적 성격을 갖는 경우도 많다. 냉정하게 보면 억울한 희생자들에게는 그에 합당한 국가의 공식 사과와 원상회복을 위한 보상이 따르는 것이 맞고, 유공자의 경우에는 명예를 살리고 기억을 공식화하여 후세대에 교육하는 것이 더 적절한 조치라 할 수 있을 것이다. 민주화운동 관련 유공자로 인정을 받기 위해서는 사건 이후의 활동에서 일관성이 보여야 한다. 만약 한때의 정의감으로 반독재운동에 가담하기는 했으나, 이후 자신이 비판했던 권력의 편에 서서 지위를 얻은 사람이라면, 그러한 사람에게 공적을 부여하기는 힘들기 때문이다.

문재인 정부에서 4·19혁명 유공자를 추가 선정하는 일에서 이런 문제가 계속 발생했다. 그래서 수천 건의 국가 유공자 신청 요구서가 쇄도했다. 당시 신청자 중에서는 여야 거물정치인을 포함하여 기업, 언론계에서 나름대로 크게 알려진 많은 사람들이 포함되어 있었다. 4·19혁명 당시 학생이었던 사람들 수십만 명이 시위에 참가했으므로 따지면 모든 시위 참가가자 유공자가 되는 셈이다. 그런데 시위 참가를 '민주화 유공자'라고까지 부를 수 있을까? 아마 이 중에는 애초의 유공자로 인정받는 사람들이 사실 4·19혁명 당시 자기보다 별로 더 중요한 역할을 하지 않았는데도 이름이 신문에 거론되었거나, 사진에서 나왔다거나 하는 우연한 이유로 유공자가 된 것에 대한 불만도 있을 것이고, 이러한 신청자들의 판단이 사실에 더 부합할 수도 있다. 지하에서 항일운동이나 민주화운동을 아무리 헌신적으로 했어도, 경찰의 추적과 투옥을 피할 수도 있었기 때문에 이름이 문서로 기록되지 않는 사람들이 얼마든지 있을 수 있는 것처럼, 4·19혁명 당시에도 그런 일은 있을 수 있기 때문이다.

1960년 4·19혁명 당일의 시위에서는 앞장서서 반이승만 데모대에 참가했지만, 박정희 정권에서 수십 년 동안 정권에 협력했을뿐더러 지금도 민주화나 민주주의와는 거의 반대편에서 활동하고 있는 사람들도 4·19 유공자로 인정받을 수 있는가 하는 의문이 제기되었다.

민주화운동과정에서의 탄압으로 피해를 입은 경우는 그 수형 기간, 입은 상처와 겪은 고통의 정도에 따라 개인별로 피해를 복원하는 것이 맞지만, 희생이 컸다고 해서 공로가 큰 것은 아니었고, 반대로 역할은 컸으나 희생은 당하지 않을 수도 있는데, 공적 인정으로 확인되어야할 일이 개인들의 사안이 되어 버리면 사건의 공공적 기억은 희미해지고, 개인별 훈포장 여부만 쟁점이 될 위험이 있다. 결국 민주화운동 참여 여부를 개인 단위로 그 공로를 구분하여 보상액을 달리하는 것이 과연 타당한 것인가에 대한 근본적인 논의가 필요하다.

희생자이건 유공자이건, 그들의 사적인 기억이 공식화되어 인정을 받게 되는 것은 꼭 필요한 일이지만, 이런 문제는 매우 조심스럽게 접근해야 한다, 즉 사적인 기억은 분명히 공적 기억 정립의 기반이 되고, 그 자체로

서 매우 소중한 것이지만, 그것이 개인적 인정과 보상을 위한 자산이 되어
서는 곤란하다. 사적 기억이 자산이 되는 순간, 공적 기억의 확립은 더 멀
어지게 되거나, 역사적 대사건이 비웃음의 대상이 된다.

기억의 사유화와 공적 기억의 굴절

이처럼 피해자의 기억과 인정투쟁, 그리고 공로자의 기억과 인정투쟁
은 모두가 이후 그것을 승인한 국가의 잘못된 과거사 정리 정책에 의해 굴
절될 수 있다. 이것은 피해자, 공로자에 의한 과거 사건에 대한 기억의 사
유화와 공공화의 긴장이라고 봐도 좋을 것이다.

한국의 정치적 민주화 역사에서 4·19혁명의 기여가 큰지, 광주5·18항
쟁과 6월항쟁의 기여가 큰지 논란을 벌이는 것은 무의미하다. 광주5·18
항쟁 당시의 투쟁과 희생은 역사에서 길이 기억해야 할 중요한 일이지만,
4·19혁명의 당사자들은 김대중 정부의 집권으로 한국의 민주화와 정치변
동의 역사에서 광주5·18항쟁에 비해 4·19혁명이 과소평가되었고 푸대접
을 받았다고 생각한다. 광주5·18항쟁도 역사적 사건이기는 하나 비교적
가까운 과거의 사건이기 때문에 4·19혁명은 '5·18담론'에 묻혀 버린 점도
있다. 1980년 이후 광주5·18항쟁의 경우 호남과 민주당이라는 매우 중요
한 주체가 그 기억과 기념의 중요한 동력으로 사회적 영향력을 행사했지
만, 4·19혁명은 그러한 지역 단위 정치적 주체가 없었기 때문이다.

2000년 이후의 각종 기억, 기념 사업, 특히 광주5·18항쟁이나 다른 민
주화운동 가담자들에 비해 자신의 공로가 제대로 인정받지 못했다고 생

각하는 주요 참가자들, 즉 대전의 3·8, 마산의 3·15, 대구의 2·28, 대전의 3·8 시위, 서울 고려대의 4·18 시위 등을 별도로 기억, 기념하는 모임을 만들었고, 독자적인 기억 기념활동을 펼쳤다. 그래서 이들의 마산 3·15, 대구 2·28, 대전 3·8 의거는 모두 각각 국가기념일로 지정까지 되었다.

기억과 기념의 관점에서 4·19혁명이 잊힌 또 하나의 이유는 당시 시위를 이끈 일부 대학생 지도부는 이승만 독재정권에 항거했던 그 시점의 반독재 민주주의 정신을 거의 버렸고, 정확하지는 않지만, 거의 대다수의 주동자급 인물들이 박정희 군사정권에 협력했기 때문이다. 이들 중 일부는 5·16 군사 쿠데타나 이후 개발독재체제가 4·19혁명의 연장이라고 주장하기도 했지만, 당시 시위 군중들에게 발포한 경찰, 투표를 조작했던 자유당 정치가들과 관료조직 등 이승만 정권 말기에 독재 정권 유지를 위해 수단과 방법을 가리지 않았던 세력들과 한편이 되었기 때문에 자신의 변신을 합리화하기 위한 논리에 지나지 않는다. 4·19 전후 시위에 참가했다가, 4·26 이승만 하야 직후 통일운동이나 사회운동에 가담했던 청년들은 노년이 된 지금까지도 반정부 반체제 노선을 걷는 경우가 있다.

즉 4·19혁명이 광주5·18항쟁에 비해 턱없이 과소평가되거나 망각되고, 기억의 저장고인 사료관이나 기념관 하나 없고, 국민들의 공식적인 기억으로부터도 멀어진 것은 5·18이나 6월항쟁 등 이후의 큰 사건이 가까이 있는 과거로 부각되었기 때문이기도 하지만, 4·19혁명 당시 대학생 명망가들이 이후 군사정권에 협력하고, 이후 4·19혁명 관련 정부의 행사나 4·19 관련 기억을 사유화한 점과도 무관하지 않다. 그래서 4·19 당일 경찰 발포로 사망한 청소년 등 국가 폭력의 희생자나 당시의 부상자들의 목소리는 사회적으로 알려질 기회를 상실하고 말았으며, 헌법 전문에까지 언급된 4·19혁명의 정신은 1987년 민주화 이후에도 다시 부각될 기회를 갖지 못하게 되었고, 그것을 사회적으로 강조할 정당성을 가진 4·19혁명의 이념적 대변자, 즉 주체 세력도 사라지게 되었다.

결국 4·19혁명이라는 한국의 대표적 민주화운동, 그리고 정치혁명의 역사에서 거대한 운동의 한 울타리에 속해야 할 이러한 운동들이 이제 각각 '최초의 민주화운동', '민주화운동의 시발점'이라는 역사적 의미 부여를 하면서 분리된 채 각 사건별 기념, 기억사업을 진행하고 있다. 4·19혁명의 도화선이 된 지역사회의 2·28, 3·8, 3·15 등 시위, 그리고 이런 시위에 참가했던 개개인들이 자신의 공로를 인정받는 방식으로 진행되었다. 우리 지역의 내가 관련된 사건이 가장 중요하다고 주장하면, 그 분열을 보는 사람들은 그러한 기억, 기념사업에 등을 돌리게 될 것이고, 4·19혁명에 대한 역사적 평가와 기억의 일반화는 더 멀어진다.

4·19유족회가 보훈처가 관리하는 준 관변단체로 전락한 사실들이 바로 기억의 변질과 후퇴를 보여주는 사건들이다. 마산3·15기념사업회의 회장 선출을 둘러싼 충돌 사태, "민주주의의 상징적인 운동인 3·15 항거를 기념하는 모임이 가장 비민주적으로 운영된다."는 내부의 비판이 제기된 것도 역사적 사건의 지역화, 사유화의 결과일 것이다.[7] 이들 단체들은 4·19혁명의 정신과 정면으로 배치되는 이승만 건국 대통령을 부각시키는 뉴라이트의 지속적인 작업, 최근의 이승만 동상을 세우자는 서울시장이나 정치권의 움직임에 대해 비판이나 반대를 거의 하지 않는다. 그리고 이들은 이승만 대통령이 어떻게 한국 민주주의를 압살했으며, 수많은 학살을

---

7   「3·15기념사업회 회장 선출이 가장 비민주적?」 〈오마이뉴스〉, 2016. 2. 18.

저질렀는지에 대해서 말하지 않는다. 이런 상황에서 누가 4·19혁명의 역사적 의미를 강조하고 기억할 것인가?

그렇다면 광주5·18항쟁은 어떠할까? 광주에서는 항쟁의 상징적인 장소인 도청 현장 보존 문제를 둘러싸고 5·18유공자회와 지역 시민사회 사이에서 갈등이 지속되었다. 5·18 유공자들은 도청의 원형대로 보존하는 것만이 5·18 정신을 살리는 길이라 주장했다. 타당한 점이 있다. 그러나 지역 시민사회 인사들은 그들의 주장을 무조건 지지하지는 않았다. 그래서 5·18 공법단체 내부는 물론 지역사회가 균열되었다.[8] 5·18 항쟁은 광주와 호남이라는 매우 강력한 정치적 주체가 있으니 막대한 예산이 책정되어 성대한 기념행사, 각종 공연, 문화행사 등이 크게 전개되어 왔다. 그런데 그런 반복되는 행사는 광주·전남 지역민은 물론 광주 밖의 국민들이 5·18의 기억을 더 강하게 새기는 계기로 작용했는지는 의심스럽다. 서울에서 서울 시민들이 참여하여 과연 그러한 기념행사를 할 수 있을까? 아니면 대구나 부산에서도 그러한 행사를 개최할 수 있을까? 온 국민이 광주의 희생자를 애도하고, 민주화의 공로에 공감하는 행사가 될 수는 없었을까?

2010년 이후 극우 인터넷 커뮤니티에서 5·18 희생자들을 조롱하는 반인륜적인 폄훼가 공공연하게 이루어졌다. 전두환 군부가 저지른 노골적인 학살 자체를 부인할 수 없게 되자, 여러 우익 단체나 지만원 등은 이제 북한군이 시위대를 학살했다는 날조극을 연출하였다. 그러나 이미 피해

---

[8] 박경섭, 「기억작업(memory work)으로서 민주화 관련 기념시설 조성의 의미와 과제 : 옛 전남도청 복원 논의의 사례를 중심으로」, https://ikd.kdemo.or.kr/board01/view.asp?key=49&main=&sub=

자 명예회복이 이루어졌고, 5·18이 국가 추념일로 지정되었는데, 학살 사건을 어떻게 부인할 수 있는가? 결국 군사정권 시기 가해자였거나 가해의 편에 섰거나, 그들을 이어받는 정치세력이 정권을 장악하면 마지못해 5·18 행사를 치르거나, 대통령이 그 기념행사에 참석하지 않는 등의 방식으로 그 역사적 의미를 축소했다.

5·18 희생자 관련 단체 등에 대한 지역사회의 신뢰의 감소, 광주·호남을 벗어난 지역에서의 공감 부족과 기억의 취약성도 이러한 외부의 공격, 역사적 의미에 대한 평가절하를 부추긴 요인이었다. 5·18 공법단체의 분열, 특전사 군인들과 공법단체와의 5·18 묘역 기습참배와 화해 선언도 그러한 파행적 청산의 후과다. 5·18기념사업이 중앙정부와 광주시의 인정을 받아서 진행되는 이면에는 그것에 대한 사회적 기억의 취약성이 공존한다. 결국 5·18 역사청산이 신군부 출신(가해자)들에 의해 '보상' 위주로 진행된 출발점이고, 겉으로는 화해를 내걸었으나 일종의 정치적 시혜로서의 보상법이 통과된 사실에서 그 연원을 찾을 수 있다.

광주에서는 민주화운동을 대표하는 세대는 여전히 학생운동을 했던 세대이며, 노동운동을 포함한 부문운동에 헌신했던 후속세대의 목소리가 제대로 주목받지 못하고 있다는 비판도 있었다. 정치권과 연결된 지식인 학생 세력에 비해서 부문운동, 특히 농민/노동부문 등 기층운동이 광주광역시에서 제대로 관심을 받지 못했다는 것이다. '가방끈 긴' 사람들이 그 희생을 자산으로 정치적 인정(제도권 진출)을 받음과 그렇지 않고 제대로 대우받지 못한 사람들로 나뉜다면 이 또한 심각한 부정의가 발생한 것으로 볼 수 있다. 그래서 여러 민간단체들은 광주5·18기념사업이 민주화운동 주체를 '관제화'할 위험성이 있다고 경계했고, 그 사업이 정치적으로 악용

되고, 관련 단체들이 '들러리'를 서게 될 것이라고 우려했다.[9]

　한국의 대표적 민주화운동인 4·19, 5·18은 지금의 한국의 민주주의와 인권신장을 가져온 가장 큰 역사적 대사건이지만, 보·배상과 훈·포상 과정에서의 비일관성과 굴절이 발생하자 그 기억과 기념이 '당사자들'만의 것으로 변하기 시작하였고, 그 운동의 역사적 의미와 성격은 현재와 미래의 한국 민주주의의 과제와의 접점을 점차 상실하게 되었다. 그래서 조직 운영, 행태 등에서 민주화운동 유공자들은 점점 더 과거 원호단체와 유사해지기 시작했다. 특히 과거의 민주화운동의 역사는 공공의 기억으로 부활하여 현재와 미래의 민주주의 심화를 위한 기억의 자료가 아니라 정부가 주도하는 보훈 사업의 일환으로 되어 버린다.

　6월항쟁이나 민주화운동에 대한 기억·기념사업도 이러한 한계를 안고 있다. 김대중 정부 시기에 민주화운동 기념사업회가 수립되어 매년 기념사업을 진행하고 있고, 기억 정리 작업도 꾸준히 추진했다. 특히 문재인 정부(민주당 집권)에서 6월항쟁은 거의 국가의 공식기억으로 자리 잡았다. 물론 〈1987〉 등의 영화가 대중화되고 국민적 공감대가 크게 확대된 것도 매우 의미 있는 일이었다. 그러나 그 이후에 태어난 오늘의 청년들은 그것을 과거의 무용담 정도로 보는 경향도 있으며, 그것은 기억과 기념사업이 과거 사건에 대한 새로운 해석과 비전 제시와 결합되지 않는 데서 기인한다고 볼 수 있다. 그래서 6월항쟁으로 대표되는 민주화운동이 극우 사이트인 일베 청년들의 조롱과 청년 세대 일반의 무관심의 대상이 되기까지 했다. 한국 민주화운동을 상징적으로 집약하는 586 세대 정치가들에

9　　광주광역시, 앞의 보고서, 202쪽.

대한 젊은 세대의 비판, 문재인 정부 시기 조국 사태 당시 젊은 세대들의 냉담한 반응도 이런 상황을 보여 준다.

공성이불거, 즉 공을 세우면 그것에 머물지 말라. 즉 그것으로 권익을 취하지 말라는 말도 있다. 희생자나 유공사가 자신과 관련된 사업의 이해관계자, 심사자가 되면 반드시 그 사업이 변질되고 단체는 관변화된다. 희생자와 공로자는 제3자에 의해 사회적으로 그들의 희생과 공로를 인정받아야 한다. 정의의 실현은 공론과 공적 절차에 의해 진행되어야 하고, 이들이 역사적 기억을 독점할 수는 없으며, 그 기억과 기념, 역사적 성과가 희생자와 공로자의 독점물이 되어서는 안 된다. 한국전쟁 피학살 유족이 관련 위원회의 위원이 되거나 그렇게 설립된 재단의 책임자가 되어 정부 지원금을 주무르면 그 사건의 역사적 대의는 변질된다. 희생자에 대한 예우는 반드시 형평의 원칙에 서야 한다.

민주화운동 기념 사업이 과거 한국전쟁의 위령제와 같은 모습을 드러내게 된다면, 학생 청년들이나 일반 대중들은 이 사건들에 대해 더욱 무관심하게 될 것이다. 아마 학생들은 역사교사들의 관련 수업이나 기념행사 동원에도 짜증을 낼 것이다. 그래서 과거 사건은 오늘을 살아가는 사람들에게 자양분을 주지 못하고, 기득권 세력의 상징으로 변질될 것이다.

지난 몇 년 동안 부쩍 심해진 광주5·18항쟁 희생자들에 대한 혐오 자체는 반인륜적인 것이 분명하지만, 기억의 사유화, 진상 규명과 공공 기억이 취약한 기념행사는 이러한 공격의 빌미를 만들어냈고, 더욱 공세적이고 지속적인 5·18 폄훼에 대한 수동적 방어적 대응밖에 할 수 없게 되었다. 그래서 국가나 사회의 공식 기억으로 새겨져야 할 민주화운동의 자랑스러운 기억들, 그리고 후대에까지 계속 기억되어야 할 국가 폭력의 엄연한 사

실들을 부인하거나 민주화운동의 대의를 폄하하는 세력이 더욱 기세등등
하게 되었다.

맺음말 : 기억의 공공성과 사회적 정의

기억은 현재 살고 있는 사람들이 당면하고 있는 문제를 해결하는 데 영
감과 시사점을 줄 수 있을 때 살아 있는 것이 된다. 과거의 사건에 대한 기
념은 과거의 사건을 지금의 사람들에게 연대감을 불러일으키고 의미를 부
여할 수 있을 때 축제가 될 수 있다. 그래서 기억과 기념은 언제나 현재적
이고 미래지향적인 것이 되어야 한다. 현재성과 미래성을 상실한 기억과
기념은 박제화된 것이고, 구리 입힌 영웅과 같다.

지금까지 추진된 민주화운동 기념·정신계승 사업은 개별적인 사건에
대한 관심과 전체적인 민주화운동에 대한 포괄적인 관심이 부족했고, 국
가기념일 등으로 제도화된 이후에는 주로 정부, 즉 관료들의 행정적인 관
점에서 진행되었으며, 시민사회의 지지 기반이 약했다. 수많은 국가 폭력
의 사건은 여전히 공개적, 공식적으로 인정되지 않고 있고, 진실 규명은
부분적으로만 이루어져 왔다. 그래서 과거사에 대한 기억은 여전히 부분
적이거나 굴절되어 있고, 기념사업은 형식화되어 왔다. 이렇게 된 가장 중
요한 이유는 한국의 지배구조의 기둥이 건재하고, 과거 국가 폭력의 가해
자가 제대로 처벌되지 않은 데서 기인한다. 특히 국가 폭력 관련 사건의
경우 가해자인 국가가 또다시 피해자를 심사하는 모순이 문제의 근원이
다.

물론 민주화운동 관련자들에 대한 보상과 인정, 국가기념일 지정 과정에서 '사회적 합의'의 과정이 다소 취약한 채 특정 지도자나 정당의 정치적 이해가 앞섰으며, 그래서 정의의 수립이라는 대의가 주로 개인적 사적인 공로 인정 문제로 왜소화된 점에 기인한다. 광주5·18 과거청산의 경우도 전·노 두 전직 대통령의 사면이 김영삼·김대중의 정치적 타협으로 진행된 점에서 문제의 연원을 찾을 수 있고, 광주 지역사회의 실질적인 '민주화'의 진척이 취약한 채, 5·18 기억 기념사업의 제도화로 지역시민으로부터 5·18 관련자나 관련 기관(희생자, 참여자)이 고립되었고, 지역사회에서의 공감과 지지 기반이 지속적으로 축소되었으며, 급기야는 폄훼와 조롱의 대상이 되었다. 2019년 광주시의 조사에 의하면 '민주화운동의 기념 및 정신계승을 위해 앞으로 광주광역시가 주력해야 할 것'에 대하여 응답자들 가운데 절반 정도가 "진상 규명을 위한 연구 활동"을 1순위(45.5%) 혹은 2순위(31.8%)로 꼽았다.[10] 모두가 진상 규명에 목말라 있다고 봐도 과언이 아니다.

국가 폭력과 민주화운동 과정에서 희생되거나 공로를 세운 사람들의 인정 투쟁, 기억 환기 투쟁은 어떤 시점까지는 분명히 매우 정당한 것이고, 그들의 목소리는 사회가 들어야 하는 것이었으며, 국가의 응답이 당연히 따라야 하는 것이었다. 민주화운동 자체는 공공의 것이고, 참가자들은 추호도 이후 대우를 받게 되는 것을 의식하지 않았다. 국가 폭력 희생자들의 과거사 진상 규명 요구 역시 이후의 보상을 의식한 것이 아니었다. 그러나 제도화 이후 기억들이 공공의 것이 아니라 희생을 당한 사람이나, 몇

---

10   광주광역시, 「광주광역시 민주화운동 기념사업 및 정신계승 기본계획」, 2019. 9, 33쪽.

몇 명망가들의 것으로 사유화되면서 역사적 기억은 굴절되고, 보통의 희생자들의 인정투쟁은 점차 변질되었다.

기억의 굴절, 기념사업의 의례화나 형식화는 정부나 정치권의 비전과 철학의 부재, 집권세력의 반대파 포섭을 위한 정치적 고려 등에서 기인한다. 정치권력은 기억과 기념을 사적인 것으로 제한하려 하거나 변형하려 하며, 서둘러 보상 조치를 취함으로써 사적 기억이 공적으로 의미화되는 과정을 굴절시킨다. 정치권력을 장악한 가해자와 그들의 계승자들은 특정한 사건과 인물, 역사를 자신의 권력을 유지하는 데 유리하게 작용할 수 있는 방식으로 과거의 기억을 굴절시키고, 기념을 형식화하고, 의미를 축소하거나 뭉개버리려 한다. 그러나 피해자의 사적인 기억을 공적인 것으로 의미 부여하려는 시민사회와 지식인들은 이러한 기억 말살, 기억 왜곡의 시도에 맞섰다. 그래서 이 기억 투쟁은 극단적인 양상으로 치닫게 된다. 그래서 민주화 이후 지금까지 한국에서는 기억, 기념을 둘러싼 전쟁이 계속된다.

과거사 진상 규명을 위한 정치권의 입법화 작업에서의 무원칙한 타협, 이후 조직 운영과 진상 규명 과정에서의 형평성과 공개성, 전문성의 부족도 기억의 굴절에 원인을 제공했다. 특히 특정 지역, 특정 사건, 특정 개인들의 희생은 과도하게 부각되었고, 더욱 심각한 다른 희생이 폄하되거나 부인될 경우 희생자들은 이기적 인정 투쟁에 나서고, 이러한 굴절된 인정 투쟁은 사건의 현재화를 희생한 채 사건을 개인과 가족, 즉 당사자의 소유물로 만든다.

역사적 사건은 개인, 가족 등 당사자의 삶에 가장 심대한 영향을 준 것이지만, 동시에 공공의 것이며, 그것이 갖는 교훈이나 의미는 제3자, 미래

세대의 삶과 연관되어 있다. 4·19혁명과 광주5·18항쟁, 그리고 모든 민주화운동이 공공의 것이 된다는 것은, 그것이 오늘 한국 민주주의의 질적인 심화를 위한 역사적 기억으로 현재화되어야 한다는 것을 의미한다.

그래서 과거의 국가 폭력 사건에 대한 부인, 민주화운동에 대한 폄훼에 대해서는 그것을 그 자리에서 정면으로 반박하는 것도 필요하지만, 사회의 공통의 인식 지평을 마련하는 것이 급선무다. 그리고 개개인이 공권력의 폭력에 당한 피해들도 미래지향적인 민주주의와 보편적 인권의 관점에서 해석해서 후 세대 시민에게 교육해야 한다.[11] 우선 이러한 기억의 굴절을 막기 위해서는 피해자의 주장이나 요구가 완전하게 보장되어야 하고, 언론과 표현과 사상의 자유 보장, 과거의 사건에 대한 활발한 논의를 위한 공론장의 활성화, 그리고 시민의 참여가 보장되어야 한다. 교육과 정치의 정상화를 통해서 기억과 기념의 의미화 작업은 현재적인 것이 될 것이다. 그리고 과거 민주화운동을 이끌었던 세대만이 아니라 젊은 세대들이 기억, 기념사업을 맡아나가야 한다. 정부는 사업추진기관의 자율성도 제도적으로 보장해 주어야 한다.[12]

결국 미래지향적인 기념사업의 추진이 필요하며, 기념사업은 미래의 한국사회, 민주주의와 인권의 신장에 토대를 마련하는 것이어야 한다. 한국의 민주화운동, 특히 5·18은 심층적으로는 인간 존엄성 보장을 주창한 주체들의 형성, 이러한 인권 보장 투쟁에 의해 재조명되는 되는 민주주의의 질적 심화, 그리고 민주화가 시민권(citizenship)의 확장에 갖는 세계

---

11   이재승, 『국가범죄』, 엘피, 2010, 578~580쪽.
12   광주광역시, 앞의 책, 204쪽.

적, 지구정치적(geopolitical) 함의를 적극으로 찾아가는 방향으로 의미화 작업이 이루어져야 할 것이다. [13] 한국을 비롯한 과거 후발국가에서의 반독재 민주화는 국가 폭력에 대한 저항에서 시작했고, 19세기 선진국이 쟁취했던 자유권으로서 인권, 시민권 보장을 포함하되, 그것을 넘어서는 지역 공동체 살리기와 직접 민주주의 실현, 20세기적 민주주의와 세계시민권(global citizenship) 문제를 동시에 제기하기 때문이다. [14]

[13] O' Donnell 등의 작업은 바로 남미의 민주화 과정을 태도로 해서 인권과 시민권, 혹은 민주주의를 결합하여 민주주의를 단순히 체제(regime)로 정의하는 미국 주류 정치학의 민주주의론의 한계를 넘어서서 민주주의를 질적 심화의 차원에서 접근한다.

[14] 시민권은 근대 자본주의의 진화론적 발전에 따라 단계적으로 확대되어 왔지만, 개별국가의 시민권 확장은 국내 계급관계, 국제정치와 연결되어 있다.

김동춘 성공회대 명예교수, 좋은세상연구소 대표.

5·18민주화운동의 보훈화 과정에 대한 비판적 고찰
– 희생, 화해, 당사자주의를 중심으로

박경섭

들어가며

이 글은 5·18민주화운동이 국가보훈체제로 편입되는 과정과 그 효과를 분석하는 데 목적을 두고 있다. 권위주의 체제에서 민주주의 체제로의 전환에 있어 중요한 전환점이었던 5·18은 국가보훈체제 편입 과정에서 운동에 대한 인식과 태도에 변화를 겪었다. 특히 이 글은 2023년 5·18공법단체와 특전사동지회의 '용서와 화해' 공동선언과 국가보훈부가 주관한 5·18 기념식에서 오월 어머니가 대통령과 함께 입장한 사건을 통해 5·18이 국가보훈체제에 편입되며 나타나는 문화적, 정치적 의미를 논의하고자 한다. 기존의 보훈제도에 대한 연구가 법, 제도, 이념, 정책에 대해 초점을

---

*　이 글은 『기억과 전망』 No. 53(민주화운동기념사업회, 2025)에 게재된 논문 「5·18민주화운동의 보훈화 과정에 대한 비판적 고찰: 희생, 화해, 당사자주의를 중심으로」를 수정·보완한 것임을 밝혀둡니다.

맞추었다면 이 연구는 보훈제도와 행위자의 상호성에 대해서 초점을 맞추고 있다. 국가보훈체제는 공헌과 희생에 대한 평가를 핵심 기제로 삼고 있으며, 5·18민주유공자는 국가유공자와 다른 법률(5·18유공자법, 5·18보상법)의 적용을 받는다. 이러한 차이는 5·18 관련자들의 공헌과 희생에 대한 사회적·정치적 평가와 밀접한 관련이 있다.

이 글은 5·18이 보상과 기념사업, 관련 단체의 공법단체화를 통해 국가보훈체제에 편입되면서 진실 규명의 실천과 피해보상 처리가 분리되어 진행되었음을 밝히고자 한다. 진실 규명이 지연된 상황에서 이루어진 금전적 보상은 오히려 가짜 유공자 문제, 광주항쟁 정신의 퇴색, 그리고 피해자들 사이의 분열을 야기했다. 또한 5·18 관련자들의 정신적 피해와 고통은 진실 규명과 책임자 처벌의 불완전함으로 인해 지속되어 왔다.

이러한 문제의식 속에서 이 글은 5·18에 대한 '화해'와 '양비론'적 관점이 5·18을 역동적 항쟁이 아니라 비극적 사건으로 축소시키고, 항쟁의 다양한 의미와 가치를 축소시키는 기제로 작용했음을 논의한다. 마지막으로, 이 연구는 5·18의 제도화와 보훈화 과정에서 강화된 '당사자주의'가 5·18을 공적 논의의 대상에서 멀어지게 하고, '오월 어머니'[1]를 순수한 희생의 상징으로 추앙하며 정치적으로 이용하는 현상에 대한 성찰을 촉구한다. 이 글은 5·18이 국가보훈체제 안에서 민주주의 발전을 위한 저항의 의미가 약화되고, 피해와 희생이 강조되는 방향으로 정화되고 있음을 비판

1 　여기에서 오월 어머니는 '오월여성회'가 전신인 오월어머니회와 5·18에 헌신한 여성들의 쉼터인 오월어머니집이 통합된 '오월어머니집'과 구별하여 사용한다. 오월 어머니는 '옛 전남도청 복원농성'에 지속적으로 참여한 연령이 높은 5·18 관련자 여성으로 국민 통합의 정치적 상징이기도 하다.

하며, 5·18의 진정한 의미를 되새길 것을 강조하고자 한다.

5·18민주화운동과 보훈화의 핵심 기제로서 희생의 평가

국가유공자와 5·18민주유공자의 구별과 희생의 문제

국가보훈체제의 핵심에는 공헌과 희생에 대한 평가가 자리하고 있다. 국가유공자 선정 여부는 「국가유공자 등 예우 및 지원에 관한 법률」(국가유공자법)에 따라 보훈심사위원회의 심사와 결정, 즉 공훈에 대한 평가에 따라 결정된다. 「5·18민주유공자예우 및 단체설립에 관한 법률」(5·18유공자법)의 제2조에서도 "그 희생과 공헌의 정도에 상응하여" 지원이 이루어져야 함을 밝히고 있다. 5·18민주유공자의 경우 이 희생과 공헌의 정도는 별도의 법령인 「5·18민주화운동 관련자 보상 등에 관한 법률」(5·18보상법) 제4조에 근거한 '5·18민주화운동관련자보상심의위원회'(이하 5·18보상심의위원회)가 심의하고 결정한다. 5·18유공자법에 따르면 5·18민주유공자는 보상법에 따라 보상받은 자(5·18유공자법의 제4조 적용 대상자)를 뜻한다. 국가유공자가 국가보훈법과 국가유공자법에 따라 유공자로 인정받는 반면, 5·18민주유공자는 5·18보상법에 따라 결정된다.

5·18유공자법의 제정과 관련해서는 기존의 국가유공자법에 5·18민주유공자를 추가하려는 방법과 별도 입법에 대한 논의가 있었다. 1994년 5·18민주유공자를 추가한 국가유공자법 개정안이 제출되려 했으나 기존 보훈단체의 반대에 부딪혔다. 보훈단체는 당시 국가수호를 위해 공을 세운 사람이 진정한 국가유공자이며 5·18 관련자는 그렇지 않다고 주장했

다. 이들은 "예비군과 경찰서 무기고에서 꺼내든 총과 조국수호를 명령받고 받아든 총은 성격이 판이하다."[2](《경향신문》 1999년 4월 15일자 광고 참조)고 주장했다. 김주환(2015)은 국가정체성과 보훈 이념의 관련성을 고찰하면서 이러한 논란은 5·18유공자들이 국가유공자 명칭을 얻기 위해서는 더 많은 사회적 논의가 필요하다는 점을 보여 준다고 평가한다. 하지만 김민영(2017)은 기존 보훈제도가 '호국'을 본위로 하고 있으며 기존 유공자단체의 5·18 관련자의 유공자 선정에 대한 반대를 기득권자의 변화에 대한 저항으로 파악한다(65쪽). 하지만 중요한 것은 5·18의 국가에 대한 공헌 여부를 어떻게 평가하느냐의 문제다.

한국 사회에서 보훈대상의 자격에 대한 중요한 기준은 신체적 희생의 유무, 공헌성의 유무, 자발성과 강제성의 개입 정도 등이 있지만 이는 전적으로 정치적으로 해결되어 왔다(오진영, 2021, 219쪽). 그리고 보훈대상의 자격과 관련된 쟁점은 사회적 합의와 국민적 공감대 형성과 밀접한 관련이 있다. 하지만 사회적 합의와 국민적 공감대 형성을 측정할 객관적 기준이 존재하는 것은 아니며, 기존의 국가유공자 선정이 국가에 의한 공급자 중심의 시혜적 성격을 띠었다면 5·18의 경우 국가에 대한 요구이자 투쟁의 결과로 성취적 성격이 강했다.

5·18민주화운동특별법, 5·18보상법, 5·18유공자법은 5·18민주화운동을 "1979년 12월 12일과 1980년 5월 18일을 전후하여 발생한 헌정질서 파괴범죄와 반인도적 범죄에 대항하여 시민들이 전개한 민주화운동"으로

---

2   대한민국상이군경회·전몰군경유족회·전몰군경미망인회는 1999년 4월 국가유공자법에 반대하며 각종 일간지에 광고를 게재했다.

규정하여 시민들의 저항이 헌정질서를 수호한 행위임을 확인한다. 그리고 대법원은 1997년 5·18과 12·12사건에 관한 전원합의체 판결에서 5·18민주화운동을 무력으로 진압한 신군부 세력들의 행위를 헌정질서 파괴행위로 규정했고, 전두환과 신군부의 정당방위, 정당행위, 긴급피난, 과잉방위, 과잉피난 등의 주장을 명백하게 배척함으로써 시민들의 저항행위를 정당하다고 인정했다. 법률과 대법원 판결에도 불구하고 5·18유공자는 국가유공자법상 국가유공자에 포함되지 못했고, 2002년 광주민주유공자예우에 관한 법률이 별도로 제정되었다.

5·18유공자들에게는 헌정질서를 수호한 공이 있다는 것을 부인할 수 없지만 무장 저항행위에 대해서는 여전히 용인하지 못하겠다는 의견들이 존재한다. 이러한 무장 저항행위는 또한 5·18에 대한 왜곡과 폄훼의 주요한 내용을 이룬다. 5·18유공자들의 헌정질서를 수호한 공헌은 개별적으로 평가하기 힘들다. 따라서 국가유공자법에서는 공훈에 따라 유공자를 판별하지만, 5·18보상심의위원회에서는 공훈보다는 사건과의 관련성 및 심사대상자의 희생을 객관적 자료를 통해 결정한다.

5·18민주화운동의 국가와 사회에 대한 공헌에 대해서는 사회적 합의와 국민적 공감대가 형성되었다고 볼 수 있다. 하지만 5·18 관련자들의 민주화운동에 대한 개별적인 공헌을 평가할 수 있을까? 항쟁 당시 죽음의 원인, 사망자의 행적도 다양하지만 적극적으로 항쟁에 가담하여 부상을 입은 사람들이 있고, 단지 젊다는 이유로 공수부대에게 구타당한 사람도 있으며, 봉쇄된 광주를 빠져나가려다 계엄군의 총격에 사망하거나 큰 부상을 입은 사람도 있다. 항쟁에 가담 정도와 부상으로 인한 장애등급, 구속기간 등의 차이로 민주화운동에서 공로를 판단할 수는 없을 것이다. 따라

서 5·18이 국가보훈체제로 들어서기 위해서는 공훈이 아니라 희생에 대한 평가가 관건이 될 수밖에 없다.

희생(犧牲)은 본디 제사를 위한 바쳐진 생명을 뜻하는 말로 종교적인 의미를 함축하고 있다. 영어 sacrifice의 어원 또한 희생물을 신에게 바치는 성스러운 제의를 뜻하는 sacra에서 유래했다. sacrifice가 나중에 타인을 위한 자기희생의 의미를 갖게 되었듯이 우리 사회에서도 희생은 주체의 의지에 따른 행위일 뿐만 아니라 여전히 사고나 자연재해로 인해 목숨을 잃는 행위라는 뜻도 포함하고 있다. 한국사회에서 용례상 피해자와 희생자의 구별은 목적과 관련된 자유의지의 여부와 행위의 원인과 배경에 대한 인식의 차이에서 드러난다. 보통 교통사고로 인해 상해를 입은 사람은 피해자라고 이야기하고 국가와 민족을 위한 전쟁이나 항쟁에서 죽은 이는 희생자라고 표현한다.

국가보훈기본법 제3조는 국가를 위한 희생과 공헌을 '일제로부터의 조국의 자주독립', '국가의 수호 또는 안전보장', '대한민국 자유민주주의의 발전', '국민의 생명 또는 재산의 보호 등 공무수행을 위한 헌신'으로 범주화한다. 5·18민주화운동을 "대한민국의 민주주의와 인권의 발전"(5·18유공자법 제2조)을 위한 희생과 헌신으로 이해하는 것은 항쟁 전체의 의미에 대한 해석에 의지한다. 그렇다면 언제부터 5·18은 헌정질서로서 민주주의를 '위한' 희생으로 이해되었을까?

항쟁기간 동안에는 어느 누구도 이 사건의 총체적 성격을 이해하기 힘들었다. 5·18민주화운동은 신군부에게는 폭동이자 '사태'였고 광주시민들과 유가족들은 '의거(義擧)'로 이해했다.[3] 5·18은 1982년 비합법 인쇄물로 출간된 「광주백서」에서는 '민중 봉기', 1985년 출판된 『죽음을 넘어 시대의

어둠을 넘어』에서는 '민중 항쟁'으로 표현되었다. 5·18민주화운동을 법률
에서 규정하기 이전에 사건에 대한 관점의 차이는 다양한 용어들로 나타
났음에도 5·18 관련 초기 자료들은 항쟁에서의 죽음과 피해를 민주주의를
위한 희생으로 표현하지 않았다. 「광주백서」(1982)에서 희생이라는 단어
는 계엄군과 공수부대에 의한 시민의 피해를 설명하기 위해서 주로 사용
되었다. 『광주오월민중항쟁사료전집』(1990)의 증언들에서도 주로 시위와
무장 항쟁과 무관한, 무고하고 애석한 죽음에 대해서 희생이라는 말을 사
용한다. 희생이란 용어가 민주주의와 관련되어 사용되는 것은 5·18 관련
자들이 민주화된 1980년대 말의 시점에서 '그때'의 항쟁에 대해 회고하는
상황에서였다.[4]

　　반인도적 범죄로 간주되는 계엄군에 의한 학살과 자신과 이웃의 생명
을 지키기 위한 싸움에서 시민들의 죽음은 국가나 민족을 위해 바쳐진 생
명으로 간주되는 경향이 있다. 하지만 항쟁에 참여한 사람들 중 일부만이
민주주의를 위한 싸움, 민주의 제단에 자신의 목숨을 바친다라는 생각을
가지고 있었다. 당시 희생의 능동적 의미는 국가와 민주주의를 위한 희생
이 아니라 항쟁 공동체를 위한 희생, 광주의 진실을 위한 희생이었다. 광주
의 진실을 밝히고자 한 오월운동과 1987년 6월항쟁의 승리는 5·18을 민주
주의와 떼려야 뗄 수 없는 사건으로 만들었다. 이후 5·18의 공식화, 합법화

3　　광주의거유족회는 1980년 5월 31일 망월동 시립묘지에 가족을 안장한 유족을 중심으로
　　창립되었다.
4　　『광주오월민중항쟁사료전집』에서 희생이라는 말은 다음과 같이 사용되었다. "광주항쟁
　　이후 언제나 나는 학생들이 데모하는 것을 볼 때마다 저 사람들이 희생을 함으로써 민주
　　주의가 온다."(609쪽) "광주 시민의 희생으로 오늘날 우리나라가 이만큼이나 민주화되
　　었으니."(617쪽) "그때 광주 시민들은 결코 자신들의 이익을 위해서 싸우지 않았다. 민주
　　화를 위해 하나밖에 없는 목숨을 내걸었던 것이다."(815쪽)

과정을 통해 항쟁에서의 죽음과 고통은 민주주의를 '위한' 희생으로 성스러움을 갖게 된다. 하지만 민주주의를 위한 희생이라는 말은 당시의 죽음과 현재까지 계속되는 고통의 원인이 되는 계엄군이 행사한 반인도적 범죄, 광주시민들의 분노와 목숨을 건 용기를 감추거나 축소시키는 효과가 있다.

보상체제와 희생의 평가

1990년 8월 제정된 광주보상법(5·18보상법으로 개칭되기 전의 명칭)은 그동안 '사태' 혹은 '폭동'으로 불리던 사건을 '항쟁' 내지 '민주화운동'으로 격상시켰다. 광주보상법은 명예회복과 기념사업에 관한 규정을 담음으로써 이미 보훈의 성격도 갖춘 것이었다(오진영, 2021, 142쪽). 진실과 맞바꾼 보상이라는 비판을 받으며 5·18은 보훈체제에 들어서기 시작한 것이다.

2002년에 새롭게 제정된 광주민주유공자법은 광주보상법과 중첩적 성격을 가지고 있었고 보수 세력과 기존 국가유공자들의 심한 반발을 초래했다(김주환, 2013, 50쪽). 이러한 반발은 광주보상법에 의해 별도의 보상(補償)을 받고 나서 다시 보훈 '보상(報償)'의 대상으로 인정되었기에 이중 보상의 문제뿐만 아니라 호국(護國)과 민주(民主)는 양립할 수 없다는 인식, 민주화운동 영역을 보훈 영역에 포함시킬 수 없다는 주장에 근거하기도 했다(오진영, 2021, 232쪽). 오진영의 한 국가유공자에 대한 인터뷰 내용은 희생의 구별을 통해 호국과 민주가 동일한 국가보훈체제 동시에 존재할 수 없다는 주장을 잘 보여 준다.

그러면 자기를 희생하고 큰 대의 차원에서 국가의 존립과 국민의
생명과, 우리가 흔히 그냥 흔히 하는 얘기로 국민의 생명과 재산을 보

이러한 발언에 따르면 국가유공자는 자신의 이익과 무관하게 국가의 존립과 국민을 보호한 희생자이고 민주화유공자는 자유로운 선택, 자신의 이익 추구에 따른 피해자이다. 자유의지에 따른 선택인 민주화운동으로 인한 개인의 피해는 국가의 보상을 용인할 수 있지만 보훈의 대상은 아니다. 이러한 희생의 성격에 따른 유공자의 여부의 구별은 5·18보상법을 용인하지만 5·18유공자법은 인정하지 않는다. 인용한 국가유공자의 발언은 이념적인 것이라기보다 사익과 공익의 불일치를 전제하며, 자유의지의 여부에 따른 희생의 구별 문제를 제기한다. 이러한 희생에 대한 관점은 자기희생을 통한 국가의 존립에 대한 헌신, 자유로운 선택에 의한 국가의 민주주의 발전에 대한 헌신을 구별한다. 이러한 주장에 따르면 국가의 공적 이익, 대의에 따른 희생은 자유로운 선택의 범주에 들지 않는다. 이러한 논지를 5·18에 적용하면 스스로 무장하고 부당한 권력에 저항해서 입은 피해는 국가와 국민을 위한 희생이 아니다.

5·18에서 희생의 구별 필요성에 대해 신일섭은 자유의지를 높게 평가해 역사의 현장에서 부당한 국가권력에 항거하다가 육체적·정신적으로 피해를 당한 5·18 '유공자'와 항쟁에 관계없이 그리고 자신의 의지와는 상관없이 우연히 피해를 당한 피해자를 구별해야 한다고 주장한다(신일섭, 2005, 25쪽). 하지만 5·18민주유공자들의 경우 희생의 성격 구분에 따른

것은 아니다.

자유의지에 따른 희생의 성격 구별에 근거한 보훈 대상의 선별에 대한 주장들이 간과하고 있는 것은 5·18이 한국의 정치 체제의 전환과 밀접한 관련이 있다는 점이다. 5·18은 권위주의 체제의 존립을 위태롭게 하고 이후 민주주의 체제로의 전환의 서막을 열었다. 기존의 국가질서를 지탱했던 권위주의 체제에 대한 도전의 측면에서는 희생이 아니지만 민주주의 정체를 위한 희생임은 부인할 수 없다. 하지만 5·18이 이전의 희생들과 다른 성격에 대한 토의와 논쟁을 통해서 보훈 영역에 편입된 것은 아니다. 그래서 오진영은 5·18민주화운동 관련자가 '정치적' 고려에 의해 보훈보상의 영역이 되었다고 평가한다(오진영, 2021, 140쪽). 이러한 평가는 보훈보상의 영역과 대상의 결정이 특별한 정치적 고려가 아니라 정상적이고 일반적인 절차에 따른다면 사회적 합의가 필요하다는 판단에 도달한다. 달리 이야기하면 5·18민주화운동의 경우 광주보상법이 제정되기 이전에 희생과 공훈에 대한 사회적 합의가 충분히 이루어지지 않았다고 볼 수 있다. 하지만 항쟁 이후 진실 규명 투쟁이 사회적 합의를 만들어가는 과정이기도 했다는 것은 분명하다. 그럼에도 불구하고 5·18이 국가보훈체제로 편입되는 시점에서 진실과 책임의 규명을 통한 사회적 합의의 확대와 국민적 공감대 형성은 향후 과제로 남겨져 있었다. 5·18에 대한 국가 차원의 진상 규명은 2018년 2월 28일 국회에서 가결된 「5·18민주화운동 진상 규명을 위한 특별법」(이하, 5·18진상 규명특별법)을 근거로 5·18진상규명조사위원회(이하 5·18조사위)가 2019년 12월 27일 출범함으로써 본격화되었다.

국가 차원의 진상 규명 이전에, 희생과 공훈에 대한 충분한 토의와 사회적 합의 이전에 정치적 고려를 통해 광주보상법이 제정되면서 광주의 희생은 피해의 정도에 따른 보상으로 구체화되었다. 5·18 참여자에 대한 구체적 객관적 자료에 의한 공훈의 평가가 어렵다면 개인의 희생은 구체적으로 어떻게 측정되었을까?

광주보상법 제1조(목적)에 따르면 희생자인 '관련자'를 "광주민주화운동과 관련하여 사망하거나 행방불명된 자 또는 상이를 입은 자(이하 '關聯者'라 한다)와 그 유족"으로 규정한다. 광주보상법은 2006년 '광주민주화운동'을 '5·18민주화운동'으로 명칭을 변경하여 개정되었고, 2021년 개정을 통해 제2조(정의) 2의 '관련자'를 확대했다.[5]

5·18 관련자 단체는 사망자의 유가족들을 중심으로 유족회가, 부상자들을 중심으로 부상자회가, 구속자를 중심으로 구속부상자회가 결성되었다. 하지만 공법단체로 전환되는 과정에서 기존 회원들은 장해등급 판정을 받은 사람은 부상자회에, 그렇지 않은 사람은 공로자회에 소속되었다. 5·18민주유공자의 소속은 공헌과 희생의 성격이 아니라 결국 5·18보상심의회가 결정한 피해의 정도에 따라 결정된 것이다. 그리고 피해의 정도를 측정

---

[5] 「5·18민주화운동 관련자 보상 등에 관한 법률」 제2조 2. "관련자"란 다음 각 목의 어느 하나에 해당하는 사람 중 제4조에 따른 5·18민주화운동관련자보상심의위원회에서 심의·결정된 사람을 말한다.
　가. 5·18민주화운동과 관련하여 사망하거나 행방불명된 사람
　나. 5·18민주화운동과 관련하여 상이(傷痍)를 입은 사람
　다. 5·18민주화운동과 관련하여 대통령령으로 정하는 질병을 앓거나 그 후유증으로 사망한 것으로 인정되는 사람
　라. 5·18민주화운동과 관련하여 성폭력 피해를 입은 사람
　마. 5·18민주화운동과 관련하여 수배·연행 또는 구금된 사람
　바. 5·18민주화운동과 관련하여 공소기각·유죄판결·면소판결·해직 또는 학사징계를 받은 사람
관련자의 확대는 「5·18민주화운동 진상 규명을 위한 특별법」(이하 5·18진상 규명법)과 연관되어 있다. 5·18진상 규명법은 5·18과 관련된 피해의 범위를 확장하여 진상 규명의 과제(제3조 참조)를 설정했다.

하는 것은 주체의 의지와 행위의 성격, 사건과의 관련 정도와 무관했다.

민주주의를 위한 희생이 신체적 피해의 정도에 따른 장해등급으로 구체화되면서 항쟁이 가진 능동성, 시민들의 저항이 가진 역량은 축소된 것은 아닐까? 국가보훈체제의 핵심 기제인 희생의 평가체계는 항쟁의 역동성과 복잡성을 피해의 측정으로 축소시킨다. 이러한 5·18의 의미 축소와 완화는 기존 보훈단체에서 제기한 희생의 성격과 국가유공자로 인정할 수 없다는 반론을 비켜가는 것이기도 하다.

오월운동이 신군부에 의해 왜곡된 희생의 진실에 기초했음에도 국가보훈체제로의 편입 과정에서는 피해보상의 처리 과정과 진실 규명의 실천은 분리된 채로 진행되었다. 여당에 의해 일방적으로 통과된 광주보상법 제정 당시 5·18 관련자들은 진실 규명 없는 보상에 대해 반대하고 우려했다. 관련자들의 일부는 보상 이전에 진실 규명을 요구했다.

> 5·18 희생자가 내 아들 하나만이 아니듯 5·18은 광주시민들만의 일도 아니고 우리나라 전체의 일이라고 생각한다. 지금에 와서 내가 바라는 것은 5·18에 대한 진상조사가 확실히 되어서 많은 사람의 희생이 헛되지 않게 되는 것이다.
>
> – 한국현대사사료연구소 편(1990), 698쪽

많은 5·18 관련자들에게 무고한 시민의 애석한 죽음이든 무장한 시민군의 처절한 투쟁으로 인한 희생이든, 희생에 대한 보상의 전제 조건은 항쟁의 진실을 밝히는 것이었다. 5·18 관련자의 희생의 의미는 보상체제의 실행으로 시작된 보훈화의 첫걸음부터 진실과 어긋나 있었다.

희생에 대한 보상의 효과와 화해 담론

보상의 부정적 효과와 희생으로서 5·18

5·18 관련자들의 주장처럼 희생을 헛되이 하지 않기 위해서는 피해보상에 앞서 진상을 규명하는 것이 필요했다. 따라서 5·18 진상 규명에 앞서 진행된 보상과 기념사업은 불완전할 수밖에 없었다. 희생의 원인과 배경, 과정, 의미에 대한 토의와 사회적 합의 과정이 결여된 채로 진행된 보상은 의도치 않은 부정적 효과를 불러왔다.

1990년 7월 제정된 '광주민주화운동보상법'은 당시 여당에 의해 일방적으로 처리되어 야당과 5·18 관련 단체, 광주시민의 의견이 제대로 반영되지 못했다. 5·18의 가해자들이 집권한 상태에서 진상 규명은 불가능했다. 당시 정부 여당은 보상법을 제정하면서 위법한 공권력 행사를 부정하며 배상을 보상으로 호칭했고, 피해자의 범위는 사망자, 행불자 및 상이자로 한정했으며, 다른 국가유공자들과의 형평성과 국민 전체에 대한 위화감을 이유로 국가유공자로서 예우를 거부했다(신일섭, 2005, 15~16쪽). 신일섭은 광주보상법이 피해자보다 가해자 입장에서 제정되었으며, 관련 피해자와 유공자의 구별이 없었고, 금전적인 개인보상에 집중되었기에 형평성과 공정성 문제를 야기했다고 지적한다. 특히 개인 위주의 금전적 보상은 가짜 유공자 사건을 발생시켰고 광주항쟁의 숭고한 정신을 배금주의적 이미지로 퇴색시켰다(신일섭, 2005, 30쪽).

보상법이 인정하는 피해자의 5·18에 대한 경험과 기억이 기념사업을 통해 강조되면서 보상을 요구하지 않는 기억, 입증할 수 없는 피해, 그리고 입증된 피해와 무관한 기억들은 배제되기 시작했다. 5·18의 주체와 피해자가 동일하지 않음에도 보상작업과 기념사업을 거치면서 피해자는 5·18의 주체와 동일시되었다(최정기, 2006, 10쪽). 피해자 개인에 대한 보상은 항쟁에 참여했던 많은 광주 시민들과 공식적 피해자 사이에, 피해 정도에 따라 피해자들 사이에 보이지 않는 구분선을 만들어냈다. 항쟁 참여자 중 신청자에 한정하고 입증이 가능한 피해를 입은 사람을 포함하는 동시에 다수의 항쟁 참여자를 비유공자로 배제하는 보상절차를 통해 5·18은 국가보훈체제로 진입한 것이다.

관련자들의 5·18로 인한 고통은 단순히 신체적·정신적 고통뿐만이 아니다. 그들은 실직, 사회적 고립, 가정의 파괴로 인해 고통받았고 당시 형평성 논란을 불러일으킨 적지 않은 보상금으로도 생활고를 벗어나기 어려웠다(유해정, 2021, 68~70쪽). 진실 규명과 책임자 처벌이라는 원칙이 철저하게 관철되지 않은 채로 보상이 진행된 이유는 피해 당사자들이 생활의 어려움 속에서 피해 구제 및 현실 복원을 선호했기 때문이다. 당시 정권 또한 체제의 안정성을 위해 5·18로 인해 피해를 입었던 사람의 불만을 무마하는 선에서 5월 문제를 해결하고자 했다. 최정기(2006)는 피해자에 대한 개별 보상이 5월 운동이 갖는 집합적인 성격을 희석시켰고, 피해자와 일반 시민을 분리시켰으며, 저항 세력의 도덕적인 힘을 약화시켰다고 지적한다.

지체된 진실 규명 국면에서 개별화되고 등급화된 형태로 진행된 금전 보상 과정은 지역사회 내부에서 피해자들을 고립시키는 계기로 작용했다(진영은·김명희, 2020). 피해자들의 고립과 5·18로 인한 정신적 외상(trauma)의 심원한 영향력을 보여주는 것이 2000년대 중후반 불거진 5·18 피해자들의 연쇄 자살 문제였다. 5·18보상법에서 제외되었던 이러한 트라우마 및 정신적 피해에 대한 논의와 2021년 피해자들의 정신적 피해에 대한 소송은 결국 2023년 11월 법원의 판결에 따라 보상으로 이어졌다. 하지만 국가의 정신적 피해보상은 국가 폭력 트라우마로서 5·18 트라우마의 독특한 성격과 그것이 지속되고 재생산되는 원인의 규명과 해법과 무관했다.

5·18 관련자들의 정신적 고통의 원인은 진실 규명과 책임자 처벌의 불완전함, 지금도 지속되는 5·18에 대한 왜곡과 폄훼다. 국가 폭력 트라우마로서 5·18 트라우마의 양상에 주목한 김석웅의 연구(2019)는 진실 규명과 가해자 처벌이 제대로 이루어지고 있지 않은 것이 피해자들의 트라우마 치유에 부정적 영향을 미치고 있음을 밝히고 있다. 금전적 보상 중심의 과거청산은 기존의 인권 상황을 악화시키고 트라우마를 강화한 것은 물론, 피해자에 대한 그릇된 인식이 생겨나게 만들었다. 보상은 피해자를 오월 공동체로부터 분리시켰을 뿐 아니라 피해자들 사이의 분란과 분열을 초래했다(유해정, 2021, 82~85쪽).

5·18 관련자의 사회적 고통과 정신적 피해의 지속에 대한 치유와 보상은 진실 규명, 책임자 처벌과 밀접하게 연결되어 있다. 진실 규명과 책임자에 대한 처벌은 "희생자의 영혼과 유가족의 안식뿐만 아니라 자신들의 평온에도 매우 중요한 일"이자 "왜곡과 폄하를 근절하는 방안이자, 참여자 명예회복의 핵심"(유해정, 2021, 70쪽)이기 때문이다. 2018년 이러한 진실 규명에 대한 요청에 응답하는 한편 이명박, 박근혜 정권에서 활발하게 등장했던 5·18에 대한 부인과 왜곡을 극복하고 국민 통합에 기여하고자 「5·18민주화운동 진상 규명을 위한 특별법」(이하 5·18진상 규명법)이 제정되었다.

5·18진상 규명법과 이전의 5·18 관련법들의 두드러진 차이는 5·18민주

화운동에 대한 정의다. 이전의 법들이 5·18민주화운동을 “1979년 12월 12일과 1980년 5월 18일을 전후하여 발생한 헌정질서 파괴범죄와 반인도적 범죄에 대항하여 시민들이 전개한 민주화운동”으로 정의한 반면, 5·18진상 규명법은 “1980년 5월 광주 관련 지역에서 일어난 시위에 대하여 군부 등에 의한 헌정질서 파괴범죄와 부당한 공권력 행사로 다수의 희생자와 피해자가 발생한 사건”으로 규정한다. 이러한 정의의 차이는 단순하지 않다. 진실 규명이 국민 통합에 기여한다는 목적에 따라 시민들의 저항이 아니라 범죄와 부당한 공권력 행사에 의한 희생과 피해로 5·18을 규정하는 것은 중대한 변화이다. 봉기(蜂起)나 항쟁으로서 5·18이 아니라 희생과 피해의 측면을 강조하는 것은 5·18조사위의 또 다른 목표인 화해와 부합한다.

광주 문제 해결의 5원칙[6]에 포함되어 있지 않은 화해는 정부가 5·18의 해법으로 제시해왔으며 5·18의 제도화와 합법화의 근거 혹은 명분으로 사용되었다. 항쟁 혹은 봉기라는 개념은 가해자와 피해자 사이의 화해, 국가 기구와 피해자 사이의 화해와 무관하다. 5·18의 최종 해법으로서 화해를 위해 5·18은 항쟁이 아니라 다수의 희생자를 낳은 비극적 사건이 되어야 했다.

신군부의 일원인 노태우는 대통령 당선 후에는 화해 조치의 일환으로 1988년 1월 11일 국민 화합을 목표로 한 ‘민주화합추진위원회’(이하 민화위)를 발족시켰다. 민화위의 “민주발전과 국민화합을 위한 건의문”은 첫째, 당시 극심한 혼란 등 비상계엄 시국에서 선량한 시민의 생명과 재산을 보호하기 위해 불가피하게 취한 공권력의 행사라는 주장과 둘째, 민주화를 요구하는 광주학생과 시민에 대한 계엄군의 초기 과잉진압이 사태를

---

[6]　5원칙은 진상 규명, 책임자 처벌, 명예 회복, 배상, 기념사업으로 구성되어 있다.

악화시켰으며, 진압 후에도 사상자와 그 유가족의 사후관리를 소홀히 하였다는 주장으로 요약될 수 있다(이영재, 2021, 219쪽). 이러한 화해 논리에 기초해 5·18을 일종의 사고로 간주하고 가해자와 피해자 양측이 모두 과실이 있다는 양비론(兩非論) 프레임이 형성된다. 건의문은 진상조사에 착수할 경우 정략적으로 이용당할 수 있고 또한 꽤 오랜 시간(8년)이 흘러 그 당시의 진실을 발견하기 어렵고, 유가족과 부상자에게 조속하고 효율적인 지원을 하기 어려우니 그 자체를 더 이상 거론하지 말자는 것, 책임자 처벌 문제도 과잉진압에 대한 군 책임자뿐만 아니라 교도소 습격 및 총기 탈취 등 학생 시민들의 불법행위에 대한 책임자도 함께 논하지 않을 수 없기 때문에 거기에서 그냥 종결하자는 주장을 배경으로(신일섭, 2005, 178~179쪽) 한 양비론에 입각해 있었다. 민화위의 건의문은 향후 「광주보상법」의 틀을 이루고 6공화국의 광주 문제 해결 방향을 결정지었다.

희생의 의미 축소와 화해론

광주보상법 제정의 밑바탕에 있는 화해 지향적인 양비론적 관점은 5·18의 의미와 가치에 대한 다양한 해석들을 배제할 뿐만 아니라 관련자의 범위를 가해자와 피해자로 축소시킨다. 5·18을 국가를 위해 희생한 비극적 사건으로 보는 입장은 국가보훈체제로의 편입의 효과일 수 있다. 5·18에 대한 희생론과 화해론은 5·18진상 규명법을 관통하여 진상 규명의 범위, 과제, 방법에 영향을 미쳤다. 5·18조사위는 조사의 기본원칙으로 피해자 중심 접근, 국제 기준에 부합한 접근, 증거 기반 접근을 제시했다(5·18진상규명조사위원회, 2024, 49~50쪽). 2024년 6월 24일 발간된 『5·18민주화운동진상규명위원회종합보고서』의 구성 또한 계엄군의 가해와 피해에 초점을 맞춘 2장 '계엄군의 진압 작전과 발포', 5·18 전후 민간인의 피해와 희생을 다룬 3장 '민간인 희생과 피해', 4장 '외곽 봉쇄지역 집단학살', 5장 '중대한 인권침해 사건'을 핵심 내용으로 하고 있다.

보훈체제로의 편입 과정에서 등장한 5·18의 희생론과 화해론의 영향은 5·18조사위의 화해 프로젝트, 공법단체의 활동으로도 나타났다. 5·18조사위는 2021년부터 계엄군의 사과와 유공자의 용서의 자리를 마련했다. 또한 2023년 2월 19일 5·18민주화운동부상자회, 5·18민주화운동공로자회, 대한민국특전사동지회는 「'용서와 화해'를 위한 대국민 공동선언문」(이하 공동선언)을 광주에서 발표했다. 정치적 화해와 국민 통합을 위해 5·18은 이 공동선언에서 일종의 비극으로 묘사되며, 이러한 인식은 양시론(兩是論)으로 표현된다.

즉, 오늘 5·18민주화운동 공법3단체와 대한민국특전사동지회 양단체는, 43년 전 우리나라 민주주의의 변천과 발전 과정에서 발생한 5·18민주화운동을, 가해와 피해자라는 시비론(是非論)적인 관점으로 볼 것이 아니라, 당시 양측 모두가 실행을 피할 수 없는 상황이었다는 점에서 양시론(兩是論)적인 관점으로 보는 것이 마땅하다는 입장이다.
– 2023년 2월 19일 「용서와 화해」를 위한 대국민 공동선언문 중에서

용서와 화해를 위해 시민과 진압 및 학살 당사자 양자를 '피할 수 없는' 상황 속에 위치시키는 것은 그동안 광주항쟁의 성격과 특징에 대한 담론 및 연구들과 상이한 관점이다. 이러한 입장은 선택의 여지가 없는 '불가항력적' 상황에 놓인 가해자와 피해자로서의 동등성에 주목한다. 이 관점에

서는 누가 가해자이고 피해자인지 구별하는 것이 더 이상 중요한 문제가
아니다. 왜냐하면 가해자와 피해자는 분명히 구별되기 때문에 양자의 유
사점에 주목하는 것이 화해에 이르기 위해서는 중요하다. 가해−피해의 관
점은 5·18을 가해자와 피해자가 상호 용서를 통해 완결되어야 할(혹은 매
듭지어야 할) 하나의 비극으로 축소한다. 하지만 5·18에 대한 진실 추구가
가해−피해 사실에 대한 규명으로 한정될 수는 없다.

세 단체의 공동선언은 많은 논란을 야기했고 광주와 전남의 시민사회
단체는 대책위를 꾸려 5·18정신을 훼손하는 공동선언의 폐기를 요구했
다.[7] 양측의 용서에 대한 입장의 차이를 떠나서 5·18공법단체는 왜 그러한
결정을 내렸을까? 왜 양시론(兩是論)적 관점이 필요했을까?

공동선언 참여자들에 대한 심층 면담을 통해 확인하고 검토해야 분명
히 드러나겠지만 두 공법단체의 공동선언의 배경과 원인에 대해 몇 가지
가정을 해 볼 수는 있다. 첫째, 앞서 살펴보았듯 국가 중심의 제도적 과거
청산 과정의 불충분함, 특히 물질적 보상으로 인해 5·18 관련자와 지역사
회의 분리 때문이다. 소통의 부재로 인해 용서와 화해에 대한 일부 5·18
당사자들의 입장이 공동선언을 통해 여과없이 표출되었다. 둘째, 5·18유
공자들의 그동안 발언들을 살펴보면 당사자 세대가 화해를 통해 5·18 문
제를 최종적으로 본인들의 손으로 해결하려는 생각이 존재했고, 그들은
조건 없는 용서가 진실 규명에 도움이 된다고 판단했다. 셋째, 5·18 단체

<hr>

7   2023년 2월 23일 오월정신 지키기 범시도민대책위원회 발족 기자회견문 참조. 기자회
     견문에서는 대책위원회는 공동선언의 배경에 당사자주의를 앞세워 5·18을 자신들의 전
     유물로 여겨 사유화하고 독점하는 세력이 있음을 지적하고 공동선언을 통해 가해자에게
     면죄부를 주고 5·18을 부정하는 행위라고 비판했다.

는 국가보훈부의 지원을 받고 있는 보훈단체로서 역할을 보여주고 미흡한 보상제도의 보완을 요구할 수 있는 근거를 마련해야 했다.

가해자와 피해자의 화해가 보훈단체로서의 5·18공법단체의 위상에 도움이 되는 이유는 기존 보훈단체가 5·18유공자법 제정 당시부터 무장 투쟁을 빌미로 공훈에 대해 문제를 제기해왔기에 여전히 불편한 관계에 놓여 있던 상황을 타개할 수 있는 근거가 될 수 있기 때문이다. 국가보훈부와 기존 보훈단체와의 관계가 중요한 이유는 국가유공자와 다른 5·18민주유공자에 대한 보상과 예우의 형평성 문제가 존재하기 때문이다. 5·18민주유공자의 경우 매달 지급되는 보훈 급여금은 고려되지 않은 채 예우와 의료지원 등에 한정되어 있어 형평성 차원에서 그 공헌과 희생의 정도에 상응한 실질적 보상이 이루어지지 않고 있다(민병로, 2023, 62~63쪽). 5·18민주유공자들은 유공자법을 개정하여 보훈 급여금을 지급받고 진정한 국가유공자가 되기를 희망하고 있지만 심사과정과 장해등급의 차이, 국가보훈부 및 기존 보훈단체의 협의 부재로 실현되기 힘든 실정이다. 이러한 장기적 과제 이외에도 5·18 관련 보훈회관의 건립 및 예산 지원이라는 현안 문제는 공법단체와 보훈부의 지속적인 협의가 필요한 사항이다.

공동선언과 관련된 논란이 한창 진행 중이던 2023년 8월 16일 광주시의회 5·18특별위원회와 5·18 단체의 간담회에서 한 단체 대표는 5·18 전야제와 관련된 모든 행사는 공법 3단체와 5·18기념재단 등이 주관하겠다며 이념으로 치우쳐진 시민사회단체는 행사에서 배제해야 한다고 주장하여 파장을 불러왔다.[8] 5·18공법단체 관계자가 진보적 색채를 가진 사회단체를

---

8   2023년 8월 16일 〈광주MBC〉「내년 5·18기념식 행사서 진보연대 배제」 보도 참조.

기념행사에서 배제하고자 하는 것을 어떻게 이해해야 할까? 5·18공법단체 또한 기존의 보수적 보훈단체와 유사한 이념적 지향을 가지게 된 것일까? 아니면 보훈단체로서 회원들의 이익을 도모하기 위한 전략적 선택일까?

2023년 8월 박민식(당시 국가보훈부 장관)은 정율성의 북한과 중국에서의 행적을 이유로 광주광역시가 추진하고 있는 '정율성 역사공원 사업'을 철회할 것을 요구했지만 광주시장이 거부하면서 논란이 일었다. 2023년 8월 28일에는 5·18 단체 명의로 정율성 역사공원 사업을 반대한다는 광고가 신문에 실렸고[9], 일부 5·18 단체 대표는 보훈단체가 광주시청 앞에서 개최한 반대 집회에 참석했다. 5·18공법단체의 한 대표는 2023년 11월 28일 공산주의자 정율성과 관련한 역사공원 조성이 자유 대한민국의 정체성에 반한다는 입장을 밝히면서 5·18이 자유민주주의를 지키기 위한 희생이었음을 밝혔다. 그는 동시에 5·18유공자를 국가유공자로 승격시키고 5·18정신을 헌법정신에 수록해야 함을 강조했다.[10] 보훈부의 예산을 지원받는 공법단체로서는 정율성 역사공원 사업을 문제삼은 정부와 대립하는 것은 쉽지 않은 일이었을 것이다. 다만 5·18 단체와 그 대표가 모든 유공자를 대변하는 것은 아니며 5·18유공자들 사이에도 다양한 의견들이 존재할 수 있다. 문제는 5·18 진실 규명과 민주화운동에 헌신했던 5·18 단체들의 진보적 이념 혹은 관련 단체들과 거리 두기, 국가보훈체제를 지탱하는 보수적 이념과의 동조화가 5·18에 대한 기억과 기념의 미래에 어떤 영향을 끼칠 수 있는가이다. 국가정체성의 토대를 구축하는 보훈체제는 세대

---

9   2023년 8월 28일자 〈조선일보〉 광고 참조.
10   2023년 11월 28일자 〈남도일보〉 기사 「황일봉 전 광주 남구청장 '정율성 생애·이력 면밀히 파악 못 하고 추진한 점 반성'」 참조.

를 넘어 기념을 통해 공적 기억을 관리해야 한다.

보훈체제의 일부로서 5·18과 당사자주의

국가유공자와 당사자주의의 영향력

20·30세대인 광주시의원 5인은 2023년 5월 11일 본회의 5분 릴레이 발언을 통해 5·18기념사업의 실태를 지적하면서 5·18이 누구의 것도 아니라는 것을 강조했다.

> 5·18에 대해 말하면, 누군가는 늘 말합니다. '그날 그 자리에 있었던 당사자가 아니면 조용히 해라.' 서운하게 들리실 수도 있지만, 5·18은 개인이나 특정 조직의 것이 아닙니다. 광주의 혼과 얼에 관한 문제이고, 대한민국을 바꾸었으며, 세계가 기억하는 자랑스러운 민주화의 역사입니다. 그러니 서울에 사는 홍길동도, 저 멀리 미국에 사는 마이클도, 당연히 5·18에 대해 말할 수 있어야 하지 않을까요. "내가 제일 잘 알아, 우리가 제일 잘 할 수 있어. 우리만 할 거야." 이런 말들은 5·18을 더없이 초라한 존재로 만듭니다. 오늘날 전국으로, 세계로 확장되지 못한 5·18. 우리는 지켜보고만 있어야 할까요?
>
> − 2023년 5월 11일 광주광역시의회 제316회 임시회 6차 본회의
> 5분 자유발언 중에서

당사자주의[11]가 5·18을 공적 토론과 논의의 대상이 되는 것을 어렵게 만들고 5·18의 전국화와 세계화를 더디게 만든다는 시각은 2000년대 초반부터 제기되었다(정호기, 2002; 민주화운동기념사업회, 2004; 은우근, 2007). 낭사자는 5·18의 직접적인 피해자 및 희생자의 가족으로 규정하는 5·18 관련법에 근거하고 있지만 국가 폭력을 행사한 가해 당사자는 가려져 있다(사토 유키에, 2018, 37~40쪽). 이러한 법을 기준으로 당사자와 비당사자를 구별하는 것은 많은 시민들이 참여했던 5·18의 의미와 가치를 축소시킬 뿐만 아니라 적지 않은 사람들을 5·18로부터 배제하는 효과를 낳는다. 국가에 의한 5·18의 제도화와 보훈화는 5·18에 대해 발언하고 표현할 수 있는 자격과 권리를 가지고 있는 자를 유공자에 한정하게 만들어왔다.

젊은 시의원들의 5·18 당사자주의에 대한 비판은 2023년 2월의 공동선언, 5·18교육관 위탁 논란[12]과 무관하지 않다. 젊은 시의원들의 발언에 대해 한 공법단체 대표는 선거를 위해 5·18을 팔아먹는 정치 행위라고 일축하고 우리만 당사자라고 주장한 적이 없다면서도 5·18 당시 직접 피해자인 '당사자'와 그렇지 않은 사람을 '조력자'로 구분했다.[13] 5·18공법단체는 공동선언을 비롯하여 기념행사 주최에 대한 논란, 5·18교육관 위탁운

---

11   당사자주의에 대한 학술적인 정의는 아직 명료하지 않다. 이 글에서는 억압적인 힘의 행사로서 당사자주의와 5·18과 관련된 당사자를 구분해서 사용하고자 한다. 5·18 당사자의 최소 범주는 5·18 관련법에 규정하는 5·18민주유공자이다. 당사자와 비당사자를 구분하는 것 자체가 권력적 현상이며 당사자의 범주를 어떻게 이해하느냐에 따라 당사자주의의 성격 또한 달라질 것이다.

12   2023년 4월 13일 광주광역시는 5·18민주화운동교육관을 위탁운영해 왔던 5·18부상자회에 대해 우선협상대상자로 부적합하다고 통보했다. 최종적으로 위탁운영 공모에 탈락한 5·18부상자회는 광주광역시장을 고발했으나 경찰은 불송치 결정을 내렸다.

13   2023년 5월 12일 〈KBS〉 뉴스 「5·18 부상자회·공로자회 '오월단체 비판 시의원들, 선거 때문에 5·18 팔아먹어'」 보도 참조.

영 문제를 통해 시민사회뿐만 아니라 광주시와도 대립하는 양상을 보였다. 강기정 광주시장은 2023년 5월 30일 5·18기념사업과 5·18을 사유화하려는 움직임 등 기득권에 맞서겠다고 밝혔다.[14] 하지만 5·18의 사유화, 특권화, 성역화의 문제는 광주보상법을 통한 당사자와 비당사자의 구별, 5·18유공자법을 통한 보훈부의 공법단체의 지원 등 5·18이 국가보훈체제로 편입의 효과로 이해할 필요가 있다. 따라서 보훈 이념에 동조하는 당사자주의와 5·18 당사자는 구별되어야 한다. 5·18 단체나 단체의 한시적인 대표가 5·18 당사자 전체를 대표하는 것은 아니다. 당사자들의 5·18의 사유화에 대한 자성적 목소리는 오래전부터 있었다.

1994년 8월 30일 5·18기념재단 창립선언문은 5월은 광주의 것도, 구속자, 부상자, 유가족의 것도 아님을 밝히고 당사자들이 광주를 부끄럽게 하고 시민들을 분노케 한 지난날의 잘못을 뉘우치고 80년 5월의 정신과 자세로 되돌아갈 것을 다짐하고 있다. 5·18 3개 단체의 회원들은 공법단체 추진을 위해 2008년 12월 23일 5·18민주유공자단체통합추진위원회를 발족시켰다. 통합추진위는 5·18이 당사자들의 전유물로 여겨왔던 것을 인정하며, 국민의 질시와 우려로부터 자유롭지 못했던 것에 대해 뼈아픈 반성과 더불어 5·18정신을 이 사회에 되돌리기 위해 많은 노력을 경주할 것을 회원들 앞에서 약속하며 출범했다.[15] 2023년의 논란과 진통 끝에

---

14 2023년 5월 30일 〈무등일보〉 기사 「'5·18, 성역에서 광장으로' 강기정 시장, 혁신 예고」 참조. 기자간담회에서 강기정 시장은 5·18 단체의 광주시에 대한 고소와 비방에 대해 '5·18의 주인은 나다'라는 한 가지로 읽힌다며 "5·18의 주인임을 자처하는 분들께 제안한다. 이제는 자신만의 성역에서 벗어나 광장으로 나와 새로운 세대의 질문에 응답하길 바란다."고 발언했다.
15 2011년 2월 24일 5·18 민주유공자단체 통합추진위원회 성명서 참조.

2024년 4월 24일 5·18공로자회의 회장이 새롭게 취임했으며, 2024년 7월 10일 취임한 5·18부상자회 신임 회장은 다시 시민들 품으로 돌아가 지역사회로부터 신임을 받도록 단체를 쇄신하는 데 힘쓰겠다고 밝혔다. 당사자들은 시민들의 품을 떠났다가 돌아오기를 반복하고 있으며, 이는 국가보훈체제와 무관할 수 없다.

2016년부터 2019년까지의 옛 전남도청의 복원 결정 과정은 '5·18 관련자 혹은 당사자'가 기념의 핵심 주체로 등장하는 과정이었지만(신혜란, 2022), 당사자주의가 성역화를 통해서 강화되고 전환되는 시기이기도 했다. (박경섭, 2018) 옛 전남도청 복원 결정은 당사자들뿐만 아니라 공공기관과 시민사회단체가 참여해서 이루어졌으나 5·18의 유산에 대한 성역화와 당사자주의가 결합하여 새로운 정치적 지형을 만들어냈다. 3년여의 기나긴 투쟁 혹은 농성을 통해 복원이 결정되었음에도 불구하고 시민들이 큰 관심을 보이는 것 같지는 않다. 옛 전남도청 복원과 관련된 의견조사(옛 전남도청 복원추진단 2023. 04.)에서 복원사업에 대해 잘 모른다고 답한 사람들은 63.2%였다. 시민들의 무관심의 원인은 국가보훈체제로 편입된 신성화된 5·18의 장벽, 기억과 기념 주체가 국가가 인정한 5·18 피해자로 제한되어 있는 것, 5·18기념사업과 관련된 결정이 5·18 관련 기관 및 단체를 중심으로 이루어지는 것에서 찾아볼 수 있다.

당사자들은 왜 옛 전남도청을 80년 항쟁 당시로 복원하고자 하는 것일까? 기억 연구자들이 지적하듯 기억은 과거의 고정 불변의 이미지가 아니다. 기억은 퇴색하고 섞이고 변형된다. 당사자들이 복원을 원하는 이유는 그동안 많은 5·18사적지들이 훼손되고 사라졌기 때문이다. 따라서 당사자들에게 복원된 옛 전남도청은 다른 것과 섞이지 않은 5·18의 순수한 모습이며 퇴색하지 않는 기억의 저장소이다. 당사자들에게 예전 모습으로 복원된 옛 전남도청은 왜곡될 수 없으며 이념적 해석에서도 자유로울 것이다.

기념 공간의 성역화와 보훈을 위한 5·18의 순화(純化)

옛 전남도청 복원은 단순히 5·18과 관련된 국가기념관의 등장이 아니다. 윤석열 정부가 이전 정부에서 결정된 정책을 대부분 부정하면서도 5·18과 관련된 예산을 증액하고 복원 관련 예산을 확정한 것은 과거사에 대한 용서와 화해를 통해 국민 통합에 기여할 수 있다고 판단했기 때문이다. 따라서 5·18이 국가기념시설로 들어오기 위해서는 국민 통합의 상징이 되어야 하고 그러기 위해 순화(純化)가 필요했다. 이러한 5·18의 정화(淨化) 과정에서 중요한 것은 어려운 질문과 상상보다는 자유와 민주주의를 위한 숭고한 희생을, 투사보다는 희생자를 강조하는 것이다. 희생이 숭고하기 위해서는 목적과 과정이 순수해야 한다. 이러한 무언의 희생자의 순수성을 가장 잘 드러내는 존재로 부각되고 있는 당사자가 오월 어머니가 아닐까?

희생자는 무고하며, 그 희생의 무고함을 대리하고 있는 것은 유가족 중에서도 어머니다. 5·18의 희생은 자식과 어머니라는 어떤 이해관계나 이념으로 해석되기 힘든 자연적 관계를 통해서 순수함을 획득한다.

옛 전남도청 복원은 성역화된 5·18의 다른 모습, 즉 보훈화의 문화적이고 상징적인 차원을 보여 준다. 3년간의 복원 농성 과정에서 많은 정치인들과 고위공직자들은 가장 먼저 오월 어머니를 찾았다. 5·18공법단체나 피해자의 목소리보다는 희생자의 가족, 특히 어머니의 뜻이 중요해졌다.

옛 전남도청과 5·18민주광장에서 공연이나 행사를 하기 위해서는 국립아시아문화전당(ACC)과의 공식적인 협의와 광주시에 사용 신청을 하는 것뿐만 아니라 대책위와 지킴이 어머니들의 비공식적 동의가 필요하다.[16] 복원을 위한 장기 농성과 그 이후 '지킴' 활동은 옛 전남도청과 주변 공간을 5·18과 무관한 것이 침입하는 것을 막으며 성역화(聖域化)한다. 옛 전남도청이라는 신성한 공간에서 5·18정신을 더럽히는 부정(不淨)한 행위는 용납되지 않는다. 여기에서 문제는 오월정신을 부정하는 행위를 누가 판단하고 결정하는가이다.

오월 어머니가 정화와 통합의 상징으로 등장한 것은 옛 전남도청 복원 농성을 통해서였다. 복원 농성을 통해 오월 어머니는 복원의 동력이자 정당화의 정신적 원천이 되었다. 하지만 지킴이 어머니들이 5·18유가족 전체를 대표하고 있다고 볼 수는 없으며 복원추진단이 복원과 관련하여 어머니들과 구체적으로 어떤 논의를 했고 어떤 결정을 했는지 밝혀진 바 없다. 그럼에도 어머니들은 5·18 당사자의 목소리를 정치적으로 대리(혹은 대표)하고 있는 자리에 있게 만든 것은 정치인과 선출직 고위공무원들이다. 정치인들은 당사자인 어머니의 한을 푸는 것이 옛 전남도청 복원의 중심 과제인 것처럼 만들었다.

---

16 2024년 3월 6일 〈광주드림〉 기사 「옛 도청 5·18민주광장 주인은 누구인가?」 참조. 해당 기사에서는 옛 도청앞 '5·18 민주광장'에서 행사·집회를 위해선 '오월어머니'의 동의를 구해야 하는 부당한 관행이 이어지고 있음을 지적하면서 광장의 정상적 사용을 촉구하고 있다. 관련된 기사 내용의 일부는 다음과 같다. "옛 도청 별관 복원 투쟁의 연장선상에서 '오월 영령이 드나드는 장소'라는 명분을 내세워 이곳에서 열리는 행사 전반에 관여해 왔고, 이게 관례가 돼 현재까지 이어져 온 것. 옛 도청을 지켜온 오월어머니들이 행사장 진입로에 설치된 볼라드(차량 차단봉) 열쇠를 갖고 있어 실질적인 통제권 행사가 가능했다. 오월 어머니들은 행사 목적이 5월 정신과 맞지 않으면 광장으로 차량이 진입할 수 없도록 했다."

2022년 5월 7일에는 국립아시아문화전당 주최로 지킴이 어머니들이 다수 참여한 '오월어머니 합창단'의 〈오월어머니의 노래〉 서울 순회공연이, 5월 14일에는 부산 순회공연이 열렸고, 국가보훈부가 주관하는 5·18 42주년 기념식에는 '오월어머니 합창단'이 노래를 불렀다. 윤석열 대통령은 2023년 43주년 기념식에 이례적으로 5·18 단체 대표들이 아니라 오월어머니와 함께 입장했다. 2021년 11월 오월 어머니들은 전두환 옹호 발언을 한 윤석열 국민의 힘 대통령 후보의 5·18국립묘지 참배를 반대했으며 2022년 2월에도 참배를 막았다. 한 지역언론은 광주에 거주하는 일제 강제동원 피해자 양금덕 할머니와 이춘식 할아버지의 제3자 변제 거부 투쟁을 외면한 대통령이 2023년 5·18기념식에 오월어머니와 동시에 입장했다며 광주에 대한 예의가 아님을 지적했다.[17] 당시 기념식에 참석했던 오월어머니들 중 일부는 5·18정신 헌법 수록 등 구체적인 약속이 하나도 없다며 대통령을 비판했다.

2024년 5·18 국가기념식에 윤석열 대통령은 오른손으로 오월 어머니의 손을, 왼손으로는 민주 유공자 후손의 손을 잡고 5·18기념탑 앞 행사장까지 함께 걸었다. 한때 갈등의 상대방이었던 국립아시아문화전당과 오월어머니들의 협업, 후보 시절의 대통령과 갈등을 빚은 바 있는 오월 어머니의 5·18기념식 동시 입장을 어떻게 이해해야 할까?

국가보훈부와 문화체육관광부는 순수한 희생의 상징인 어머니라는 이름에 5·18을 정화시켜 국민 통합을 상징적으로 해소하는 역할을 부여한

것은 아닐까?

5·18조사위가 2022년 5월 24일 5·18의 가해자와 피해자 유가족을 대면시켜 용서와 화해의 자리를 마련할 때도 오월 어머니들이 초청되었다. 시련과 고통의 삶을 실아왔던 오월 어머니는 5·18과 관련된 국민적 화해와 치유의 상징이 되고 있다. 어머니라는 이름은 5·18을 둘러싼 위협, 갈등, 논란을 덮는 정치적 통합 장치로서 활용되고 있다. 보훈체제와 공명하는 정화를 통한 성역화는 다양한 목소리를 차단시켜 비(非)당사자들의 5·18에 대한 접촉과 상상을 제약한다.

나오며: 호국과 민주 사이에서

헌정질서를 무너뜨리려 했던 쿠데타 세력에 저항하여 국가질서를 수호한 공훈과 민주주의 발전을 위한 희생이 5·18의 보훈체제로의 진입을 가능하게 했음에도 기존의 보훈체제와 갈등을 빚고 있다. 국가보훈체제에서 5·18유공자와 민주화운동 관련자가 국가유공자로서 충분한 예우와 온전한 혜택을 누리지 못하는 상황에서 5·18공법단체는 민주와 호국의 경계에 서 있는 듯하다. 민주와 호국의 불분명한 경계에 서 있는 것은 5·18만은 아니다. 국가보훈체제는 민주화 관련자를 모두 껴안지 못하며 이는 한국의 과거사 청산의 불충분함에서 기인한다.

5·18보상법 이후 지금까지 5·18 단체와 광주공동체가 되풀이해서 갈등을 빚는 것도 보훈체제의 영향과 관련되어 있다. 5·18공법단체가 유공자로서 권리를 주장하는 것은 분명히 존중되어야 하지만, 이러한 권리 추

구가 지역사회와 국민의 지지를 받지 못했을 때 항상 갈등을 불러왔다. 진상 규명의 지연과 불충분한 보상으로 인해 당사자도 고통을 받았고 항쟁이 만들어낸 광주공동체에는 균열이 생겼다. 이러한 갈등과 균열의 해소가 광주와 당사자의 공통의 요구사항인 5·18정신의 헌법 전문 수록으로 해결될 수 있을까? 5·18공법단체가 특전사동지회와 공동선언으로 논란이 되었을 때도 진상 규명과 헌법 전문 수록이라는 과제를 되풀이해서 강조해왔다. 5·18진상규명조사위 종합보고서의 첫 번째 권고사항도 5·18정신의 헌법 전문 수록이다. 하지만 5·18정신에 대한 해석은 다양하며 일부 당사자들은 자유와 애국을 강조하고 어떤 이들은 저항과 해방을 강조한다. 사회적 합의가 가능한, 모두가 공감할 수 있는 5·18정신이 과연 존재할까? 그래서 5·18정신의 헌법 전문 수록은 5·18정신에 내재해 있는 다양성 혹은 다양한 해석에 대한 논쟁을 통한 사회적 합의 과정보다는 4·19 이후에 5·18을 추가하는 정치적 타협에 그칠 수도 있다. 아마도 이러한 방식의 헌법 전문 수록은 5·18유공자가 국가유공자로서 온전한 예우를 받는데 중요한 근거가 될 것이다. 하지만 국가보훈체제의 영향 속에서 당사자와 비당사자의 구별은 공고해졌고, 투쟁과 저항의 의미보다 피해와 희생이 강조되면서 5·18의 더 많은 민주주의를 위한 해방적 역량은 감소한 것 같다.

5·18공법단체의 사회적 고립은 사유화와 성역화를 통해 부정적 의미의 당사자주의를 강화해왔다. 당사자주의의 영향을 받은 옛 전남도청 복원은 미래 세대에 열려 있기보다 한국 사회에 민주주의 발전의 근간인 오월투쟁의 오랜 역사와 현재를 거슬러 80년 항쟁 당시로 향하면서 닫힌 성역을 만들어내고 있다. 복원 농성에 헌신한 많은 사람들 중에서 일부가 국가기관에 의해 오월 어머니로 추앙되면서 5·18은 불의에 대한 저항보다 순수

한 희생으로 정화되고 국민 통합의 상징으로 정치적으로 남용되고 있다. 호국과 민주에 대한 치열한 논쟁을 통해 5·18이 국가보훈 차원에서 어떠한 국가·사회적 기여를 했는지 명확한 방향성을 정립하고 국민적 합의를 만들어가는 데 주력(이영재, 2021, 231쪽)하기보다, 양자는 국민 통합의 상징인 오월 어머니에 대한 효도라는 상징적 가족관계의 형태로 봉합되고 있는 것 같다.

보훈체제와 상호작용하는 닫힌 당사자주의를 극복하기 위해서는 기억의 주체와 기념의 주체를 분리해서 생각할 필요가 있다. 오월 어머니들을 비롯한 5·18유공자와 단체들은 보훈체제의 일부가 되기보다는 기억의 주체로서 지역사회와 소통하고 미래 세대에게 자신의 기억과 경험을 전해야 한다. 기념의 당사자는 5·18정신을 계승하고 새롭게 기억을 만들어가야 할 비경험자, 미래 세대가 되어야 한다. 기념사업에서 기억의 주체는 하나의 중요한 견해로 존재해야 한다.

국가보훈체제가 강화하는 당사자주의를 이해하고 넘어서기 위해서는 당사자와 비당사자를 나누는 기준을 법적인 기준이 아니라 사회적 기준에서 찾아야 한다. 사회적 기준에 따르면 5·18과 관련된 당사자의 폭은 훨씬 넓어질 수 있다. 특히 구조적 부정의와 관련된 국가 폭력을 고려하면 '당사자가 아님'은 어려운 일일 것이다(사토 유키에, 2023, 17쪽). 5·18의 피해자와 가해자 사이에는 회색 지대(gray zone)가 존재한다. 5·18 당시 동원되었던 군인들 또한 피해자라는 생각은 법적 책임의 측면에서 가해자로서 죄가 있지만, 부당하게 행사된 국가권력의 피해자라는 것을 부인할 수는 없다. 광주에는 5·18 때 부상을 입었음에도 보상신청을 하지 않은 사람들이 많으며 시민군으로 참여했음에도 총을 반납하거나 5월 26일 광주를 지키지 못하고 옛 전남도청을 빠져나온 일로 평생을 죄책감에 시달리는 사람들도 있다. 현재의 당사자주의는 국가 기준의 당사자 규정으로 인해 당사자가 되지 못한 사람을 배제하고 있다.

5·18의 경우 진실 규명, 책임자 처벌, 명예회복과 기념사업보다 피해 보상이 선행되었으나 진실 규명 국가보고서가 작성되면서 일련의 광주 5원칙을 연계할 수 있는 국면(이영재, 2021, 232쪽)이 조성되었다. 이제 5·18 문제 해결의 5원칙이 어느 정도 목표를 달성하면서 5·18과 오월운동을 평가하고 성찰할 시점에 도달하고 있는 듯하다. 진상 규명은 미흡하고 보완해야 할 부분들이 많지만 5·18진상 규명 국가보고서의 발간으로 어느 정도 결실을 거뒀고, 책임자 처벌은 가장 미흡하지만 5·18조사위의 결과에 따라 민간인 학살과 관련된 범죄 행위가 새롭게 밝혀지면서 검찰에 고발되었기에 결과를 지켜보고 있는 상황에 있다. 5·18이 국가보훈체제로 수렴되지 않기 위해서는 미래에도 5원칙이 유효한지, 5원칙에 따른 목표를 추구하면서 우리가 잃어버리거나 놓친 것은 무엇인지, 5원칙의 소중한 성과를 간직하면서 새로운 목표와 과제를 고민할 필요가 있다.

5·18민주화운동진상규명조사위원회, 『5·18민주화운동진상규명조사위원회 종합보고서』, 2024. 06.

김석웅, 「국가 폭력 가해자 불처벌이 유가족의 심리상태에 미치는 영향-5·18민주화운동을 중심으로」, 『민주주의와 인권』 19(2), 2019, 37~73쪽.

김민영, 「민주화운동과 국가보훈: 4·19와 5·18 참여자의 보훈제도 진입 과정」, 연세대학교 대학원 사회학과 석사학위논문, 2017.

김주환, 「보훈이념을 통해서 본 대한민국의 국가정체성 연구: 국가정체성 구성 요소들 간 갈등 사례를 중심으로」, 『한국보훈논총』 14(2호), 2015, 39~69쪽.

민병로, 「5·18민주유공자 보훈 현황과 개선 방안: 5·18민주화운동 피해자 실태조사와 관련하여」, 『민주주의와 인권』 23(3), 2023, 39~75쪽.

민주화운동기념사업회, 「민주화운동기념관 건립기본계획(안) 수립연구용역」, 2004.

박경섭, 「기억에서 기념비로, 운동에서 역사로 : 옛 전남도청 복원 과정에서 드러나는 5·18의 물신화와 성화(聖化)에 대하여」, 『민주주의와 인권』 18(4), 2018, 45~96쪽.

사토 유키에, 「집합적 기억과 공간, 그리고 도래하는 '당사자'」, 『문학들』 54호, 2018, 24~45쪽.

__________, 「5·18의 내러티브를 다양화한다는 것: '당사자가 아님'의 불가능성에 관한 일고찰」, 『Flou 연초점』 2, 2023, 7~19쪽.

소준섭, 『광주백서』, 서울: 어젠다, 1982(2018).

신일섭, 「광주민주화운동 보상법의 정치·사회적 의미」, 『민주주의와 인권』 5(2), 2005, 1~32쪽.

신혜란, 『누가 도시를 통치하는가』, 서울: 이매진, 2022.

오진영, 「한국의 보훈보상 제도 변화에 관한 신제도주의 분석: 권위주의 정부와 민주주의 정부의 비교를 중심으로」, 고려대학교 대학원 사회복지학과 박사학위논문, 2021.

은우근, 「5·18기념사업에 대한 하나의 반성」, 『5·18민중항쟁과 정치·역사·사회
　　5』, 광주5·18기념재단, 2007.
유해정, 「직접적 피해자의 인권침해 경험과 트라우마: 보상중심의 과거청산을
　　중심으로」, 『민주주와 인권』21(3), 2021. 5. 18. 49~95쪽.
옛 전남도청 복원추진단, 『옛 전남도청 복원을 위한 의견조사 용역 심층분석보
　　고서』, 2023.04.
이영재, 「5·18민주화운동과 이행기 정의-전두환 노태우 정권의 포섭과 배제 전
　　략 비판을 중심으로」, 『현대정치연구』14(3), 2021. 207~237쪽.
전남사회운동협의회 편, 『죽음을 넘어 시대의 어둠을 넘어』, 서울: 풀빛, 1985.
정호기, 「5월운동과 5·18기념사업 그리고 기념공동체」, 『기억과 전망』1, 2002,
　　180~195쪽.
진영은·김명희, 「5·18트라우마와 사회적 치유-광주트라우마센터 사례를 중심
　　으로」, 『시민과 세계』37, 2020. 163~197쪽.
최정기, 「과거청산에서의 기억 전쟁과 이행기 정의의 난점들-광주민주화운동
　　관련 보상과 피해자의 트라우마를 중심으로」, 『지역사회연구』14(2), 2006,
　　3~22쪽.
한국현대사사료연구소 편, 『광주오월민중항쟁사료전집』, 서울: 풀빛, 1990.

〈광주MBC〉, 「내년 5·18기념식 행사서 진보연대 배제.」https://kjmbc.co.kr/
　　NewsArticle/1404303(최종검색일 2025. 09. 09.)
〈경향신문〉, 1999년 4월 5일자 23면 광고. https://newslibrary.
　　naver.com/viewer/index.naver?publishDate=1999-04-
　　15&officeId=00032&pageNo=1(최종검색일 2025. 09. 10.)
〈남도일보〉, 「황일봉 전 광주 남구청장 '정율성 생애·이력 면밀히 파악 못하고 추
　　진한 점 반성'.」https://www.namdonews.com/news/articleView.htm
　　l?idxno=749299(최종검색일 2025. 09. 07.)
〈드림투데이〉, 「옛 도청 5·18민주광장 주인은 누구인가?」https://www.gjdr
　　eam.com/news/articleView.html?idxno=640726(최종검색일 2025.
　　08. 09.)

〈무등일보〉, 「'5·18, 성역에서 광장으로' 강기정 시장, 혁신 예고」 https://www.
    mdilbo.com/detail/7bRqt3/695906(최종검색일 2025. 09. 10.)
〈무등일보〉, 「오월어머니·대통령 입장, 양금덕 할머니 고립화인가」 https://
    www.mdilbo.com/detail/nPE2fj/695178(최종검색일 2025. 09. 09.)
〈조선일보〉, 2023년 8월 28일자 A30면 광고. https://www.chosun.com/pol
    itics/politics_general/2023/08/28/Z7FMO5D2IREBFNBTHBFU75LS
    PU/(최종검색일 2025. 08. 31.)
〈KBS 뉴스〉, 「5·18 부상자회·공로자회 '오월단체 비판 시의원들, 선거 때문에
    5·18 팔아먹어'」 https://news.kbs.co.kr/news/pc/view/view.do?ncd=
    7674317(최종검색일 2025. 09. 09.)

박경섭 5·18기념재단 5·18국제연구원 연구위원, 전남대학교 문화인류고고학과 강사.

5·18기념행사의 커먼즈화와 공공성 성찰

김봉국

들어가는 말

우리는 모두 1980년 5월을 직접 경험하지 않은 세대입니다. 묻고 싶습니다. "5·18은 도대체 누구의 것입니까?" 5·18은 이미 상속이 시작되었습니다. (…) 광주시민들은 원한 적 없었지만 광주에서 나고 자랐다는 이유만으로 5·18을 상속받았습니다. 광주 사람들은 지난 43년 간 광주라는 이유로 공격받고 차별 받았습니다. 이래도 광주의 일반 시민이 5·18의 당사자가 아닙니까? 5·18에 대해 말하면 누군가는 늘 말합니다. "그날 그 자리에 있었던 당사자가 아니면 조용히 해라." 서운하게 들리실 수도 있지만 5·18은 개인이나 특정 조직의 것이 아닙니

*   이 글은 『감성연구』 No. 30(전남대학교 호남학연구원, 2025)에 게재된 논문 「5·18기념행사의 커먼즈화와 공공성 성찰」을 수정·보완한 것임을 밝혀둡니다.

다. 광주의 혼과 얼에 관한 문제이고 대한민국을 바꿨으며 세계가 기억하는 자랑스러운 민주화의 역사입니다. (…) "내가 제일 잘 알아, 우리가 제일 잘 할 수 있어, 우리만 할 거야." 이런 말들은 5·18을 더없이 초라한 존재로 만듭니다. 오늘닐 전국으로 세계로 확장되지 못한 5·18을 우리는 지켜보고만 있어야 할까요? 5·18의 5대원칙 어디까지 왔습니까? 5·18의 명예와 피해를 회복해야 한다. 반드시 해내야 합니다. 그런데 그 대상은 누구입니까? (5·18)공법단체뿐입니까? 80년 5월 민주대성회에 참여했던 수많은 광주시민들, 5·18 이후 역사를 은폐하려 했던 권력자들을 상대로 진상 규명을 요구하며 쓰러져간 수많은 열사들, 그들의 명예와 피해도 언젠가는 회복되어야 하지 않을까요?[1]

2023년 2월 19일 지역사회의 반대 여론에도 불구하고 일부 5·18 단체와 특전사동지회가 '포용과 화해와 감사'라는 주제로 '대국민 공동선언식'을 강행하면서, 5·18을 둘러싼 논쟁을 재차 불러일으켰다.[2] 위 글은 5·18민주화운동 43주기를 맞아 광주광역시의회 초선 의원 5명이 '응답하라 1980'이라는 주제로 '5·18 릴레이 5분 발언'을 한 내용 중 일부이다. 이 자리에서 초선의원들은 관성적 태도로 5·18 문제 해결의 책무를 방기하고 분열로 치닫고 있는 5·18 단체와 기관에 쓴소리를 쏟아냈다. 무엇보다 이들은 5·18이 특정 단체의 것이 아니며, 광주시민 모두가 5·18의 당사자라

---

1   https://www.youtube.com/watch?v=mKRPSDl7SM8(광주광역시의회 제316회 임시회 제6차 본회의)
2   정대하, 「"떳떳하면 왜 도둑참배 하나"···특전사동지회 5·18화해식에 '분통'」, 〈한겨레〉, 2023. 02. 20.

고 주장했다. 더 나아가 비단 광주만이 아니라 항쟁 이후 5·18 진상 규명을 위해 싸우다 희생된 동시대 모든 이들 역시 그 당사자라고 강조했다.

또한 "그날 그 자리에 있었던 당사자가 아니면 조용히 해라."는 배제 논리를 반박하며, 5·18항쟁 이후 진상 규명을 위해 자신을 희생했거나 5월 영령에 대한 부채의식 속에서 살아갔던 모든 이들이 5·18에 대해 자유롭게 말할 수 있어야 한다고 주장했다. 그리고 그 발언의 권리는 5·18을 직접 경험하지 않은 후체험세대에게도 당연히 주어져야 함을 강조했다.

이와 같은 초선의원들의 발언은 겉으로는 5·18공법단체와 특전사동지회의 일방적인 '화해 선언'에 대한 비판 여론을 반영한 것으로 보인다. 하지만 그 이면에는 5·18의 기념(억)과 계승을 둘러싼 지역 내 헤게모니 경쟁, 5·18담론 주체와 담론 지형의 변화, 그와 연동된 5·18기념행사의 공공성을 둘러싼 논쟁의 초점이 변화하고 있음을 징후적으로 보여 준다. 소위 '후체험세대' 또는 '포스트(post-) 오월세대'라고 하는 5·18담론 주체의 부상을 예고한 것이며, 새로운 5·18의 재현 및 기념(억) 주체의 참여로 5·18기념행사의 공공성을 둘러싼 담론 지형은 물론 시각과 쟁점의 변화 역시 일어나고 있음을 드러내준다.

사실상 5·18기념행사는 1980년대 지배 권력이 강제한 집단기억(collective memory)과는 다른 대항기억(counter memory)의 구축을 통해 상실의 아픔과 비판적 성찰을 이어가고자 했던 하나의 추모의례이자 실천운동이었다.[3] 그것은 애도와 투쟁이 공존했던 시공간으로서 더 나은 세상

을 꿈꿨던 이들에게 자발적 참여와 연대와 실천의 계기가 되었던 공유재(commons)로 기능했다. 매년 5월 행사 기간 망월동 묘역에서 진행된 추모제는 망자들의 넋을 기리는 일종의 제의 행위인 '애도(mourning)'로서, 전국에서 모여든 순례자들에게 죽은 사들을 매개로 억압된 기억을 해방시키고 새로운 집단정체성을 형성하는 주요한 계기가 되었다. 또한 애도와 투쟁과 축제가 공존했던 5·18기념행사는 죽은 자와 산 자, 산 자와 산 자를 잇는 열린 광장이었다. 특히 1980~1990년대 매년 5월을 전후로 5·18진상규명투쟁 및 사회민주화운동이 전개되었고, 그 과정에서 '열사'들이 희생되었다. 이로 인해 5·18기념행사는 전국에서 집결한 수만의 인파 속에서 5월투쟁과 장례투쟁이 결합된 사회비판적 공론장의 마당이 되기도 했다.

이와 같이 1980~1990년대 언론이 통제된 상황에서 5·18기념행사는 5월의 진실을 광주 밖으로 알리는 하나의 공공(open)매체로서 기능했다. 또한 5·18 문제를 희생자나 그 유족에 한정한 '당사자주의'로 몰아갔던 국가의 공공(official) 영역 밖에서 사회공동체 모두의 것(commons)으로 재규정해갔던 의례적·담론적 실천이었다. 그리고 마침내 오랜 '인정투쟁(struggle for recognition)'을 거쳐 국가에 의해 제도화됨으로써 국가의 공적(official) 영역으로 재편되었다. 이러한 5·18기념행사의 전개 과정 및 성격은 5·18기념행사를 둘러싼 논쟁이 공공성의 세 가지 층위인 'official(公)/common(共)/open(開)'의 복합적 상호작용 속에 놓여 있음을 말해 준다.

기념의 국가화 이후 2000년대에 들어서서 5·18기념행사는 본격적으로 '5·18의 전국화·세계화'를 지향했다. 실제 이를 실행하기 위해 매년 행사위 조직위의 구성에서부터 행사의 기조, 기치, 운영방식, 참여주체, 세부 프로그램, 예산, 평가(모니터링) 등에 이르기까지 공공성을 추구해왔다. 그럼에도 불구하고 달리 대중의 참여 저조 및 5·18의 현재화를 실현하지 못하고 있다는 비판에 직면해 있다. 과연 5·18의 전국화·세계화를 기치로 수많은 행사들이 기획·실행되었음에도 불구하고 이와 같은 비판이 제기되고 있는 이유는 무엇일까?

이 글은 5·18기념행사를 둘러싼 논쟁을 통해 기념의 공공성 문제를 성찰한다. 물론 5·18기념의 공공성을 5·18기념행사에 국한에서 다루는 것은 매우 협소하다. 그것을 둘러싼 다층적이고 복합적인 요인들을 살펴보기 위해서는 다양한 계기와 맥락, 층위와 영역을 갖는 5·18의 기념 문제에 관한 종합적 검토가 필요하다. 그럼에도 불구하고 5·18기념행사에 천착해서 기념의 공공성 문제를 다루고자 한 것은 그것을 하나의 응축된 사태(건)로서 바라보기 때문이다. 민중운동사 연구가 하나의 사태(건)로서 민중운동을 주목한 이유가 그것을 "시대와 사회의 전체성을 표상하는 것으로 인식"하기 때문이다.[4] 마찬가지로 이 글 역시 애도, 투쟁, 축제의 에너지가 집중적으로 표출된 리미널한(liminal) 기념행사의 시공간을 5·18기념의 문제를 다각도로 살펴볼 수 있는 하나의 계기로 접근한다.

현재 5·18기념행사에 대한 적잖은 연구 성과가 축적되어 있다. 1990년대 후반 학살자들의 사법적 단죄와 5·18의 제도화를 계기로 5·18기념행사는 합법적 시민권을 획득하며 안정적으로 개최되었고, 새로운 학술연구의 의제로 부상했다. 이후 관련 연구는 크게 두 측면의 경향성을 보여왔다.

---

4   하나의 사건사로서 "민중운동사는 단순히 변혁주체의 동적 움직임만을 주목하는 것이 아니 라, 오히려 운동과 투쟁이라는 비일상적 세계를 통해 거꾸로 민중의 일상적 세계를 파악하고자 한다." 조경달, 『민중과 유토피아』, 허영란 옮김, 역사비평사, 2009, 20쪽.

먼저 초기에는 5·18기념행사와 5월운동이나 사회민주화운동이 갖는 상호 계기성과 영향에 주목해 정치·사회적 국면 변동에 따른 5·18기념행사의 시기별 흐름과 양상을 분석한 연구들이 제출되었다.[5] 그리고 이후 5·18의 제도화 및 의례화가 초래한 역설적 곤경 앞에서 5·18기념행사의 성격과 지향성을 둘러싼 지역 정치의 양상, 논쟁, 추이를 다룬 연구들이 제출되었다.[6] 후속 연구 작업의 기저에는 2000년대 이후 가시화된 5·18에 대한 사회적 무관심과 왜곡 및 그 대응책으로 제기된 전국화·세계화의 과제, 5·18 정신의 미래지향적 의제 설정, 후체험세대로의 계승 이슈 등에 대한 문제의식이 깔려 있다. 또한 1995년 지방자치제도의 부활로 가속화된 5·18의 문화산업화 욕망 등이 복합적으로 투영된 것이기도 했다.[7]

보다 직접적으로 이 글에서 다루는 5·18기념행사의 공공성 논의에 시사적인 연구는 2010년대 이후 진행되었다. 5·18기념행사가 갖는 기억 전승의 문화·예술적 매체 기능에 주목해 전야제의 활성화 방안을 모색하는 연구가 진행되었다.[8] 기존 사회·정치적 맥락에 따른 의례의 형성과 변화의 논점을 탈피해, 5·18청소년문화제(Red Festa)에 참여한 청소년들의 5·18 재현과

---

5   정근식, 「민주화와 5월운동, 집단적 망탈리테의 변화」, 『광주민중항쟁과 5월운동 연구』, 전남대학교 5·18연구소, 1997; 정호기, 「5·18기념행사와 기념사업」, 『5·18민중항쟁사』, 광주 광역시 5·18사료편찬위원회, 2001.

6   정근식, 「사회운동과 5월의례, 그리고 5월 축제」, 정근식 편저, 『축제, 민주주의, 지역활성화』, 새길, 1999; 정문영, 「광주 '5월행사'의 사회적 기원: 의례를 통한 지방의 역사 읽기」, 서울대학교 인류학과 석사학위논문, 1999.

7   5·18기념행사의 전개 과정에 대한 검토와 함께 문화산업화를 지향하고 있는 연구로는 윤기봉, 「5·18기념행사의 발전과정과 문제점」, 전남대학교 행정대학원 석사학위논문, 2000; 박지욱, 「5·18광주민주화운동 기념행사의 문제점과 발전방안에 관한 연구」, 조선대학교 교육대학원 석사학위논문, 2009.

8   김지혜, 「5·18기념행사 활성화 방안 연구: 전야제를 중심으로」, 전남대학교 문화전문대학원 석사학위논문, 2014.

기억의 세대 계승 양상을 분석한 연구 역시 주목된다.[9] 이들 연구 모두 서로 다른 연구 대상을 설정하고 있음에도 불구하고 5·18기념행사에 잠재된 공공성 위기의 여러 단상에 대한 비판적 인식으로부터 논의를 전개했다.

이상 살펴본 바와 같이 기존 연구는 5·18기념행사가 5월운동을 비롯한 사회민주화운동과 맞물리면서 정치·사회적 국면의 변동에 따라 그 주도 및 참여 세력, 지향과 내용, 운영과 프로그램 등이 변화해갔던 양상을 밝혀주었다. 또한 5·18의 국가화 이후 전국화·세계화의 시도에도 불구하고 세대와 지역의 경계를 넘지 못하는 5·18기념행사의 여러 한계를 밝히거나 그 대안을 모색하고 있다. 그럼에도 불구하고 보다 근본적으로 5·18기념행사가 지역 내외의 다양한 이해관계 및 권력 경쟁의 구조 속에 놓여 있고, 그것이 표출되는 장(場)이라는 쟁점에 집중해 비판적 검토를 수행하는 데 미흡했다. 그 결과 지속적이고 반복적으로 제기되고 있는 지역·세대 간 소통과 참여 문제의 기저에 존재하는 기념의 공공성을 둘러싼 시각의 전환 문제로 논의를 확장하지 못했다. 요컨대 5·18기념행사가 갖는 공유재적 성격 및 그 공공성 실현을 위한 성찰의 작업이 이루어지지 못했다.

이와 같은 측면에서 이 글은 5·18기념행사가 사회적 공유재로서 커먼즈화된 사회·역사적 과정을 검토한다. 이어 소위 '후체험세대'의 등장이 가져온 5·18기념행사를 둘러싼 담론 지형의 변화 및 공공성 논쟁의 양상을 살핀다. 끝으로 5·18의 기념을 둘러싼 비공식적 배제의 다층적이고 복합

---

9   한은영, 「5·18기념의례의 재현과 세대계승: 5·18청소년문화제(Red Festa)를 중심으로」, 전남대학교 사회학과 석사학위논문, 2011; 현혜경·한은영, 「5·18 기억의 세대계승과 청소년축제: 5·18청소년문화제(Red Festa)」, 『민주주의와 인권』 11-3, 전남대학교 5·18연구소, 2011.

적인 현상을 비판적으로 검토하고, 민주적 공공성 실현을 위한 나름의 방향성을 제시하고자 한다.

5·18기념행사의 커먼즈화와 그 역설

현재의 5·18기념행사가 함축한 공공성의 다층성을 이해하기 위해서는, 먼저 5·18기념행사의 전개 과정을 살펴볼 필요가 있다. 그리고 이 과정에서 5·18기념행사가 어떠한 정치·사회적 국면의 변동과 상호작용하면서 사회공동체의 공유재(commons)로서의 성격을 획득해갔는지, 그와 동시에 기념행사를 둘러싼 공공성의 지형에 어떠한 변화들이 발생했는가를 이해할 필요가 있다.

1980년대와 1990년대 5·18진상 규명 및 사회변혁운동의 실현을 위한 기념투쟁 및 정치투쟁의 장이었던 5·18기념행사는 크게 세 국면으로 나누어 볼 수 있다. 정치·사회적 국면의 전환에 따라 '비합법적 5월투쟁 개최기'(1981~1987), '반합법적 5월행사 개최기'(1988~1995), '의례화된 합법적 기념행사 개최기'(1996년 이후)로 구분할 수 있다.[10]

먼저 전두환정권의 극심한 탄압 속에서 1980년대 초반 5·18기념행사는 유족·학생·시민 등 소수의 인원이 참여한 가운데 위령제나 추모제를 계

---

[10] 이와 같은 시기 구분은 정호기의 연구를 따른 것으로, 연구자의 관점에 따라서 5·18기념행사의 전개 과정 및 성격에 대한 시기 구분은 다르다. 다만 5·18기념행사의 커먼즈화와 그 역설적 현상의 출현이 한국사회의 정치·사회적 국면의 전환과 연동되어 이루어졌다는 측면에서 '비합−반합−합법화'의 계기성에 주목한 시기 구분이 이 글의 논지에 적합할 것으로 보인다. 정호기, 앞의 글, 2001, 25~29쪽 참조.

기로 대정부투쟁을 시작했다. 1984년 학원자율화조치와 유화국면의 조성 이후에야 대학생들의 참여 속에서 대규모 "5·18추모제"가 가능했고, 이때 부터 기념행사는 점차 정치투쟁과 결합되기 시작했다. 이 시기는 5·18유 족회를 중심으로 몇몇 사회운동단체가 비조직적인 연대를 통해 5·18추모 행사와 진상 규명투쟁을 전개하는 수준이었다.[11]

그러나 1985년부터 1987년까지 '민주 대 반민주'의 대립 정국을 배경 으로 5·18 문제가 사회민주화투쟁과 맞물리면서 5·18에 대한 국민적 관 심이 고조되었고 5월투쟁은 마침내 6월항쟁으로 이어졌다. 이 시기부터 는 유족·부상자회를 비롯한 학생, 종교인, 재야인사, 시민 등이 대거 참여 하는 형태로 5·18기념행사가 거행되었다. 특히 1985년에는 5·18기념사업 전반을 추진하기 위한 최초의 조직으로 '5·18광주민중혁명 희생자 위령탑 건립 및 기념사업 범 국민운동 추진위원회(이하 5추위)'가 결성되었다. 5 추위는 5·18의 왜곡과 은폐에 맞서 5·18기념행사를 저항적 기억투쟁의 시 공간으로 만들기 위한 조직적인 시도였다.[12] 이때부터 매년 5·18기념행사 는 광주를 방문한 전국순례단으로 인해 대규모 인파 속에서 진행되었다. 그 결과 자연스럽게 5·18은 전국화되어갔고, 사회민주화 투쟁으로서의 상 징적 위상은 더욱 강화되어갔다.[13]

6월항쟁이 일어났던 1987년 5·18기념행사는 전두환정권의 '4·13호헌 조치'에 맞선 개헌투쟁의 열기 속에서 진행되었다. 1987년 한 해에만 전국

---

11   윤기봉, 위의 글, 2000, 15쪽 참조.
12   정호기, 「5월운동과 5·18기념사업 그리고 기념공동체」, 『기억과 전망』 창간호, 민주화운 동 기념사업회, 2002, 186쪽.
13   정호기, 「5월행사와 주체로 본 '5월운동' 연구, 연구 현황, 한계 그리고 방향」, 『민주주의 와 인 권』 4-2, 전남대학교 5·18연구소, 2004, 10쪽.

62개 대학에서 "5·18정신계승을 위한 진상 규명과 책임자 처벌"을 위한 시위와 집회를 개최하였으며, 종교계·정치계 주요 인사들의 추도사와 성명서 발표가 진행되었다.[14] 기념행사의 내용 또한 5월제, 시국토론회, 마당극, 사진전 등의 문화행사가 병행되는 등 다채로워졌고, 학생, 시민, 종교, 재야 관련 단체 등 약 30여만 명이 기념행사에 참여한 것으로 추산되었다. 특히 7주기 5·18기념행사는 추모와 개헌투쟁을 병행하면서 "5·18정신 계승"을 기치로 전국적인 연대 투쟁을 수행했다. 그 결과 5월운동이 6월항쟁으로 이어지면서 대중의 참여와 열기는 더욱 고조되었다.

마침내 6월항쟁 직후 수세 국면 하에서 노태우정권은 5·18을 "민주화를 위한 노력의 일환"으로 인정했다. 이를 계기로 5월투쟁 및 5·18기념행사는 반합법적 성격을 갖게 되었다. 또한 비록 위기 국면을 돌파하려는 정치적 계산이었지만 정부 차원의 5·18에 대한 태도 변화 및 공식적인 인정 발언은 두 가지 반향을 불러일으켰다. 하나는 정부 차원에서 '민주화운동'으로 인정한 만큼 5·18 문제 해결을 위한 법적·제도적 장치를 공식화할 것을 요구하는 투쟁이 촉발되었다. 5·18 문제 해결의 '5원칙' 실현을 위한 합법화 투쟁으로의 전환이 이루어진 것이다. 다른 하나는 이 발표를 계기로 5·18기념행사에 대한 논의가 분화하기 시작했다. 기존 위령과 추모 중심의 행사에서 탈피해 5·18의 역사적 의미를 승리의 관점에서 평가하자는 의견이 제기된 것이다. 이러한 논의는 1989년 5·18기념행사의 명칭을 "5월 문화제"로 지정한 것으로 구체화되었다. 하지만 5·18 관련 단체는 '축제 분위기의 문화제가 5월 정신을 희석화시킬 우려'를 제기하며, 별도로 5월항쟁 계승

---

14   윤기봉, 앞의 글, 2000, 40쪽.

및 노태우 퇴진 공동투쟁 본부(5투본)를 구성하고 대중집회를 개최했다.

여러 논란 속에서도 이 해의 기념행사는 전야제를 비롯하여 여러 프로그램에 수만 명이 참여했다. 5월제 마지막 행사였던 5월 대동굿 행사는 '무대와 객석이 따로 없이 관객들도 하나가 되어 투쟁의 함성이 메아리'친 것으로 평가되었다.[15] 9주기 기념행사는 집회와 시위에서 평화시위를 원칙으로 진행한 점, 국민 성금을 통해 자체적으로 행사를 치렀다는 측면 등에서 긍정적인 평가를 받았다. 하지만 '5·18기념행사의 문화화'에 대한 논란이 지속되자 5추위는 "비투쟁적 이미지를 없앤다는 명목으로" 행사 명칭을 "5월제"로 변경해야 했다. 이 과정에서 행사일정에 차질을 빚는 한편, 홍보 미흡으로 시민들의 참여가 저조했다는 비판도 제기되어 기념행사의 공과를 모두 나타났다.[16]

이후 반합법기인 1990년대 전반기 5·18기념행사는 '문화·예술로서의 재현'과 '진상 규명을 위한 강경 투쟁'이라는 두 개의 기조가 양립하였다. 두 견해는 5·18기념행사가 시민들과 함께해야 한다는 점에서 동일한 지향을 보였지만, 그것을 어떻게 구현할 것인가를 두고 차이를 보였다. 결국 5·18기념행사의 장에는 평화적인 문화제와 사회 이슈에 따른 투쟁이 공존했다. 실제 1990년에는 전남대에서 개최된 제4기 전대협출범식을 비롯하여 전국노동자대회, 전국청년단체 5월계승대회, 전교조 합법성 쟁취 대회 등이 행사 기간 동안 광주에서 거행되었다. 1991년에는 '강경대 열사 구타·치사사건'과 '박승희 열사 분신'을 비롯한 '분신정국'에서 5·18기념행사

15　「메아리지는 5월…용틀임하는 광주의 넋」, 〈광주일보〉, 1989. 5. 17.
16　「5월제 준비 미흡…위축 우려」, 〈광주일보〉, 1989. 5. 9.

는 투쟁 양상을 보였다.

1992년 5·18기념행사부터는 평화적인 시위와 문화행사 중심의 기획이 점차 정착되어갔다. 이 무렵 등장한 내부자성론은 시민 참여와 공감을 위해 광주의 과격한 이미지를 벗어나야 한다고 주장했다. 5·18기념행사가 광주의 지역적 틀을 벗어나지 못했다는 점, 5·18이 특정 단체나 정당의 전유물로 비치는 경향이 있다는 점, 망월동 묘지를 찾는 참배객의 숫자가 점차 줄어들고 있다는 점 등을 문제로 제기했다. 내부자성론의 문제 제기는 특정 정당 및 단체를 넘어 전 국민이 함께하는 장으로서의 기념행사를 지향하였다는 점에서 유의미했다.

1993년 '문민정부' 출범 이후 13주기 5·18기념행사는 광주시장이 망월동 추모제에 참석하고 행사지원금을 지급하는 등 민·관 합동으로 치러졌다. 반면 1994년 5·18기념재단 설립을 둘러싼 5월 단체 간의 주도권 다툼이 기념행사의 분리 위기로 이어지자 내부 자성과 시민들의 우려가 쏟아졌다. 문제는 일단락되어 준비위원회를 재구성하고 단일화된 행사를 치르긴 했으나, 5·18 관련 단체만을 넘어 "이제 5·18을 시민들 품으로 돌려줘야 할 때"라는 논의가 제기되었다.[17] 행사 주최의 논란에 대해 시민들은 항쟁 기간 '모든 광주시민이 한 몸 한마음이었기에 전 국민이 5·18의 진정한 주인'이라는 점을 잊지 말아야 한다고 강조했다.

5·18기념재단의 설립으로 1995년의 기념행사는 재단의 주도 아래 기획되기 시작했다. 재단은 기념행사를 범시민·범국가적 행사로 승화시켜야 한다는 기치 아래 행사위원과 내용을 위촉·공모하는 한편, 참여 범위를 광주·

17　「오늘 없는 광주」, 〈한겨레〉, 1994. 5. 20.

전남 전체로 넓히는 데 노력했다. 이때부터 "불행한 역사가 되풀이되지 않도록 국민적 공감"을 얻는 5·18기념행사가 되어야 한다는 여론이 부상했고, 전국 시민 단체와의 연대 속에 기획되기 시작했다.[18] 1996년 행사위원회 또한 "시민의 참여를 보장하고 전 시민이 항쟁의 주체로 설 수 있게 하는 시발점이 되어야 한다."는 기조 아래 "행사의 공식성·시민성 확보"를 행사 원칙으로 정하였다.[19] 하지만 행사위원회의 기획이 구체적인 실천으로 이어졌는가에 대해서는 "접근방식이 단순하고 전문적이지 못하며 시민 대중의 열성적인 참여를 고취시킬 만한 돋보이는 기획력이 없다."고 지적되었다.[20]

기념행사의 공공성 확보 문제는 '의례화된 합법적 기념행사'가 시작된 1997년부터 더욱 주요한 과제로 떠올랐다. 5·18의 국가화로 5·18기념행사는 광주 지역뿐만 아니라 전국적으로 개최되기 시작했고, 민주화운동사의 상징적 공유자원으로서 그 위상을 갖게 되었다. 하지만 역설적으로 '저항 기억의 국가화가 이루어졌음에도 불구하고, 사회적 기억의 전국화와 공감대 형성은 여전히 답보 상태'에 빠졌다.[21] 광주·전남을 제외한 타 지역의 5·18에 대한 관심은 여전히 저조했다. 이런 상황에서 졸속·방만·정형화된 기념행사는 '공감대의 확산'이라는 행사 원칙과 실제 행사 간의 괴리를 보여주는 것으로 재차 문제시되었다.

2000년대 이후 5·18기념행사는 정치투쟁성의 상실과 함께 '문화 축제

---

18 「5·18 15돌 '광주'는 끝나지 않았다」, 〈한겨레〉, 1995. 5. 18.
19 윤기봉, 앞의 글, 2000, 73쪽.
20 「시민정서에 못 미치는 5월정신 계승사업」, 『월간 사회문화리뷰』, 사회문화원, 1995. 6., 46쪽.
21 정호기, 「저항의례의 국가화와 계승 담론의 정치: 5·18민중항쟁의 추모의례」, 『경제와 사회』 76, 비판사회학회, 2007, 13쪽.

화'로의 전환을 가속화했다. 지방자치제의 본격화 또한 지역 경제 활성화 전략의 일환으로서 5·18기념행사를 역사·문화관광자원으로 활용하려는 흐름을 촉진시켰다.[22] 기념행사의 주제 또한 투쟁적 가치보다 국민적 공감대를 형성하고 화합을 강조하는 데 용이한 '인권', '평화', '통일' 등을 앞세웠다. 이러한 분위기 속에서 시민들의 참여를 독려하는 구체적인 방안으로 5·18홈페이지 개설, 5·18민중항쟁 로고 공모 및 제작 등이 기획·실행되었다.[23] 또한 행사 장소를 기존 도청 앞 광장이나 망월동 묘역에 국한시키지 않고 광주우체국 앞, 지하 상가, 동네 골목길 등 시내 곳곳으로 다변화해갔다. 빵이나 주먹밥 나눔 행사 체험부스를 운영하거나 시민 대상 설문조사를 통해 5·18기념행사에 대한 여론을 수렴하기도 했다. 이와 같이 2000년대 이후 5·18기념행사는 시민 참여의 방안이 확대되고 문화행사의 내용이 풍부해지면서 축제의 양상으로 거행되었다.

하지만 이러한 노력에도 불구하고 실질적인 시민의 참여도는 점차 감소했다. 2005년 전야제는 강풍을 동반한 많은 비가 내리면서 예정보다 1시간 일찍 행사가 종료되었을 뿐만 아니라, 참여 시민도 수백 명 정도에 그쳤다.[24] 29주년 당시 조사에 따르면 전체 46개의 행사에 참가한 인원은 전년도에 비해 14.6% 감소하였다.[25] 5·18국립민주묘지 참배객은 2007년 75만여 명이 최다 인원이었으며, 이후 사회적 이슈와 맞물리면서 최소 50

---

22 김지혜, 앞의 글, 2014, 25~26쪽.
23 「5·18행사 '인터넷 생중계'」, 〈조선일보〉, 1997. 5. 9.
24 「5·18 25주년 전야제 이모저모」, 〈연합뉴스〉, 2005. 5. 17.(https://n.news.naver.com/mnews/ article/001/0001005085?sid=103, 2023. 6. 10.)
25 「5·18묘지 참배객 감소 추세」, 〈노컷뉴스〉, 2009. 6. 2.(https://www.nocutnews.co.kr/news/593301?c1=225&c2=230, 2023. 6. 10.)

만에서 최대 70만 명 정도를 유지하다, 코로나 팬데믹 기간이었던 2021년 19만 명, 2022년 29만 명으로 급감했다.[26] 이와 같은 참여 저조 현상의 근저에는 국가 중심의 공식기억으로의 전환, 기념행사의 운동성 상실, 후체험세대의 등장 등 5·18의 기념을 둘러싼 전반적인 환경의 변화가 존재했다. "변화하는 시대, 바뀐 세대와 5월을 공유하기 위해 과감한 변화가 절실히 요구된다."는 지적은 최근 5·18기념행사에 있어 무엇보다 주요한 과제가 되었다.[27]

크게 세 시기로 구분해서 정치·사회적 국면 변동에 따른 5·18기념행사의 추이를 개괄했을 때 기념의 공공성 문제와 관련해서 몇 가지 주목되는 지점이 있다. 첫째 기념 주체 및 참여 인원의 변화이다. 둘째, 5·18기념행사의 성격 변화이다. 셋째, 기념의 국가화 및 공공성 실현의 노력에도 불구하고 5·18의 전국화·세계화가 이루어지지 못한 채, 확장의 계기가 오히려 정체의 시작이 되어버린 역설적 현상이 나타났다는 점이다.

먼저 행사 주체의 변화를 보면, 초기의 5·18유족회를 중심으로 몇몇 사회 운동단체의 비조직적인 연대로 시작된 5·18추모행사는 1985년부터 1992년까지 오추위와 오월운동협의가 실질적 역할을 수행했다. 1995년까지 행사위원회 구성은 민주쟁취국민운동광주·전남본부, 광주·전남민주연합, 민주주의 민족통일광주·전남연합, 5·18광주민중항쟁연합, 5·18학살자 재판회부를 위한 광주·전남공동대책위원회 등 사회운동단체들이 참여하면서 확대되었다. 5·18기념재단이 출범한 이후 1995년부터는 5·18기념재단

---

26   국립5·18민주묘지 홈페이지(https://www.mpva.go.kr/518/) 「국립5·18민주묘지 월별 참배 객 현황」 참조.
27   「5·18 38주년−이젠, 광주의 마음을 열자(上)」, 〈무등일보〉, 2018. 5. 14.

을 중심으로 행사가 기획·실행되었다. [28] 이후 2001년부터는 5월 관련 단체 및 지역사회단체 공동주관으로 기념행사위원를 구성했고, 2004년부터는 기념행사위원회 상설 기획단 운영을 통해 시민 참여 행사를 확대해갔다. [29]

5·18기념행사의 성격 역시 변화했다. 그 명칭의 변화에서 확인할 수 있듯이 초기 '5·18추모행사'에서 1989년 9주기부터 문화·예술이 결합된 5월 문화제가 추진되면서 '5·18기념행사'로 그 명칭이 변화했다. 대체로 5·18기념 행사는 1980년 당시 10일간의 항쟁일지를 중심으로, 17일의 추모제와 전야제, 18일의 기념식, 27일의 진혼제(부활제)가 연례적으로 진행되었고, 이 밖에 시민사회단체의 정치행사 및 문화예술단체의 문화예술행사 등이 펼쳐졌다. 하지만 5·18기념행사의 가장 큰 성격 변화는 정치투쟁의 장에서 문화축제의 장으로 이동한 것이다. 5·18기념행사가 시작된 이후 1997년 무렵까지 매년 5월은 5·18진상 규명투쟁이나 '열사'들의 장례투쟁 등이 전개되었다. 하지만 국가기념일로 제정된 이후 정치투쟁의 공간을 다채로운 문화축제가 대신했다.

이와 같은 변화는 5·18기념행사가 과거와 같이 공통된 정치사회적 투쟁 이슈와 흐름을 바탕으로 공감대를 형성하면서 진행되는 것을 어렵게 했다. 특히 1997년까지 5·18 책임자에 대한 사법처리투쟁을 직·간접적으로 경험했던 세대는 그 이후 세대와는 달리 자신의 경험(자기화 과정) 속에서 기념의 문제를 바라보는 경향이 강했다. 하지만 1997년을 기점으로 2000년대 이후 기념의 제도화가 정착화된 무렵의 세대들은 5·18에 대한

---

28   윤기봉, 앞의 글, 2000, 16~17쪽.
29   https://518people.org/

접속의 계기와 양상이 달랐다. 즉 직·간접적 실천을 통한 자기화를 대신해 공식화된 국가의 기념 공간이나 다양한 미디어와 담론 속에서 5·18과 접속하고 그에 대한 기억을 갖게 되었다. 이들 소위 '후체험세대'의 5·18항쟁에 대한 기억과 기념의 형식, 내용, 감수성은 앞 세대와는 사뭇 다를 수밖에 없다. 이러한 세대 감수성의 차이는 광주·전남과 타 지역 간 차이의 문제에도 마찬가지로 적용될 수 있다. 2000년대 이후 5·18의 전국화·세계화를 추구했던 5·18기념행사의 확장이 곤경에 처했던 것 역시 이러한 환경의 변화와 밀접하게 연관된 것이었다.

5·18기념행사의 지형 변화와 공공성 논쟁

일반적으로 '공공성'이란 말은 다음 세 가지 의미 맥락을 갖는다. 첫째, 국가에 관계된 공적인(official) 것이라는 의미로, 둘째, 특정한 누군가가 아니라 모든 사람들과 관계된 공통적인 것(common)이라는 의미로, 셋째, 누구에게나 열려 있다는 개방(open)의 의미이다. 흥미로운 것은 이 세 가지 층위('official', 'common', 'open')의 공공성의 요소가 서로 길항하는 관계에 놓이기도 한다는 것이다.[30]

한편 공공성의 민주적 실현을 위해서는 '민주적 정통성(democratic legitimacy)' 및 '민주적 통제(democratic control)'가 전제되어야 한다.

---

30 사이토 준이치, 『민주적 공공성: 하버마스와 아렌트를 넘어서』 윤대석·류수연·윤미란 옮김, 이음, 2009, 18~19쪽.

민주적 정통성은 정당한 공공적 이유(public reason)에 근거해서 서로 다른 이해관계와 가치관을 가진 타자들이 수용하고 지지할 수 있어야 하며, 의사결정 과정의 공개성 및 비배제성이 담보되었을 때 마련될 수 있다. 한편 민주적 통제는 국가 공권력을 비롯한 다양한 사회조직, 시민단체, 커뮤니티 활동이 '비판적 공개성'의 측면에서 기능하는 시민의 감사(監査)를 통해서 확립될 수 있다.[31]

이와 같은 공공성의 세 가지 맥락 및 그것의 민주적 실현의 측면에서 보았을 때, 지금까지의 5·18기념행사는 적잖은 문제에도 불구하고 형식적·절차적 측면에서 지속적으로 공공성을 추구해왔다고 평가할 수 있다. 5·18기념행사는 끊임없이 5·18의 전국화·세계화를 기치로 확장을 꾀해왔다. 왜곡·폄훼된 5·18의 실상을 알리고, 그 정신의 계승 및 현재화를 위해 기념행사의 주체, 기치, 프로그램 등을 확대 변화시켜 갔다. 또 더 많은 시민이 참여할 수 있는 프로그램을 기획·실행하고자 했다. 그럼에도 불구하고 5·18기념행사에 대한 연례 평가들은 기념의 공공성 문제를 반복해서 제기해왔다. 왜 이와 같은 비판이 계속되는 것일까?

이와 관련하여 『30주년 5·18민중항쟁기념행사 평가 및 5·18민중항쟁 국민 인식조사 결과보고서』는 여러 시사점을 제공해준다. 이 여론조사는 '광주'라는 지역 이미지·정체성에 갖는 5·18항쟁의 영향을 확인하고, 항쟁에 대한 연례적 기념 의례인 5·18기념행사가 항쟁에 대한 기억의 계승 및 광주 지역과 갖는 상호관계를 파악해 그 전망을 세우기 위해 진행되었다.[32]

---

31   사이토 준이치, 위의 책, 이음, 2009, 6~7쪽.
32   『30주년 5·18민중항쟁기념행사 평가 및 5·18민중항쟁 국민인식조사 결과보고서』, 한국
      공공데이터센터, 2010, 11쪽.

〈표 1〉 5·18민중항쟁 국민인식조사[33]

인식	• 광주는 5·18로 기억되고 표상되고 있으며, 5·18은 광주의 이미지에 상당한 정도로 긍정적 영향을 미치고 있음 • 5·18 법적 지위 변화와 시간이 흐름에 따른 세대 간 인식의 차이가 존재함 • 5·18정신은 기념 계승해야 하며, 그 정신을 전국적으로 보급해야 한다고 생각하고 있음 • 5·18 전야제 행사가 가장 인상을 남기고 있으며, 향후 전야제, 기념식, 묘역참배에 대한 참여 의향이 높음 • 국민은 5·18기념행사를 5·18기념재단이 주관하는 것으로 인식하고 있으나, 동시에 국가와 정부가 주관하는 것이 바람직하다는 인식을 가지고 있음 • 지방정부와 지역정치권의 5·18정신 계승과 관련한 더 많은 노력이 요구되며, 5·18정신의 전국화와 세계화에 대한 광주시민의 욕구가 큼
평가/ 제언	**적극적으로 소통하기 위한 노력을 지속해야 함** • 5·18 당사자와 시민이 분리되지 않고 '경험한' 세대와 '배운' 세대가 구분되지 않는 모든 시민이 5·18의 주체로서 연대하고 공동체 의식을 공유할 수 있도록 해야 함 • 5·18에 대한 광주시민의 자부심을 지속적으로 고양하기 위해서는 5·18정신을 훼손할 수 있는 폐쇄성과 분열의 양상을 시급히 개선해야 함 **5·18정신이 광주만의 특성으로 발현될 수 있는 대안을 모색해야 함** • 연대와 공동체 의식으로 요약할 수 있는 5·18정신의 현재화를 위해서는 5·18정신이 생활 속에서 다양한 방식으로 발현될 수 있는 광주만의 특성을 갖는 대안을 모색할 필요가 있음 • 광주시의 조례 제정, 정책 입안 과정 등에서도 연대와 공동체 의식인 5·18정신이 투영될 수 있는 다각적인 노력을 통해 5·18정신이 현재화되는 모습을 보여줌으로써 5·18이 과거의 역사적 사건이 아니라 광주시민의 삶이 되도록 해야 함 **시민들의 직접 참여가 활발한 행사 기획을 위한 노력이 필요함** • 30주년 5·18기념행사에서 시민들의 직접 참여를 유도했던 행사 기획 의도는 바람직 • 5·18정신의 지향점이 행사 전반에 일관되게 흐를 수 있도록 기획할 필요가 있음 • 다양한 행사의 단순 나열을 지양하고, 선택과 집중을 통해 5·18정신의 전국화를 적극적으로 구현할 수 있는 행사 중심으로 진행해야 함 • 행사 기획 단계부터 광주시민의 주체성과 자발성을 확보하고 적극적 참여를 담보할 수 있는 방안을 적극 모색해야 함

33　〈표 1〉은 결과보고서의 핵심 내용을 글의 논지를 위해 영역별로 재구성한 것임. 위의 보고서, 한국공공데이터센터, 2010, 77~81쪽.

〈표 1〉을 통해서는 직접적으로 확인할 수 없지만, 30주년 5·18민중항쟁 국민인식조사보고서에서는 5·18기념행사와 관련한 몇 가지 흥미로운 내용을 발견할 수 있다. 먼저 국민의 39.1%가 광주를 5·18로 기억하고 있듯이, 5·18은 타 지역민에게 광주의 대표적 표상으로 자리 잡고 있다. 또한 전국적으로 50.8%의 국민이 5·18을 독재에 맞서 싸운 '항쟁'으로 기억하고 있다. 다만 타 지역민의 경우 5·18을 '항쟁' 이미지로만 강하게 기억하는 반면, 광주시민들은 쿠데타(15.1%), 참혹함(14.3%), 공수부대(6.6%), 희생자(6.5%) 등으로 좀 더 다양한 기억의 고리를 가진 것으로 나타났다. 이는 5·18을 직접 체험한 광주시민들과 간접적으로 5·18을 접했던 국민들 간에 기억의 다양성 수준이 다르게 나타난 결과이다. 한편 5·18이 광주의 이미지에 긍정적인 영향을 미쳤다는 여론이 전국 68.4%, 광주시민이 75.8%로 나타났는데, 5·18을 직접 경험하기보다는 교육을 통

해 접했던 젊은 연령층에서 긍정 여론이 높게 나타났다. 또한 광주 지역의 20~30대 젊은 연령층에서 5·18에 대한 자부심이 더 강하게 표출되었다.

요컨대 국민인식조사보고서는 5·18이 광주의 이미지와 정체성에 미친 긍정적 영향을 확인해주는 것과 함께, 5·18을 교육으로 배운 후체험세대들이 기성세대에 비해 5·18에 대한 더 높은 자긍심을 갖고 있음을 보여준다. 또한 광주시민과 타 지역민들의 5·18에 대한 실감의 차이를 확인할 수 있는 동시에, 광주의 상징으로 자리 잡은 5·18이 관련 개인이나 단체의 것이 아닌 공통의 유산으로 인식되고 있음을 확인해준다.

이와 함께 조사보고서는 5·18의 법적 지위 변화 및 시간의 흐름에 따라 5·18에 대한 세대 간 인식의 차이가 발생했음도 보여준다. 5·18 그 자체를 바라보는 인식은 큰 변화가 없으나, 5·18 당사자들에 대한 인식의 변화가 존재한다. 5·18의 국가화로 인해 법적 지위가 변함으로써 공동체의식에 기초한 "내 문제, 우리의 문제"였던 5·18이 당사자와 시민을 구분하는 계기가 되었다. 또 한 시간의 흐름에 따라 시민의 구성이 5·18을 "경험한" 세대와 "배운" 세대로 구분됨으로써 인식의 차이가 발생했다. 경험한 세대는 5·18을 '자부심'으로 내재화하지만 배운 세대는 '가치와 정신'으로 그것을 수용하고 있음을 확인할 수 있다. 조사보고서는 변화된 현실을 고려해 '5·18 정신의 일상화, 내재화를 통해 공동체 정신의 구현이 필요'하다고 제언하고 있다.[34]

무엇보다 5·18기념행사의 공공성 문제와 관련해서 가장 주목되는 내용은, 5·18정신의 전국화·세계화 및 시민 참여의 확대 문제가 계속해서 제기

---

34   한국공공데이터센터, 위의 보고서, 2010, 26쪽.

되고 있다는 점이다. 동시에 5·18 당사자와 시민이 분리되지 않고 '경험한' 세대와 '배운' 세대가 구분되지 않도록 적극적 소통을 요구하고 있다는 지점이다. 전자의 경우 '행사 기조와 원칙의 괴리, 행사조직체계의 혼선, 행사위원회의 싱설화, 구체적 실천전략의 미흡, 행사 기획·실행의 전문성 부족, 행사의 방만함, 과거 답습형 중복 행사, 참신성 부족, 5·18의 박제화, 시민 참여 장치의 확대 방안 마련 필요' 등으로 거의 매년 반복적으로 지적된 문제점을 제기한 것이다. 반면 후자는 5·18기념행사의 공공성 문제와 관련해서 과거에 등장하지 않았던 현상으로, 새로운 세대로의 5·18 계승 문제를 본격적으로 제기하고 있다. 기존의 '경험 세대'와는 다른 기억 형성의 계기와 감수성을 가진 '배운 세대'의 출현은, 5·18기념사업이 직면한 새로운 과제이자 기념의 공공성 문제를 더욱 복잡하게 만드는 요인으로 부상했다.

누군가 "오월정신이 무엇이냐?"라는 물음에 우리는 더 이상 연대와 공동체의 대동세상을 꽃피우는 것이라고 답변할 수 없습니다. 더 황당한 일은 5·18민주화운동부상자회가 공문을 통해서 "43년 동안 주인의 자리를 양보했다. 5·18 행사위원회는 당장 해체하라."고 요구한 것입니다. 도대체 5·18의 주인은 어떤 의미입니까? (···)5·18민중항쟁기념행사는 전야제를 비롯해서 몇몇 중요하고 굵직한 행사들에서 충분한 준비가 부족했다는 문제 제기가 있었다. 이는 비단 올해만의 문제가 아니다. 39주년과 40주년 행사 모니터링에서 지적된 바와 같이 매년 행사위원회가 새롭게 구성돼 조직의 안정성 체계적 관리시스템의 미비 등은 물론 준비기간 부족 등의 문제들이 제기됐는데

이번에도 역시 비슷한 상황들이 재현됐다. 매년 열리는 기념행사 등이 기성세대에 초점이 맞춰져 획일적이고 기존 틀을 벗어나지 못했다는 비판과 함께 세대별 눈높이에 맞는 행사 진행과 프로그램 개발 필요성 등을 언급했다. 여전히 변하지 않고 있습니다. (…) [35]

‘도대체 5·18의 주인은 어떤 의미입니까?’를 묻고, 기성세대를 위한 기념행사를 비판하고 있는 광주시의회 한 초선의원의 발언은, 새로운 5·18 담론과 기념 주체의 ‘자리’와 ‘말할 권리’에 대한 요구가 가시화된 현실을 보여준다. 이 발언은 지금까지의 5·18기념행사의 시공간이 기존과는 다른 담론 지형과 시각에서 새롭게 재편되어야 한다는 것을 주장한 것으로, 지금까지의 5·18기념행사가 새로운 세대에게 자신들의 위치에서 5·18에 대한 자신들의 기억을 만들어갈 ‘장소’를 내어주지 못했다는 성토라고 할 수 있다. 이들 소위 ‘후체험세대’의 기억의 형성 계기와 방식에 관련해서 5·18 기념행사의 일환으로 진행된 ‘5·18청소년문화제(Red Festa)’를 분석한 연구는 적잖은 시사점을 준다.

> 체험세대에게서 나타나는 5·18 내용에 대한 중요성이 후체험세대로 와서는 5·18을 기억하는 형식에 초점이 맞추어지고 있는 것을 볼 수 있다. (…) 체험 세대에게 사건과 기념은 명백히 이분법적인 것이지만, 후체험세대에게 사건과 기념은 동일한 것이 되고 있다. 체험

---

[35] https://www.youtube.com/watch?v=mKRPSD17SM8(광주광역시의회 제316회 임시회 제6차 본회의)

5·18청소년문화제의 참여 양상을 분석한 이 연구는 5·18의 기억·기념의 장에서 체험세대와 후체험세대가 상이한 위치에 놓여 있음을 보여준다. 무엇보다 원초적 경험의 계기가 없는 후체험세대에게 '사건이 곧 기념의 장에서의 문화제이고, 문화제가 곧 사건의 상황으로 되고 있는 것이다.' 이와 같이 후체험세대는 기념의 장을 통해 5·18을 체험하고, 참여와 놀이를 통해서 새로운 5·18의 기억을 구성해간다. 그들이 5·18을 만나게 되는 계기와 경험의 '차이'는 기성세대의 변화를 요구하고 있다. 마찬가지로 세대 간의 차이뿐만 아니라 지역 간의 차이 또한 존재할 수밖에 없다는 전제 위에서 5·18의 기념 문제를 접근할 필요성이 있다. 원초적 경험이나 정형화된 5·18의 의미나 가치만을 가지고서, 또 일방적인 '초대'의 방식으로는 후체험세대나 타 지역민과 공감하기 어렵다는 것을 시사한다.

이와 같은 측면에서 현재의 5·18담론과 기념은 새로운 세대와의 대화

---

36   현혜경·한은영, 앞의 글, 2011, 62쪽.

를 통해서, 또 지역횡단적 참여와 연대를 통해서 그 공공성을 민주적으로 실현해야 하는 과제에 직면해 있다. 5·18기념의 시공간에 이들의 '자리'를 마련하고 소통하며 새로운 5·18의 기억과 기념을 만들어가야 하는 환경의 변화를 맞이한 것이다. 더 이상 고정되고 획일화된 5·18의 가치를 그들에게 받아들일 것을 요구할 것이 아니라, 지금−여기 기념의 시공간에서 그들과 함께 5·18의 기억과 가치를 재구성해가야 할 시점이다.

대안적 공공권의 출현과 공공성의 다층성

5·18기념의 공공성을 둘러싼 환경의 변화를 주목했을 때, 공공성의 민주적 재구성에는 여러 층위의 문제가 존재한다는 것을 확인할 수 있다. 마치 1987년 6월항쟁을 통해 성취된 제도적 민주주의가 곧 실질적 민주주의의 실현으로 이어지지 못했던 것처럼이나, 단순하게 민주적 정통성이나 민주적 통제성의 형식을 마련했다고 해서 5·18기념행사가 그 공공성을 실현했다고 볼 수 없다. 5·18기념의 시공간에서의 공공성 문제를 생각한다면, 하버마스(Jurgen Habermas)의 '합리적 소통'을 넘어 타 지역과 새로운 세대들에 대한 '환대'에 기초해서,[37] 5·18기념의 '공감장(sympathetic field)'을 재구성할 필요성이 요구되고 있다.[38]

---

[37]　여기에서 "환대란 타자에게 자리를 주는 행위, 혹은 사회 안에 있는 그의 자리를 인정하는 행위이다. 자리를 준다/인정한다는 것은 그 자리에 딸린 권리들을 준다/인정한다는 뜻이다. 또는 권리들을 주장할 권리를 인정한다는 것이다. 환대받음에 의해 우리는 사회의 구성원이 되고, 권리에 대한 권리를 갖게 된다." 김현경, 『사람, 장소, 환대』, 문학과지성사, 2015, 207쪽.

현재의 5·18기념행사가 갖는 문제를 사이토 준이치(齋藤 純一)의 공공성에 대한 논의를 끌어와 이야기한다면, 다음과 같이 비견할 수 있을 것이다. 5·18기념행사의 시공간을 배제가 없는 민주적 공간으로 만들고자 한다면 기존의 구조화된 5·18세승딤론의 실현에 부합하지 않거나 다른 감수성을 갖는다고 여겨지는 사람들을 타자화/주변화 하는 것을 자명/당연한 것으로 생각하는 굳어진 사고를 근저에서부터 되물을 필요가 있다. 이는 5·18기념행사의 공공성의 차원을 유용성 여부로 판단하는 것을 넘어서, 타자의 존재에 대한 긍정(affirmation)의 차원에서 재고해야 할 필요성을 제기하는 것이다. 현재의 5·18기념행사의 가장 큰 곤경 중 하나는 끊임없이 참여를 요청하고 개방하고 있지만 비가시적인 배제가 존재하고 있다는 점이다. 즉 표면적 공공성의 이면 에 딱히 의식되지 않는 '분리(segregation)'의 문제가 발생하고 있다는 점이다. 이러한 5·18기념행사 내에 존재하는 배제의 문제는 거꾸로 그 '버림받은 상황'이 현재 5·18기념행사가 어떤 가치를 중심에 두고 있는가를 선명하게 비추어 준다. 즉 그것은 '잉여자'인 동시에 '말 못 하는(mundtot) 자'이기도 한 사람들을 수없이 만들어내는 가치의 편성이 반복되고 있음을 나타내준다.

사실상 공공적 공간은 열려 있음에도 불구하고 거기에는 언제나 배제와 주변화의 힘도 작용하고 있다. 5·18기념행사의 의사 형성 및 결정 과정의 참여 또한 공식적(formal)으로는 열려 있지만, 일정한 '문턱'은 여전히

38　공감장은 "사회적 감성이 갖는 동시성, 상호성, 횡단성을 설명"하기 위해 창안한 개념으로, '감성(emotion)이 사회역사적 계기성을 갖는다고 했을 때, 신체들의 마주침 속에서 발생한 감성이 변용을 공감(sympathy)이라고 말할 수 있을 것이며, 그러한 마주침과 변용의 발생적 바탕, 조건, 상태를 공감장이라고 할 수 있다.' 전남대학교 감성인문학연구단, 『공감장이란 무엇인가』, 길, 2017, 11~18쪽.

존재한다. 5·18기념의 공공성 문제와 관련해서 좀 더 세심하게 검토되어야 할 것은 비공식적(informal) 배제의 문제이다. 특히 눈에 보이지 않는 '담론 자원(discusive resources)'의 격차는 공공성에의 접근을 비대칭적으로 만드는 요인이다. 그 이유는 공공성에서 의사소통이 언어라는 매체를 통하여 이루어지기 때문이다.[39]

5·18담론장에서 가장 영향력을 미치고 있는 발언 중 하나는 관련자들의 목소리이다. 물론 5·18 희생자들과 그 관련자들의 외침 역시 제대로 대표(representation)되고 있는가도 회의적이다. 하지만 항쟁을 직접 경험하고 그 실상을 증언하는 이들이 갖는 담론 자원의 상징성과 힘, 그리고 희생자들에 대해 갖는 존경과 신뢰로 인해, 당사자들의 담론은 5·18담론장에서 가장 강한 '헤게모니'(문화적·정치적인 파급력을 갖는 힘)를 갖고 있다. 또한 국가나 사회공동체에 의해 공식화된 5·18담론의 지배적 코드를 습득하고 있는가 역시 담론장에서의 영향력의 우열을 가리는 기준이된다. 문제는 5·18의 '담론 자원'이나 지배적인 담론의 코드가 담론에 외재적인 것이 아니라, 바로 담론의 실천을 통해 구성된 것이고, 5·18기념의 공공성 역시 이 지배적인 담론 코드로부터 자유로울 수 없다는 점이다.

다시 말해 5·18기념의 담론장에서 어떤 것이 5·18 정신인가를 암묵적으로 규정하는 것 자체가 그동안의 5·18을 둘러싼 담론 실천의 과정에서 형성된 것이며, 이 규정에 의해 5·18기념의 공공적 영역과 그렇지 않은 것에 대한 경계가 나누어져왔다. 실제 5·18 정신과 가치에 대한 의미 규정의 변화는 5월운동의 과정에서 누적된 담론의 실천 효과였다. 이와 같은 측

---

[39]   사이토 준이치, 앞의 책, 2009, 32~35쪽.

면에서 5·18기념행사의 공공적 공간은 5·18의 의미와 가치를 둘러싼 담론의 정치가 행해지는 장소이지, 확정된 5·18의 테마에 관해서만 논의해야 하는 장소가 아니다. 무엇이 5·18의 정신인가는 의사소통에 선행해 미리 결정되어 있는 것이 아니다. 5·18기념 공간이 지역과 세대를 넘어 5·18의 정신을 심화·확장시키고자 할 때 5·18의 현재적 의미와 가치를 둘러싼 담론장의 개방성이 전제되어야 한다. 특히 기존의 구조화된 5·18담론장에 뒤늦게 참여한 후체험세대는 이러한 담론 자원의 비대칭적 구조에서 배제되고 주변화된 위치를 점하고 있다.

5·18의 기념을 둘러싼 담론 경쟁의 한 사례로 '금남로 물총축제 논란'을 들 수 있다. 지난 2014년부터 2017년까지 광주 지역 전체를 들썩이게 했던 '금남로 물총축제 논란'은 5·18기념의 공공성 문제를 살피는 데 여러 시사점을 준다. 논쟁은 축제 직후부터 시작되었다. SNS(Social Network Service/Site)를 통해 물총축제장이 된 '금남로'의 역사(상징)성을 둘러싼 논쟁이 뜨겁게 전개된 후 매년 '금남로 물총축제'를 둘러싼 논쟁이 반복되었고, 마침내 2017년 '장소 및 명칭 논란'에 대한 지역 여론을 의식한 광주광역시와 주최 측 간의 이견으로 인해 축제는 취소되기도 했다.[40] 이후 2018년에는 '물총 없는 물꽃 놀이'로 제4회 광주세계청년축제 행사의 하나로 진행되었다.[41]

당시 논쟁의 골자는 이렇다. 대인예술시장의 한 감독은 자신의 페이스북에 물총축제 현장 사진과 함께 '엄숙한 금남로가 가진 장소적 한계가 물

40   김우리, 「논란의 중심 '금남로 물총축제' 올해는 취소」, 〈광주드림〉, 2017. 06. 25.
41   김우리, 「"5·18 정서 공감" 올핸 물총 없는 '물꽃놀이'」, 〈광주드림〉, 2018. 07. 09.

총축제를 통해 확장됐다'고 평가하는 짤막한 단상을 남겼다. 이에 한 목사는 외부에서 바라본 물총축제 사진을 올리며 "여전히 아픈 상처를 가진 사람들에게 보이기 부끄러운 민낯"이라고 언급했다.[42] 한쪽은 물총축제가 금남로를 개방시켰다고 본 반면, 다른 한쪽은 역효과라는 입장이다.

"물총축제를 통해 금남로의 쓰임이 다양해지고 접근이 쉬워진다면, 금남로가 모두의 공간으로서 또 하나의 역사를 생산할 수 있을 것"이라는 의견에 대해, 다른 편에서는 "물총축제는 광장을 생성한 것이 아니라 오히려 집단적이고 폐쇄적으로 광장을 닫았다는 느낌"이라며 "촛불문화제 같은 행사가 가진 공공성과 (물총축제처럼) 일부가 점유한 광장으로서 공공성은 의미가 다르다."고 지적했다. 이어 물총축제 개최 장소가 꼭 금남로여야 했는지 의문을 제기하며, "금남로가 아니더라도 물총축제와 같은 행사가 열릴 수 있는 공간이 셀 수 없을 정도로 많다." "역사적 의미가 좀 더 확실한 지향점을 가진 문화예술이 구현되길 바란다."고 말했다. 이에 대해 상대는 "금남로에서 열리는 문화행사에 어떤 내용을 담아야 하는지 고민해야 하지만 문화의 다양성이 생략될 가능성이 있다."는 우려를 내비쳤다.[43]

결국 이 논쟁은 "금남로의 장소적 상징성과 공존할 수 있는 문화의 다양성은 어떤 것인가? 또 어디까지 허용 가능한 것인가?"를 질문하고 있다. 이 질문은 금남로 일대를 중심으로 펼쳐지는 5·18의 상징적 의례로서 5·18기념행사가 현재의 다양한 세대, 지역, 이슈, 문화와 어떻게 소통·공감하고 기념의 공공성을 실현해 갈 것인가? 무엇을 어디까지 기념의 공간

42　김우리, 「금남로서 물총축제… 광장의 확장?축소?」, 〈광주드림〉, 2014. 07. 27.
43　김우리, 「금남로서 물총축제… 광장의 확장?축소?」, 〈광주드림〉, 2014. 07. 27.

(장소)에 담을 수 있을 것인가의 문제와 연결된다. 더 나아가 이와 같은 서로 다른 입장과 논쟁을 주목했을 때 도대체 기념의 공공성을 민주적으로 실현한다는 것은 무엇을 의미하며, 그것은 어떻게 가능한 것인가를 묻게 된다.

한편 (사)청년문화허브 대표의 일화 역시 5·18항쟁의 기념과 계승에 대한 세대 감수성의 차이, 더 나아가 그것의 공공성 문제를 검토하는 데 여러 시사점을 준다. 그에 따르면 5·18항쟁을 주제로 한 대화모임에서 광주 출신의 한 친구가 타 지역에서 온 친구를 생각해서 다음과 같이 미리 배려이자 주의(?)의 말을 해줬다고 한다.

넌 광주 출신 아니니까 5·18 이야기 나오면 그냥 아무 말 하지 말고 있어. 광주에서는 5·18 이야기 괜히 잘못 했다 개념 없다고 개욕 먹을 수 있어. 외지에서 온 사람은 그냥 5·18 이야기 나오면 아무 말 안 하는 게 상책이야. 광주가 고향인 나도 5·18 관해서는 아무 말도 안 해.

광주에서 젊은 세대가 5·18에 대해 자유롭게 이야기를 하려면 복면 쓰고 온라인에서 블라인드 토론을 해야 한다. 무서워서 본인 얼굴 드러내놓고 자유롭게 이야기는 못 하겠다.[44]

---

44   정두용, 「오월정신과 미래세대, 어떻게 만나야 할까?」, 40주년 5·18민중항쟁기념행사위원회, 『집행위원−위원장단 연석평가회』, 2020, 41쪽.

그러면서 이 대표는 "선배 세대의 입장에서는 금남로에서 총을 소재로 한 축제를 여는 것 자체가 개념 없고 이해 못 할 일일 수 있겠지만, 지금의 이삼십 대에게는 금남로에서 물총축제를 하는 것이 5·18과 연관되어 이슈가 되리라고 애초에 생각하지 못했으리라."[45]라 이야기한다.

요컨대, 5·18기념행사의 공공성의 문제를 생각하는 데 있어, 이 세대 감수성의 차이는 보다 근원적으로 서로 다른 세대의 현재적 '자리', '목소리', '사회적 권리'에 대한 것으로 확대 해석될 필요가 있다. 역사가 늘 미래의 전망을 새긴 현재의 시선 속에서 재구성되는 것과 같이, 5·18기념의 공공성을 실현하는 것 역시 미래를 품은 현재의 주체들의 시선 아래서 이루어질 수밖에 없다. 그렇다면 이제 더 이상 5·18항쟁이라는 원초적 경험과 당위적 가치의 공동체로 젊은 세대를 '초대'할 것이 아니라, 지금 여기의 서로 다른 '차이'에서 시작된 대화를 통해 과거와는 다른 지평의 5·18기념의 공공성(공감장)을 만들어가야 할 것이다.

새로운 세대를 공공성의 타자로 배제하는 구조는 앞에서 인용한 『5·18민중항쟁 국민인식조사보고서』의 내용에서도 그 일면을 찾아볼 수 있다. 보고서는 현재의 5·18기념행사가 새로운 세대를 대하는 시각을 응축해서 보여준다. 보고서는 새로운 세대와의 '적극적으로 소통하기 위한 노력을 지속해야 함'을 강조하면서, "5·18 당사자와 시민이 분리되지 않고 '경험한' 세대와 '배운' 세대가 구분되지 않는 모든 시민이 5·18의 주체로서 연대하고 공동체 의식을 공유할 수 있도록 해야" 한다고 제언하고 있다. 여기에서 주목되는 것은 소통의 궁극적 지향이 '공동체 의식의 공유'에 있다는 점이

---

45   정두용, 위의 글, 2020, 41쪽.

다. 과연 새로운 세대의 부상 앞에서 5·18기념행사를 통해서 추구해야 하는 것이 '동일성을 향한 공동체 의식'이어야 하는가? 아니면 공공성의 민주적 재구성의 문제인가? 공동체와 공공성의 지향은 상당한 간극을 갖는다.

사이도 준이치는 공동체와 공공성의 차이를 다음과 같이 일갈한다. 공동체가 닫힌 영역을 형성하는 데 반해서, 공공성은 누구나 접근할 수 있는 공간, '열려 있다(Öffentlichkeit, offen)'는 것, 폐쇄된 영역을 갖지 않는다는 것이 그 조건이다. '바깥'을 형상화함으로써 '안'을 형상화하는 공동체에는 이 조건이 결여되어 있다. 둘째, 공공성은 공동체처럼 균질한 가치로 채워진 공간이 아니다. 공동체는 그 구성원들의 통합을 위해 본질적인 가치를 공유할 것을 요구한다. 이에 반해서 공공성은 복수의 가치/의견 '사이'에서 생성되는 공간으로, 그러한 '사이'가 상실되는 곳에서는 공공성이 성립되지 않는다. 셋째, 공동체에서는 그 구성원이 내면에 품고 있는 정념(애국심, 동포애 등)이 통합의 매체가 되는 반면, 공공성에서는 사람들 사이에 존재하는 일, 사람들 사이에 생기(生起)하는 사건에 대한 관심(interest)이 통합매체가 된다. 공공성의 의사소통은 공통의 관심사를 둘러싸고 이루어진다. 공공성은 어떤 동일성(identity)이 제패하는 공간이 아니라, 차이를 조건으로 하는 담론의 공간이다. 정체성의 공간이 아닌 공공성은 공동체처럼 일원적·배타적인 귀속(belonging)을 요구하지 않는다. 공공성은 동화/배제의 기제를 필수적으로 요구하는 공동체가 아니다. 그것은 가치의 복수성을 조건으로 하여 공통의 세계에서 저마다의 방식으로 관심을 가지는 사람들 사이에서 생성되는 담론의 공간이다.[46]

---

[46]   사이토 준이치, 앞의 책, 2009, 27~29쪽.

　　2000년대에 들어서서 직접적 경험의 부재 속에서 다양한 계기와 매체를 통해 이전 세대와는 다른 방식으로 5·18을 접한 후체험세대들이 성장했고, 이제 그들이 점차 5·18을 자기화하며 발언을 내놓고 있는 상황이다. 낸시 프레이저가 말했던 일종의 '대항적 공공권(counter publics)' 또는 '대안적 공공권(alternative publics)'이 등장했다고 볼 수 있다.[47] 이는 단일한 가치와 경계의 공동체 의식의 공유를 목적으로 하는 게 아닌 이질적인 주체들의 인정을 전제로 새로운 5·18기념의 지향·가치·내용 등을 협의·조정하고 재구성해야 하는 단계가 되었음을 시사한다. 즉 5·18기념행사는 더 이상 5·18의 원초적 경험과 의미를 공유한 단일한 공동체의 공간으로 상정될 수 없다. 그것은 공유재로서의 5·18이라고 하는 역사적 사건의 자장 속에 존재하는 서로 다른 구성원들에 의해 기념의 공공성을 민주적으로 실현하는 계기적 시공간으로 재인식될 것을 요구받고 있다.

나오는 말

　　최근 5·18기념의 전유를 둘러싼 지역 내 주도권 경쟁 및 이에 대한 비

47　이 대안적 공공권에서는 "지배적인 공공권과는 상대적으로 다른 '담론 자원'이 형성된다. 여기에서는 자신들의 '필요(needs)'에 대해 바깥으로부터 부여된 해석을 문제 삼고, 자신들에게 부여된 '정체성'을 의문시하며, '정상이 아니다', '열등하다', '뒤처져 있다'는 식으로 폄훼되어왔던 자기 삶의 존재 방식을 긍정적인 것으로 재파악하는 등, 재해석·재정의의 실천이 시도될 것이다. 거기에서는 또한 우세한 공공권과는 다른 담론의 양식이나 다채로운 수사가 중요시될지도 모르고, 반대로 경험의 흔적에 의해 뒷받침되지 않는 말이나 지나치게 조리 정연한 말은 신뢰를 얻지 못할지도 모른다." 사이토 준이치, 위의 책, 2009, 37쪽 재인용.

판 여론이 비등하고 있다. 이와 같은 현상은 5·18의 기념과 계승을 둘러싼 지역 내 다양한 이해관계자 간의 오랜 갈등의 표출이자, 새로운 5·18담론 주체의 등장과 담론 지형의 변화 속에서 5·18기념행사의 공공성을 둘러싼 논쟁의 초점이 변화하고 있음을 징후적으로 보여준다. 소위 '후체험세대'라고 하는 담론 주체의 부상을 예고한 것이며, 이들이 새로운 5·18재현 및 기념 주체로 참여함으로써 5·18기념행사의 공공성을 둘러싼 담론 지형은 물론 시각과 쟁점의 변화 역시 일어나고 있음을 시사한다.

기념의 국가화 이후 2000년대에 들어서서 5·18기념행사는 본격적으로 '5·18의 전국화·세계화'를 기치로 공공성을 추구해왔다. 그럼에도 불구하고 사회적 관심과 참여의 저조 속에서 5·18의 현재화를 실현하지 못했다는 비판이 계속되고 있다.

5·18은 5월운동 및 사회민주화 과정 속에서 법적·정치적·사회적 시민권을 얻었고, 한국은 물론 세계 민주주의 운동사의 상징이자 공유재로 자리 잡게 되었다. 반면 국가화 이후 역설적으로 5·18의 왜곡과 폄훼는 지속되었고, 법적 지위의 변화로 인해 "내 문제, 우리의 문제"였던 5·18이 당사자와 시민을 구분하는 계기가 되었다. 또한 시간의 흐름에 따라 5·18을 "경험한" 세대와 "배운" 세대 간의 인식 차이 역시 발생했다. 경험한 세대는 5·18을 '자부심'으로 내재화했지만 배운 세대는 '가치와 정신'으로 그것을 수용했다.

이는 기념의 장에서 5·18에 대한 서로 다른 시선과 감각의 주체가 공존하게 되었음을 가리킨다. 무엇보다 원초적 경험이 부재한 후체험세대는 기념의 장을 통해 5·18을 체험하고, 참여와 놀이를 통해서 새로운 5·18의 기억을 구성해간다. 5·18을 만나게 되는 계기와 경험의 '차이'는 5·18기념행사의 공공성 실현의 의제와 방식의 변화를 요구하고 있다. 5·18에 대한 지역 간 경험 및 인식의 차이 역시 기념행사의 변화를 요구하기는 마찬가지이다. 더 이상 원초적 경험이나 정형화된 5·18의 의미나 가치만을 가지고서, 또 일방적인 '초대'의 방식으로는 후체험세대나 타 지역민과 공감하기 어렵다는 것을 말해 준다.

5·18기념의 공공성을 둘러싼 환경의 변화를 주목했을 때, 공공성의 민주적 재구성에는 여러 층위의 문제가 존재함을 확인할 수 있다. 마치 1987년 6월항쟁을 통해 성취된 제도적 민주주의가 곧 실질적 민주주의의 실현으로 이어지지 못했던 것처럼이나, 단순하게 민주적 정통성이나 민주적 통제성의 형식을 마련했다고 해서 기념행사의 공공성이 실현되었다고 볼 수 없다. 지역·세대를 횡단하는 기념의 공공성을 추구한다면, 하버마스의 '합리적 소통'을 넘어 타 지역은 물론 새로운 세대들에 대한 '환대'에 기초해서, 5·18기념의 '공감장(sympathetic field)'을 재구성할 필요성이 요구되고 있다.

사실상 공공적 공간은 열려 있음에도 불구하고 거기에는 언제나 배제와 주 변화의 힘도 작용하고 있다. 5·18기념행사의 의사형성 및 결정 과정의 참여가 공식적(formal)으로는 열려 있지만, 그럼에도 불구하고 일정한 '문턱'은 여전히 존재한다. 주목할 것은 비공식적(informal) 배제의 문제이다. 또한 5·18기념 행사의 공공적 공간은 5·18의 의미와 가치를 둘러싼 담론의 정치가 행해지는 장소이지, 확정된 5·18의 테마에 관해서만 논의해야 하는 장소가 아니다. 무엇이 5·18의 정신인가는 의사소통에 선행해 미리 결정되어 있는 것이 아니다. 한 사례로 2014년 '금남로 물총축제 논란'은, '금남로 일대를 중심으로 펼쳐지는 5·18의 상징적 의례로서 5·18

기념행사가 현재의 다양한 세대, 지역, 이슈, 문화와 어떻게 소통·공감하고 기념의 공공성을 실현해 갈 것인가? 무엇을 어디까지 기념의 공간(장소)에 담을 수 있을 것인가?'에 관한 물음으로 확장되었다. 더 나아가 도대체 기념의 공공성을 민주적으로 실현한다는 것은 무엇을 의미하며, 그것은 어떻게 가능한 것인가를 질문했다.

요컨대, 5·18기념행사의 공공성 문제를 성찰하는 데 있어, 후체험세대의 등장은 보다 근원적으로 서로 다른 주체의 현재적 '자리', '목소리', '사회적 권리'에 대한 것으로 확대 해석될 필요가 있다. 역사가 늘 미래의 전망을 새긴 현재의 시선 속에서 재구성되는 것과 같이, 5·18기념행사의 공공성을 실현하는 것 역시 미래를 품은 현재 주체들의 시선 아래서 이루어질 수밖에 없다. 이제 더 이상 5·18이라는 원초적 경험과 당위적 가치의 공동체로 젊은 세대를 '초대'할 것이 아니라, 지금 여기의 서로 다른 '차이'에서 시작된 대화를 통해 과거와는 다른 지평의 5·18기념의 공공성(공감장)을 만들어가야 할 것이다. 이는 단일한 가치와 경계를 새긴 공동체 의식의 공유를 목적으로 하는 것이 아닌 이질적인 주체들의 인정을 전제로 새로운 5·18기념의 지향·가치·내용 등을 협의·조정하고 재구성해야 함을 의미한다. 5·18기념행사는 공유재로서의 5·18이라고 하는 역사적 사건의 자장 속에 존재하는 서로 다른 구성원들에 의해 기념의 민주적 공공성을 실현하는 계기적 시공간으로 재인식될 것을 요구받고 있다.

참고문헌

https://www.youtube.com/watch?v=mKRPSDl7SM8(광주광역시의회 제
316회 임시회 제6차 본회의)

「5·18 25주년 전야제 이모저모」, 〈연합뉴스〉, 2005. 5. 17. (https://n.news.
naver.com/ mnews/article/001/0001005085?sid=103, 2023.6.10.)

「5·18묘지 참배객 감소 추세」, 『노컷뉴스』, 2009. 6. 2. (https://www.nocutn
ews.co.

kr/news/593301?c1=225&c2=230, 2023.6.10.)

국립5·18민주묘지 홈페이지(https://www.mpva.go.kr/518/) 「국립5·18민주
묘지 월별 참배객 현황」

『30주년 5·18민중항쟁기념행사 평가 및 5·18민중항쟁 국민인식조사 결과보고
서』, 한국공공데이터센터, 2010.

정두용, 「오월정신과 미래세대, 어떻게 만나야 할까?」, 40주년 5·18민중항쟁기
념행 사위원회, 『집행위원-위원장단 연석평가회』, 2020.

김봉국, 「순례공감장: 망월묘역과 5월의 기억」, 『감성연구』 22, 전남대학교 호남
학 연구원, 2021.

김지혜, 「5·18기념행사 활성화 방안 연구」, 전남대 문화전문대학원 석사학위논
문, 2014.

윤기봉, 「5·18기념행사의 발전과정과 문제점」, 전남대학교 정치학과 석사학위
논문, 2000.

정근식, 「민주화와 5월운동, 집단적 망탈리테의 변화」, 『광주민중항쟁과 5월운
동 연구』, 전남대학교 5·18연구소, 1997.

______, 「사회운동과 5월의례, 그리고 5월 축제」, 정근식 편저, 『축제, 민주주의,
지 역활성화』, 새길, 1999.

정문영, 「광주 '5월행사'의 사회적 기원: 의례를 통한 지방의 역사 읽기」, 서울대
학교 인류학과 석사학위논문, 1999.

정호기, 「5·18기념행사와 기념사업」, 『5·18민중항쟁사』, 광주광역시 5·18사료편
찬위원회, 2001.

______, 「5월운동과 5·18기념사업 그리고 기념공동체」, 『기억과 전망』 창간호,

민주화운동기념사업회, 2002.

______, 「5월행사와 주체로 본 '5월운동' 연구, 연구 현황, 한계 그리고 방향」, 『민주 주의와인권』 4-2, 전남대학교 5·18연구소, 2004.

______, 「저항의례의 국가화와 계승 담론의 정치: 5·18민중항쟁의 추모의례」, 『경제와 사회』 76, 비판사회학회, 2007.

현혜경, 한은영, 「5·18 기억의 세대계승과 청소년축제: 5·18청소년문화제(Red Festa)」, 『민주주의와 인권』 11-3, 전남대학교 5·18연구소, 2011.

김현경, 『사람, 장소, 환대』, 문학과지성사, 2015.

사이토 준이치, 『민주적 공공성: 하버마스와 아렌트를 넘어서』, 윤대석·류수연·윤미란 옮김, 이음, 2009.

전남대학교 감성인문학연구단, 『공감장이란 무엇인가』, 길, 2017.

조경달, 『민중과 유토피아』, 허영란 옮김, 역사비평사, 2009.

김봉국 전남대학교 호남학연구원·호남학과 부교수.

2부
기억과 재현

향수영화와 5·18의 기억

– 1980년 광주를 어떻게 기억해야 하는가?

임경규

사진과 포스트메모리

홀로코스트 연구와 기억 연구에서 이미 고전이 된 1992년 논문 「가족 사진: "마우스", 애도, 그리고 포스트메모리(Family Pictures: *Maus*, Mourning, and Post-Memory)」에서 매리앤 허시(Marianne Hirsch)는 독자들에게 인물 사진 한 장을 소개한다. 사진 속에는 한 여인이 꽃나무로 둘러싸인 어느 예쁜 집 앞 벤치에 앉아 있다. 그녀의 이름은 프리다(Frieda), 허시의 시이모다. 사진 속 그녀는 마르지도 병약해 보이지도 않는다. 카메라를 보고 부끄러운 미소를 지으며 신문을 들고 있는 그녀의 모습은 전형적인 1950년대 유럽 중산층 여성의 모습이다. 아마도 누구든 이

*　이 글은 『동서 비교문학저널』 No. 66(한국동서비교문학학회, 2023)에 게재된 논문 「향수 영화와 5·18의 기억: 1980년 광주를 어떻게 기억해야 하는가?」를 수정/보완한 것임을 밝혀둡니다.

사진을 본다면, 가족 앨범 속에 몇 장씩은 간직하고 있을 법한 친척의 사진이라 생각할 수밖에 없다. 하지만 여기에 허시는 한 가지 설명을 덧붙인다. 프리다는 동유럽 유대인 수용소에서 가족 모두를 잃고 홀로 살아남은 홀로코스트 생존자라는 사실이다. 즉 전쟁이 끝나고 수용소에서 해방된 직후 그녀가 자신의 생존과 안녕을 친지들에게 알리고자 찍은 사진인 것이다. 그 사실을 아는 순간 우리는 사진 속 그녀를 새로운 눈으로 보게 된다. 그녀의 평온한 몸짓과 미소가 홀로 코스트의 잔혹한 역사와 겹쳐지기 때문이다. 사진 속 그녀의 손에 든 신문이 공적 기억의 산물이라면, 그녀의 얼굴은 이제 그 신문이 다 전할 수 없었던 참담했던 아우슈비츠의 공포를 표상하는 기표가 되고, "예정된 절멸보다 더 오래 살았다."는 안도감은 삶보다 더 오래 살아남을 죽음의 공포와 뒤섞인다(5). 죽음이 예정된, 그래서 죽어야만 했던, 살아남았으나 이미 죽어버린 듯한 자의 표정에서 흘러나오는 공포. 그 공포는 사진의 틀을 깨고 밖으로 튀어나와 우리에게 말을 건넨다. 그러기에 허시는 롤랑 바르트(Roland Barthes)의 『카메라 루시다(Camera Lucida)』를 인용하여 이렇게 말한다. "사진은 축자적인 의미에서 지시대상체의 방사물이다. 그곳에 있었던 실제 몸으로부터 발산된 그것이 끝내 여기에 있는 나를 만진다. 기간은 중요하지 않다. 사라진 자의 사진이 […] 뒤늦게 도달한 별빛처럼 나를 만질 것이다."(Barthes 80~81, qtd. Hirsch 5~6)

하지만 사진은 우리에게 직접적으로 말을 건네지는 않는다. 바르트의 "푼크툼(punctum)"처럼, 그것은 우리의 지식체계에 구멍을 내고, "화살처럼 발사되어, 나를 관통한다."(Barthes 26) 예컨대 프리다의 사진이 전달하는 메시지는 간단하다. '나는 살아 있다.' 그런데 '살아 있음'은 언제나 사진 틀 밖에 있는 죽음을 상기시키는 동시에 사진 안에 있는 '살아 있음'을 문제시한다. 강고해야 할 삶과 죽음의 경계가 엷어지면서 죽음과 그것의 공포가 우리의 현재 속으로 흘러들어온다. 사진이 우리의 지식체계에 구멍을 내는 이유가 여기에 있다. 따라서 사진 속 프리다의 평온한 표정은 역설적으로 "서사를 향한" 욕망과 그 이야기를 "들어줄 사람을 향한" 간절한 요청이라 할 만하다. (Hirsch, 5) 하지만 이야기를 해줘야 할 사진 속 그녀는 더 이상 지금 여기에 존재하지 않기에, 이제 그 구멍을 메꿔야 할 의무는 사진 밖의 우리에게 주어진다. 허시의 주장처럼 "사진을 보는 이는 그 사진이 비워둔 곳을 채운다. 사진을 보는 것의 공포가 반드시 이미지 속에 있는 것은 아니다. 오히려 그 사진이 비워둔 곳을 메우기 위해 우리가 채워 넣은 이야기 속에 있다."(6)

따라서 홀로코스트 사진은 언제나 두 개의 전혀 다른 시간적·의미론적 층위가 균열되는 동시에 다시 연결되는 공간이다. 사진 속 과거와 사진 밖의 현재, 사진 속의 현전과 사진 밖의 부재. 여기에서 균열은 철저하게 존재론적이다. 그 누구도 과거로 되돌아갈 수 없으며, 죽은 자는 절대 되돌아오지 않는다. 그런 의미에서 사진 속 과거와 사진 밖의 현재, 사진 속 현전과 사진 밖의 부재, 그 사이의 균열은 비가역적이다. 하지만 이 비가역의 공간은 또한 인간의 실천이 작동하는 공간이기도 하다. 기억과 이야기의 공간이기 때문이다. 기억이 사진 속 생존자의 것이라면, 이야기는 사진 밖 우리의 것이다. 그들의 기억과 우리의 이야기가 과거와 현재를, 현전과 부재를 연결한다. 이 실천적 연결을 통해 현재의 우리는 희생자를 애도하는 윤리적인 방식을 배우고, 과거의 반복을 차단할 수 있는 사회적 토대를 상상한다.

허시는 홀로코스트 생존자의 '기억'과 구별되는 지금 여기에 있는 우리의 이야기를 "포스트메모리(Post-memory)"라 명명하며, 이렇게 정의한다. "나는 다소 망설이며 '포스트메모리'라는 용어를 제안한다. 접두사 '포스트'는 자칫 우리가 기억 너머에 따라서 순수한 역사 속에 있다는 함의를 전달할 수가 있기 때문이다. 내 해석 속에서 포스트메모리는 분명 기억 너머로까지 우리를 데려가지 않는다. 다만 그것은 세대 간 거리를 통해 기억과 구별되며 깊은 사적인 연결을 통해 역사와 구별된다."(8) 여기서 중요한 것은 포스트메모리가 두 가지 측면에서 일반적인 기억이나 역사와 구별된다는 점이다. "세대 간 거리"와 "사적인 연결" 즉 친밀한 관계에 의한 동일시가 그것이다. 홀로코스트 이후의 세대는 비가역적인 시간적 거리로 인해 홀로코스트와 그것의 공포에 결코 가닿지 못한다. 하지만 그들은 부모의 삶을 삼켜버린 아우슈비츠의 짙은 그림자로부터 절대 자유로울 수 없다. 생중사의 삶에 감염된 자의 삶이 온전할 수는 없는 법. 생존자의 자식들은 필연적으로 홀로코스트의 또 다른 목격자가 될 수밖에 없으며, 그들의 이야기는 또 다른 증언이 될 수밖에 없다. 허시는 그들의 이야기 혹은 포스트메모리를 "선택에 의한 회고적 증언(retrospective witnessing by adoption)"이라 정의한다("Surviving", 10). 그러하기에 포스트메모리는 단순히 이야기와 상상력에 의한 이차적 기억만은 아니다(사실상 역사를 포함한 모든 기억은 내러티브와 이미지에 기생한다). 그것은 가족적 친밀감에서 발생하는 적극적인 동일시와 더불어 생존자의 삶과 몸이라는 구체적인 지시대상체를 가지고 있기에, 일차적 "기억 자체만큼이나 충만한" 기억이라 할 수 있다("Family", 9). 따라서 실천적이며 윤리적인 애도의 방식으로서 포스트메모리에 내재된 힘은 결코 가볍지 않다. 그리고 허시는 기억과 포스트메모리, 과거와 현재, 현전과 부재 사이의 단절과 연결의 장이라 할 수 있는 사진이 이런 윤리적 포스트 메모리를 가능케 하는 특권적 매체라 주장한다(9).

그런데 사진이 매개하는 포스트메모리에서 "사적인 연결"이 전제되지 않는다면, 즉 트라우마적 사건의 경험자와의 가족적 친밀성이 부재하는 순수 타자의 공간 속에 프리다의 사진이 던져진다면, 그 사진이 허시의 실천적 애도의 윤리로서 포스트메모리를 촉발시키는 매체로서 기능할 수 있을까? 혹은 더 나아가 홀로코스트의 생존자가 더 이상 존재하지 않는다면, 그리하여 포스트메모리가 최후의 지시 대상체를 상실한다면, 오로지 사물화되고 이데올로기에 의해 오염된 역사와 그것에 기반한 이차적 기억 혹은 포스트메모리 그리고 대중문화의 상업화된 이미지가 그 지시대상체를 대신한다면, 그리하여 역사가 순수 이미지로서의 시뮬라크럼이 된다면, 과거에 대한 애도의 작업은 어떻게 되는가?[1] 혹여 포스트메모리 자체가 상품 형식 속에 포섭되지는 않을까?

사진과 '김군'의 매혹

2015년 봄, 한 장의 사진을 두고 적지 않은 소동이 일어났다. 극우 인

---

1   배주연 역시 2020년 논문에서 거의 유사한 질문과 함께 포스트메모리 세대에 의해 제작된 다큐멘터리 영화 〈김군〉을 분석하면서, 광주를 경험하지 못한 제작진이 1980년 광주와의 "연루적 감각"을 획득해가는 과정을 긍정적으로 분석한다. 본 논문에서는 이와는 조금 다른 비판적 관점에서 〈김군〉과 그즈음 만들어진 상업영화 〈택시운전사〉와 〈1987〉에 대한 독해를 시도해 보고자 한다.

사 지만원이 5·18 당시에 찍힌 한 시민군의 사진(이하 이 사진의 주인공을 '김군'이라 통칭함)을 북한특수군 '제1광수'로 지목하면서 5·18 북한 개입설을 주장한 것이다. 유사 과학을 동원한 터무니없는 궤변이었음에도, 이 주장은 극우 인터넷 사이트를 통해 확대 재생산되었다. 물론 이 주장에 공식적으로 동의한 정치인은 거의 없었다. 하지만 그것이 대중의 머릿속에 아주 작은 의심의 씨앗을 심어놓기에 충분했다. 특히 5·18을 직접 경험하지 못했을뿐더러, 현재 권력구조의 핵심부를 차지하는 386세대에 염증을 느끼던 1980년대 이후 출생 세대에게는 더욱 그러했다. 그도 그럴 것이 툭 불거진 광대뼈와 매섭게 쏘아보는 눈매, 군복과 중화기, 높은 차량에 올라타 세상을 감시하는 듯한 자세, 사진 속 '김군'의 모습을 구성하는 이 모든 요소는 시민군이라기보다는 차라리 점령군이라는 인상을 심어줄 뿐만 아니라, 로우 앵글로 인해 두드러진 피사체의 위압감은 범부의 의심과 호기심을 자극하기에 충분했다. 2019년 개봉된 강상우 감독의 다큐멘터리 영화 〈김군〉 역시 지만원이 뿌려놓은 그 작은 의심과 더불어 이미지 자체의 강력한 매혹에 이끌려 시작되었다 해도 과언은 아닌 듯하다. 『씨네21』과의 인터뷰에서 강상우 감독과 고유희 PD는 이렇게 말한다.

강상우: 광주 하면 초등학생 때 〈동아일보〉 사진기자들이 낸 사진집 〈광주, 그날〉이 기억난다. 사진집 속 무장시민군들을 보는데, 좋은 사람인지 아닌지도 모르겠고, 또 총을 들고 있으니 무섭기도 했다. 후에 본 김군의 이미지와 비슷했고, 그 이미지에 매료됐다. 5·18은 내게 무겁고 〈임을 위한 행진곡〉 같은 노래도 너무 예스럽게 들렸다. 앞서 만들어진 광주에 대한 영화들에도 공감하기 힘들었다. 내겐 남

그렇다면 지만원의 편집증적 판타지와 강상우의 호기심은 다른 것일까? 지만원의 판타지가 비윤리적이라면 강상우의 호기심은 윤리적일 수 있을까? 이 둘의 판타지와 호기심이 던진 질문은 결국 하나다. '김군'은 누구인가? 그들이 1980년 광주를 향해 던진 이 질문은 당시의 진실과 마주할 수 있을까? 그리고 그것이 광주의 역사적·집단적 트라우마에 대한 치유와 애도를 향한 길을 열어줄 수 있을까? 독일의 영화 이론가 지그프리트 크라카우어(Siegfried Kracauer)는 이 질문에 대답할 수 있는 흥미로운 단서를 제공한다. 크라카우어는 1923년 논문 「사진("Photography")」에서 두 장의 사진에 관한 이야기를 들려준다. 첫 번째 사진은 화보 잡지의 커버 페이지 모델로 당대 유명한 24세의 관능적인 스타 여배우의 모습이다. 대중들은 다양한 매체를 통해 이미 그녀에게 친숙해진 터이기에 그 사진을 다른 사람과 절대 혼동하지 않는다. 사진을 보는 순간 "살과 피를 지닌 존재"로서, 관능적인 매력을 가진 배우로서 그녀를 손쉽게 알아본다(47). 또 한 장의 사진은 60년이 넘은 빛바랜 사진이다. 여기에도 24살의 한 젊은 여성이 있다. 그녀는 19세기의 의상과 머리 스타일을 하고 청춘의 자태를 뽐낸다. 그런데 이 사진을 바라보는 손녀는 돌아가신 할머니의 처녀 시절 모습을 알아볼 수 있을까? 할머니의 아름다운 미소를 이야기할 수 있을까? 할머니의 젊은 시절은커녕 늙은 모습조차 본 적이 없는, 심지어 할머니의 존재 자체도 잘 알지 못하는 손녀에게 사진 속 여성의 미소는 어떤 인간적 의미도 갖지 못한다. 부모님께 할머니에 관한 이야기를 얼핏 들었을 수는 있겠지만 그것이 사진 속 할머니와 사진 밖 손녀 사이의 시간적 거리를 좁혀주지는 못한다. 따라서 손녀의 눈은 더 이상 할머니를 바라보지 않는다. 대신 쪽진머리나 19세기적 의상 같은 문화적 디테일로 눈을 돌린다. '그 시절에는 이런 머리가 유행했구나? 이런 옷을 입었구나! 신기하다!'

똑같은 24살 여성의 사진임에도, 이 두 사진을 대하는 태도의 차이는 어디에서 오는가? 크라카우어는 "유사성(likeness)" 혹은 지시성에서 찾는다(47). 첫 번째 영화배우 사진의 경우, 그와 똑같은 배우가 지금 여기에 살아 숨 쉬고 있고 또 누구나 그녀의 팜므파탈적인 속성을 알아볼 수 있기에, 누구든 사진 안의 이미지와 사진 밖의 배우를 어렵지 않게 연결한다. 즉 유사성의 원리가 작동하는 것이다. 반면 두 번째 사진의 경우 할머니는 이미 돌아가시고 없기에, 사진의 실재성을 입증할 도리가 없다. 따라서 사진 안과 밖 사이에 유사성의 원리가 작동하지 못한다. 지시대상체가 사라졌을 때, 할머니의 이미지는 자율성을 획득하고, 순전한 "고고학적 마네킹(an archeological mannequin)"으로 전락한다(48). 할머니의 사진에는 이제 할머니가 없다. 따라서 사진에 그녀의 진짜 이름 대신 "1864년 전통의상"이라는 캡션을 달아도 무방하다(48). 결국 인간적 기억이 배제된 사진은 역사적 유물들의 부스러기로 해체된다. 크라카우어의 말을 그

대로 옮기자면, "저 유령 같은 리얼리티는 **구제받지** 못한다."(56, 저자 강조)

크라카우어에 따르면, 사진은 "더 이상 축소될 수 없는 자연의 **일반 목록**(general inventory)", 즉 인간의 기억과 눈이 포착하지 못하는 "자연적 시각을 통해 구성"되는 사물의 공간적 배치의 기록이다(61, 저자 강조). 인간이 아닌 기계에 의해 기록됐기에, 이 목록과 공간적 배치에는 형이상학적 중심이 없다. 그 어떤 배치도 "필연적이지 않다. 따라서 우리는 또한 이 요소들의 전혀 다른 조직을 상상할 수도 있다. […] 사진은 무(nothing)를 중심으로 부스러기를 그러모은다."(56) 즉 사진이 외부의 지시대상체를 상실한다면, 그것은 중심이 없는 공간적 요소들의 임의적 목록에 지나지 않는다. 거기에는 어떤 의미도 기거하지 못한다. 다만 목록의 자의적 재배치에 의한 놀이만이 있을 뿐이다. 작고한 할머니의 젊은 시절 사진을 보며, 손녀의 눈이 할머니가 아닌 그녀의 쪽진머리나 과거의 패션 아이템만을 향하는 이유가 여기에 있다. 사진은 기억이 아닌 "공간적 연속체"만을 제시하기 때문이다(49).

포스트메모리의 지시대상체 찾기: 영화 〈김군〉

'김군'의 사진을 바라보는 지만원과 강상우의 태도는 사실 할머니의 사진을 바라보는 손녀의 그것과 크게 다르지 않다. 그들이 응시한 것은 사진이 제공하는 다양한 목록들의 공간적 배치다. 날카로운 눈매, 불거진 광대뼈, 군복, 총, 페퍼포그 등. 인간적 기억과 의미가 배제된 여러 요소의 배치

속에서 지만원은 북한군 특수 부대를 보았고, 강상우는 그 요소 간의 기묘한 앙상블에 호기심을 가졌을 뿐, 둘 사이에는 실질적인 차이가 없다. 물론 그 둘의 태도를 일종의 질문과 답변으로 읽을 수도 있다. "'김군'은 북한군 특수부대다."라는 지만원의 편집증적 주장이 터무니없는 판타지임을 강상우는 말하고 싶지 않았을까. 즉 '김군' 사진의 진짜 지시대 상체를 찾아 증명하고 싶었던 것이다. 하지만 그렇다고 해서 강상우의 태도가 구원받을 수 있는 것은 아니다. 40년이라는 시간은 사진 속 이미지와 사진 밖 실제 인물 사이에 작동할 수 있는 유사성의 원리를 녹슬게 한다. 이미지의 원본을 찾는다고 한들, 그 진실성을 입증할 방법 역시 만만치 않다. 게다가 지만원은 또 다른 '김군'의 사진을 들고 나오면 그뿐이다. 따라서 영화 〈김군〉의 '김군' 찾기는 불가능한 기획일 수밖에 없다. 기껏해야 자연의 일반적 목록의 무한 재배치 놀이에 불과하다. 그러하기에 영화 〈김군〉 속 오기철의 말은 더욱 통렬하다.

'김군'의 사진에 대한 강상우의 매혹은 결국 바르트가 말하는 사진의 "스투디움(studium)"에서 기원한다고 봐야 할 터이다. 즉 그의 매혹은 사진 이미지가 제공하는 역사적·사회적 맥락과 관련된 "일단의 전통적 정보"
와 그것을 향한 "평균적 정동" 혹은 "특정 훈련"에 의해 파생되는 "일반적
이고, 열정적인 헌신"과 같은 것일 뿐, 거기에는 어떤 아픔이나 "날카로움
이 없다."(26) 그를 움직였던 범인의 정동과 호기심은 결코 지만원의 판타
지에 구멍을 내지도, 자신의 상식을 박살내지도 못한다. 그는 사진의 안과
밖 사이의 간극, 현전과 부재 사이의 균열을 너무도 순박하게 연결하려 했
다. 죽음과 공포, 살아내기 힘든 트라우마의 무게를 "'김군' 찾기"라는 너무
안일한 방식으로 접근한 것이다. 마치 그가 좋아했던 서바이벌 예능 〈프
로듀스 101〉에서 단 몇 명의 생존자를 찾아가듯 말이다.[2] 그가 선택한 서
사 형식 역시 흥미 중심의 추적 스릴러였다. 특히나 5·18 청문회에서 나
온 복면 부대의 미스터리에 관한 증언, 광주시민들의 증언, 지만원의 주장
을 교차편집하여 극적 긴장감을 고조시킨 오프닝 시퀀스는 자신의 기획을
지만원의 판타지와 동일선상에 위치시킬 뿐만 아니라, 예능으로서의 영화
정체성을 분명히 한다. 그렇다면 그에게 남는 문제는 간단하다. 누구의 추
리가 더 정확한가 혹은 더 재미있는가?[3] '김군'이 넝마주이였건 아니면 평
범한 소시민이었건 상관없다. 그러나 이런 상황에서 '김군' 찾기가 성공한
다면, 그것은 강상우의 성공인 동시에 영화의 실패다. 강상우에게는 지만

---

2   『씨네21』과의 인터뷰에서 강상우는 이렇게 말한다. "즐겨보는 프로그램 중 하나가 서바
     이벌 프로그램 〈프로듀스 101〉인데, 그 프로그램이 연습생 한 명의 서사처럼 시작해서
     그 한 명의 이야기가 점차 101명의 이야기로 퍼져나가는 것과 비슷하다. 우리도 100여
     명의 생존자를 만나서 한 명의 이야기를 찾아 나가고, 한 명의 이야기로 100여 명을 만나
     는 방식이었다."(앞의 인터뷰)
3   『씨네21』의 영화 평론가 김소희 역시 이와 비슷한 주장을 한다. "〈김군〉이 지만원으로 대
     표되는 터무니없는 주장을 하는 자들과 대결하는 텍스트라면, 이때 대결 기준은 팩트가
     아니라 재미다. 지만원이 프레임화된 재미를 제공한다면, 〈김군〉은 프레임에서 벗어난
     순수한 재미를 내세운다."

원이 지적한 600여 명의 또 다른 '광수'가 여전히 남아 있는 반면, 사진의 안과 밖의 틈새에 떠도는 죽음과 공포 그리고 트라우마는 망각되기 때문이다. 크라카우어의 말을 반복하자면, "저 유령 같은 리얼리티는 구제받지 못한다." 그렇기에 영화 〈김군〉의 '김군' 찾기 프로젝트는 필연적 실패로 향한 길이었다.

하지만 다행스럽게도 〈김군〉은 강상우의 성공과 영화의 실패라는 예정된 길로 가지는 않았다. 5·18을 직접 경험한 광주 시민들을 만나는 과정에서 강상우의 최초 기획이 좌초되었기 때문이다. 다시 말해서, 지시대상체를 상실한 강상우의 포스트메모리는 5·18 생존자의 몸과 그들의 기억과 충돌하며 이내 그 천박함을 들어낸 것이다. 그래서일까 '김군' 찾기가 불가능하다는 것이 명백해지는 시점부터, 망령처럼 교차편집되던 지만원의 주장과 청문회 기록 필름이 영화에서 배제되고 오로지 생존자들의 현재 모습과 그들의 증언만이 스크린을 가득 메운다. 그들 생존자에게 '포스트'라는 접두어는 불가능한 단어다. 누군가는 여전히 약을 먹지 않으면 잠들지 못하고, 누군가는 고문의 기억으로 인해 이발소에서조차 자신의 머리를 타인에게 맡기지 못하고 스스로 머리를 감는다. 누군가는 자신을 대신해 죽은 동지에 대한 죄책감에 여전히 몸서리친다. 그리고 누군가의 몸에는 아직도 당시의 총알이 남아 있다. 그들에게 과거는 과거가 아닌 항구적인 현재이며 깨어날 수 없는 역사의 악몽이다.

'김군' 사진의 스투디움에 매몰되어 있던 강상우의 시야를 이미지의 표면 너머 푼크툼의 영역으로까지 확장시켜 준 것은 다름 아닌 생존자의 기억과 그날의 상흔을 안고 살아가는 그들의 몸이었다. 그들의 이야기가, 그들의 몸이, 강상우의 최초 기획에 구멍을 낸 것이다. 그런 의미에서 강상우는 실패했지만, 영화는 성공했다. 특히나 영화는 강상우의 기획이 좌초되고 전혀 다른 결말로 이어지는 과정을 솔직하게 담아낸다. 심지어 강상우는 자신의 실패를 명확하게 인지하고 그것을 수정해가는 과정을 영화 속에 고스란히 옮겨놓은 듯하다. 영화제에 출품된 편집본과 대중에게 개봉된 영화의 최종 편집본의 차이가 그것을 증언한다. 영화의 재편집 과정에 대해 강상우는 "5·18을 둘러싼 저널리즘적 측면의 타임라인보다 시민들의 체험담을 강화하는 쪽"으로 나아갔다고 말한다(배주영, 26). 마지막 순간 예능을 포기하고 그날의 상처에 집중한 것이다. 영화를 찍는 5년이라는 긴 시간 속에서 그리고 5·18 생존자의 몸과 직접 맞닥뜨리며, 그는 마침내 깨달은 것은 아닐까. 자신의 기획이 실패해야 영화가 성공한다는 것을.

결국 영화 〈김군〉의 실질적인 가치는 포스트메모리 세대가 1980년 광주를 말하고 기억하는 새로운 방법이나 포스트메모리 세대가 5·18과의 새로운 연루의 감각을 획득했다는 데 있지 않다. 오히려 포스트메모리를 생존자의 기억과 정면으로 충돌시켜 지시대상체를 상실한 포스트메모리의 한계를 알레고리적으로 폭로했다는 데 있다. 포스트메모리가 지시대상체와 결별하고 자율성을 획득할 때, 그것은 지만원의 편집증적 판타지와, 황색 저널리즘과, 강상우식의 미스터리 추적 예능과 만난다. 상처로 가득한 5·18이, 죽음의 공포가 횡횡했던 1980년 광주가, 죽음의 공포를 무릅쓰고 총을 든 시민군의 용기가, 포스트모던 시뮬라크럼이 되는 순간이다. 시뮬라크럼 속에서는 죽음의 공포도 역사의 트라우마도 모두 정쟁의 대상이 되고, 자본축적을 위한 상품이 되고, 흥정과 거래의 대상이 된다. 우리는 오직 상품으로서만, 시장을 통해서만, 5·18을 만나고 경험해야 한다.

5·18이 이제 완전히 상품이 된 것이다. 2017년 영화판은 특히 그랬다.

포스트메모리와 향수영화: 〈택시운전사〉와 〈1987〉

2017년 민주화 항쟁의 기억을 담은 두 편의 영화가 연이어 개봉했다. 장훈 감독의 〈택시운전사〉는 5·18의 '푸른 눈의 목격자'로 알려진 독일 기자 위르겐 힌츠 페터(Jürgen Hinzpeter)와 그를 태우고 광주로 들어간 택시 운전사 김사복의 이야기를 담았고, 장준환 감독의 〈1987〉은 박종철 고문치사 사건에서 이한열의 죽음 그리고 뜨거웠던 6월항쟁에 이르는 억압과 투쟁의 시간을 재현했다. 다량의 신파와 감동, 역사적 사실과 허구적 판타지, 스펙터클과 극적 긴장감을 적당히 버무린 액션 느와르 〈택시운전사〉는 2017년 최고 흥행작 중 하나였고, 1987년 한국 정치 상황의 다층적 역동성을 비교적 잘 다듬어진 콜라주와 시네마 베리테 형식을 채용하여 연출한 〈1987〉 역시 평단의 호평과 더불어 상당한 대중적 인기도 누렸다 (그해 박스오피스 순위 5위를 기록했다). 이 두 편의 영화적·대중적 성공은 한 가지 명백한 사실을 입증한다. 항쟁의 기억은 아주 잘 팔리는 상품이라는 점이다. 특히 한국 사회에서 민주주의가 위기에 처할 때면 그 상품은 더욱 잘 팔렸다. 2007년 〈화려한 휴가〉가 그러했고, 2013년 〈변호인〉역시 그러했다. 2017년 또한 대통령 탄핵과 촛불혁명의 후폭풍과 맞물려 있었다. 이는 곧 항쟁의 기억이 잘 팔리는 상품인 동시에, 그것이 현재 우리가 잃어버렸다고 상상하는 그 무엇임을 의미한다. 그래서 우리는 우리가 그것을 소유했었다고 믿는 과거로 되돌아가 그것을 현재 속에 복원하고자 시도하는 것이다. 스펙터클과 영웅서사 그리고 시대의 패션이라는 외피를 덧붙여서 말이다.

프레드릭 제임슨(Fredric Jameson)은 이런 시도를 "현재를 향한 향수(nostalgia for the present)"라 명명하며, 그것이 정확히 포스트모던 "향수영화(nostalgia film)"의 문법이라 주장한다(Jameson, xvii). 조용필의 〈단발머리〉와 브리사 자동차, 대학가요제와 장발, 타이거 운동화와 마이마이, 최루탄과 백골단, 가두투쟁과 민중가요 같은 시대의 문화적 아이콘의 목록을 통해 1980년대의 분위기를 적당히 환기하지만, 그 목록은 그 시대에 대한 "고정관념의 목록"일 뿐 리얼리티의 목록은 아니다(279). 그것은 오히려 당대의 대중매체에 의한 자기 재현의 반복일 뿐이다. 당대의 핵심 모순에 대한 유토피아적 보상이라는 대중매체의 이데올로기를 탈구시키고 근본 모순을 폭로하기보다는, 과거와의 비판적 거리를 급진적으로 축소하는 결과만을 낳는다. 정작 폭로되어야 할 시대의 근본 모순과 역사성은 당대의 향수를 담은 히트곡과 패션 아이템과 영화적 스펙터클에 압도되어 이미지의 파편들 속에 매몰된다. 그리하여 역사는 이미지가 되고 역사적 사유는 멈춘다. 결국 역사가, 항쟁의 기억이, 그리고 시대의 상처와 아픔이 스크린 위에 반짝거리는 이미지로 퇴락하는 그곳이 바로 향수영화의 공간이고, 〈택시운전사〉가 완전히 포섭된 공간인 동시에 〈1987〉이 반쯤은 발을 들여놓은 공간이다.

물론 〈택시운전사〉와 〈1987〉이 2017년 당시에 미약해져 가는 항쟁의 기억을 현재 속으로 소환하여 대중을 정치적으로 각성시켰다고, 그래서 대통령 탄핵에 뒤이은 새로운 민주 정부의 안착에 기여하여 당시 위기에 처한 한국 민주주의를 구원했다고 주장할 수도 있겠다. 하지만 이는 각성이 아닌 복고풍 패션의 유행에 가깝다. 두 영화가(특히 〈택시운전사〉가) 나열하고 있는 이미지와 이분법적이고 직선적인 내러티브는 대중을 호명하여 특정 정동의 장으로 불러내고 일시적인 연루의 감각을 생산해낼 수 있을지언정, 그래서 과거 학생운동에 잠시나마 참여했다는 소박한 정의감과 자기만족감을 생산할 수 있을지언정, 현실의 위기를 정면으로 돌파할 수 있는 변증법적이고 역사적인 사유를 가능케 하지는 않는다. 우리 사회의 대중들이 이후에 보여주는 정치적 변덕이 이를 증명한다. 그런 의미에서 과거 역사에 대한 묵시록적 재현이나 항쟁의 기억에 대한 향수어린 재현은(비록 그것이 과거 사실에 대한 실증적 재현일지라도) 일종의 양날의 검이 된다. 과거를 타자화하고 급진적 타자성의 미래를 친숙한 현재 속에 포섭하기 때문이다. 영화를 보는 동안 엄혹했던 시절에 대한 잠깐의 체험과 ‘라떼’에 대한 짧은 읊조림이 끝나면 우리는 상대적으로 안온한 거실로 돌아와 작은 결심을 한다. 내일은 우리의 정치 현실에 좀 더 관심을 가져야겠다. 하지만 그 내일은 결코 도래하지 않을 내일이다. 오늘 잠시 가졌던 관심이 내일을 항구적으로 구원하지 못하고, 오늘과 다르지 않은 내일은 그저 오늘의 지속이자 반복일 뿐이다.

제임슨에 따르면, 역사적 사유란 “역사로서의 현재에 대한 인식”이다. 이는 “어떤 식으로든 현재를 낯설게 하고 우리에게 직접성으로부터의 거리를 허락”하는 것으로, 이 비판적 거리가 바로 “역사적 관점”을 구성한다 (284). 즉 낯선 자의 눈으로 현재를 혹은 과거를 지금과는 전혀 다른 방식으로 바라볼 수 있어야 역사적 사유가 가능해진다. 하지만 이 두 영화는 관객을 너무도 친숙한 동시에 너무도 타자화된 과거로 초대한다. 너무도 친숙한 과거는 현재와 결별하고, 타자화된 과거는 현재를 이상화한다. 그래서 말한다. 저때는 그랬지. 하지만 지금은 세상 좋아졌어! 과거에 대한 이러한 친숙한 타자화는 현재를 하나의 사물처럼 대상화하고 다각적으로 분석할 수 있는 어떤 계기도 제공하지 못한다. 다만 현재로의 탈출을 위한 변명거리를 만들며 현재를 영속화할 뿐이다. 어쩌면 이것이 포스트메모리 시대에 5·18의 기억이 처한 운명인지도 모른다. 항쟁의 기억이 안락한 현실로의 도피를 강요하는 스펙터클이 되는 역설적 상황 말이다. 지시대상체를 상실하고 자율성을 획득한 포스트메모리가 기거하는 곳은 어쩔 수 없이 상업적 내러티브와 이미지에 의해 구성된 대중문화의 공간인 동시에 그 대중문화는 포스트메모리를 자신의 이미지에 따라 재생산하기 때문이다.

'광주 비디오'와 역사의 도박

그러나 위 두 영화 〈택시운전사〉와 〈1987〉은 역사적 과거로서의 5·18을 기억하고 역사적 현재를 바라볼 수 있는 새로운 방법을 제시하는 듯하다. 〈택시운전사〉는 독일 기자 힌츠페터와 택시 기사 김사복의 영웅담이기도 하지만, 그들이 영웅이 될 수 있었던 이유는 1980년 5월 20일과 23일 광주의 모습을 있는 그대로 담아낸 영상자료를 남겼기 때문이다. 어렵사리 독일로 보내진 이 자료는 〈기로에 선 한국〉이라는 다큐멘터리로 제작되어 세계 언론에 신군부의 폭력성을 폭로하는 데 기여했을 뿐 아니라, 1985년 외국에서 활동하던 종교인들을 통해 한국에 밀반입되어 소위 '광주 비디오'라는 제목으로 재야단체와 대학 운동권에 상당한 영향을 주었다. 어떤 측면에서 보면 힌츠펜터가 남긴 이 자료는 크라카우어가 말한 카메라의 객관적 눈을 통해 구성된 "더 이상 환원될 수 없는 자연의 일반 목록"이라 할 수 있다. 카메라의 몰인간적인 눈은 인간의 의식으로부터 자유로웠기에, 1980년 5월 한국 군부독재 권력의 "자연적 토대"와 "사회적 윤곽"을 있는 그대로 드러나게 할 수 있었고, 종국에는 사진에 의해 촉발되는 "역사의 모든 것을 건 도박(go-for-broke game of history)"으로 이어져 1987년 6월항쟁을 배태했다(Kracauer, 61).[4] 이렇게 본다면 영화 〈1987〉은 〈택시운전사〉의 속편 혹은 스핀오프라 해도 과언이 아니다. 〈택시운전사〉가 있었기에, 힌츠페터의 카메라가 있었기에 〈1987〉도 가능했기 때문이다.

1987년 남영동 대공분실에서 시작하여 각계각층의 다양한 인물의 이야기를 콜라주 방식으로 느슨하게 엮어내는 영화 〈1987〉에는 중심인물도 중심사건도 딱히 없다. 아마도 1987년 한국 사회의 복잡한 사회구성체를 탈중심화된 영화적 언어로 담아내려는 시도는 아니었을까(다만 당시의 핵심 모순 중 하나였던 자본과 노동의 관계를 담아내길 거부했다는 점은 지적해야 할 것 같다. 이는 영화가 자본의 산물임을 에둘러 자백한 것은 아

4　크라카우어는 "사진으로의 전회는 역사의 모든 것을 건 도박이다"라고 선언한다 (Kracauer, 61). 그 이유는 대량 복제기술의 발전과 카메라의 몰인간적인 눈은 "역사상 최초로 […] 자연의 껍데기 전체를 조명"하고 "역사상 최초로 불활성의 세계가 인간으로부터 독립하여 스스로를 들어"내도록 만들기 때문이다(62). 이렇게 인간으로부터 독립한 도시의 객관적 이미지의 아카이브는 의식이 포착하지 못한 자본주의의 리얼리티를 폭로하고 무질서한 "자연의 일반적 목록"을 인간에게 되돌려주는데, 이는 사물 간의 "관습적 관계를 유예"시켜 새로운 공간적 배치를 임시적으로나마 상상할 수 있도록 해준다. 바로 이 지점에서 역사의 도박이 벌어진다(62). '광주 비디오'와 1987년 6월항쟁 사이의 관계는 사진과 역사의 도박 사이의 관계와 유비적 성격을 갖는다고 해석될 수 있을 것이다. 참고로 이도훈 역시 2020년 논문에서 크라카우어의 매체 이론을 통해 최근 한국에서 생산된 독립 다큐멘터리 영화 4편을 함께 조명하며 이런 다큐멘터리들이 "그 자신의 매체적 본성을 바탕으로 역사와 벌이는 한판 내기"를 하고 있다고 주장한다(이도훈, 78).

닐까)? 각 인물은 상대적 자율성을 지닌 채 각자의 영역에서 주어진 과제를 고집스럽게 수행한다. 그것이 권력을 통한 폭력적 억압 행위였건, 그에 대한 저항 운동이었건, 아니면 현실에 대한 외면이었건 관계없이 말이다. 그런 의미에서 [알랭 바디우(Alain Badiou)의 언어를 빌린다면] 영화 속 거의 모든 인물은 진리에 충실한 주체다. 물론 진리의 내용은 각자 다르다. 다만 자신이 믿고자 하는 진리에 충실할 뿐이다. 동료를 지키고자 끝내 자백하지 않았던 박종철은 물론이고, 심지어 저 유명한 "탁 치니, 억하고 죽었다."는 희대의 망언을 남긴 대공수사처장 박처원(김윤석 분)의 행동마저도 숭고하게 보일 정도다. "그런다고 세상이 바뀌어요?"라고 질문하는 연희(김태리 분) 역시 정치적 냉소라는 자신만의 진리에 충실한 주체다. 그렇게 본다면 이 영화는 사회의 층위별·집단별 진리를 향한 투쟁이 벌어지는 세력장이라 할 만하다.

그러한 진리의 세력장 한가운데에 난데없이 비디오테이프 하나가 던져진다. 힌츠페터에 의해 만들어진 '광주 비디오'다. 이 비디오가 영화 내에서 차지하는 순간은 불과 몇 초에 지나지 않지만, 그 짧은 시간은 하나의 진리 사건이 되어 영화 전체에 회피할 수 없는 질문 하나를 던진다. '광주 비디오'를 믿느냐 마느냐(혹은 5·18이 빨갱이의 난동이냐 아니면 민주주의를 향한 투쟁이냐)? 이한열(강동원 분)은 믿었고, 연희는 부정한다. 그러하기에 한열은 투쟁했고, 연희는 외면했다. 하지만 돌아선 연희는 또 다른 5·18의 현장으로 반복해서 소환된다. 국가 폭력에 의해 삼촌 병용(유해진 분)이 체포되고 한열이 죽었기 때문이다. 그리고 끝내 연희는 투사가 된다. 그녀가 '광주 비디오'를 진리라 받아들이고, 끝나지 않은 5·18의 현장으로 달려간 순간이다.

이러한 일련의 영화적 전개는 항쟁의 기억을 기독교적 희생과 구원의 내러티브로 풀어내는 영화적 전략이기도 하지만, '광주 비디오'가 한국 현대사에서 수행한 역할에 대한 은유이기도 하다. '광주 비디오'는 무엇보다도 5·18을 직접 경험하지 못한 이한열과 연희가 1980년 광주를 기억하고 기념하고 애도하는 방식을 결정한다. 즉 5·18이 광주사태가 아닌 광주민주화운동임을, 참여자가 폭도가 아닌 선량한 소시민임을, 그들의 죽음이 빨갱이에 대한 적법한 처단이 아닌 국가 폭력의 산물이자 민주주의를 위한 숭고한 희생이었음을, 고쳐 기억하고 그에 합당한 애도의 절차를 요구하는 것이다. 또한 '광주 비디오'는 한열과 연희가 현재를 바라보는 하나의 틀을 제공한다. 즉 5·18을 통해 현재를 바라보고 해석하도록 요구하는 것이다. 이는 5·18이 단순 역사적 과거가 아닌 우리의 현재를 구성해내는 진행형 사건임을 인정하고, 그날의 눈을 통해, 5·18이 창출해낸 하나의 전통을 통해, 현재를 타자화하고 대상화해야 함을 의미한다. 한마디로 '광주 비디오'는 현재로부터의 비판적 거리를 확보하고 이를 역사적으로 사유할 수 있는 계기를 제공한다.

포스트메모리에서 프리메모리로

아일랜드 역사학자 가이 바이너(Guy Beiner)는 이렇게 하나의 역사적 사건이 이후에 발생하는 사건을 인식하고 기억할 수 있는 구조적 틀을 제공하는 방식을 설명하기 위해 "프리메모리(prememory)"라는 개념을 제시한다(300). 사유의 전통 혹은 기억의 전통이라고 할 만한 이 프리메모리는 정의상 "포스트메모리"의 반대편에 위치한다. 후자가 사건과의 시간적·공간적 거리에 의해 규정되며 따라서 본질적으로 "지연되고, 간접적이며, 이차적인" 기억인 반면(299), 전자는 "기억이 역사에 선행할 수 있"음을 전제한다. 즉 "사건이 전개될 때, 그 사건은 이전 사선에 대한 기억을 참조하여 해석되고 이해"되는데(300), 이때 참조점이 되는 사건이 바로 프리메모리로 이는 "역사가 어떻게 기억될 것인가를 선(先)결정한다."(305) 또한 포스트메모리가 시간에 따른 기억의 변화에 대한 "염려와 불안"을 표현한다면, 프리메모리는 사건에 선행하는 "기대와 예측"을 담아낸다(305). 즉 포스트메모리가 지시대상체를 상실한 기억의 자율성이 가져올 파국에 대한 공포심에 찌들어 있다면 그래서 ('김군' 사진에 관한 논란이 예시하듯) 사건의 디테일에 대한 비생산적인 논쟁과 계쟁에 함몰될 위험에 노출되어 있다면, 프리메모리는 망각과 기억의 대상 그리고 기억의 방식을 선결정함으로써 기억과 지시대상체 사이가 아닌 기억의 기표와 기의 사이에 개입한다. 이는 곧 프리메모리가 역사적 지식이 구성되는 방식을 결정하고 더 나아가 한 집단의 전통과 정체성을 구성하는 방식을 결정한다는 것을 의미한다.

이런 이유로 바이너는 포스트메모리가 가진 개념적 모호성과 그에 따른 다양한 문제를 극복하기 위해서는 기억과 역사 연구의 방향을 포스트메모리에서 프리메모리로 전환할 것을 요청한다. 이는 5·18 연구에서도 마찬가지로 필요해 보인다. 즉 5·18에 대한 기억의 불완전성에 대한 불안감이나 항쟁의 기억에 대한 향수에 매몰되어 복원될 수 없는 과거를 복원하는 데 집착하여 무의미한 논쟁을 생산하기보다는, 항쟁의 기억이 가진 구성적 힘에 집중할 필요가 있다는 것이다. 5·18을 프리메모리로 규정한다는 것은, 그것을 우리의 정치적 무의식 속에 (프로이트적인 의미에서의) "원초적 장면"으로 위치시키는 것이며 또한 그것이 더 이상 과거에 한정된 사건이 아닌 끊임없이 되돌아가야 할 기억의 참조 지점이자 우리의 현재를 이해하고 기억하며 기록하는 원형적 틀로 규정하는 것이다. 그렇다고 프리메모리로의 전회가 그날의 희생과 트라우마의 망각을 의미하지는 않는다. 오히려 보다 정치적이고 보다 실천적인 애도와 기억의 방식이라 해야 옳다. 프리메모리는 그날의 트라우마가 지금 우리의 삶 속에 기입되고 우리를 변화시키는 방식에 집중하도록 요구하여 트라우마적 과거의 우울증적 재연(reenactment)이 아닌 그것을 살아내고 극복(work-through)하여 진정한 의미의 애도를 가능케 하기 때문이다.

임경규 동국대학교 영어영문학과와 같은 과 대학원을 졸업하고 유타 대학교 영문과에서 박사 학위를 받았다. 현재 조선대학교 영어영문과 교수로 재직 중이다. 지은 책으로 『집으로 가는 길』, 『디아스포라 지형학』(공저) 등이, 옮긴 책으로 『현재의 역사가 미셸 푸코』, 『정크 스페이스│미래 도시』 등이, 주요 논문으로 「포스트모던 로맨스: 프레드릭 제임슨의 '인식적 지도그리기' 비판」 등이 있다.

참고문헌

김소희, 「매혹의 대상으로 역사를 바라보는 〈김군〉이 가진 힘에 대하여」, 『씨네
    21』, 2019년 6월 5일.
배주영, 「포스트메모리와 5·18: 다큐멘터리 영화 〈김군〉을 중심으로」, 『서강인문
    논총』 57, 2020, 5~35쪽.
이도훈, 「한국 독립 다큐멘터리가 역사와 벌이는 한판 내기: 지그프르트 크라카
    우어의 매체적 관점과 역사 이론을 중심으로」, 2020, 55~80쪽.
이화정, 「〈김군〉 강상우 감독, 신연경 PD, 고유희 PD – 5·18을 경험하지 않은
    세대가 던지는 질문」, 『씨네21』, 2019년 5월 23일.
주유신, 「'기억의 윤리'의 관점에서 바라본 〈택시운전사〉(2017)와 〈1987〉(2017)」,
    『씨네포럼』 38, 2021, 107~137쪽.
Barthes, Roland. *Camera Lucida: Reflections on Photography*. Trans.
    Richard Howard. New York: Hill and Wang, 1987. Print.
Beiner, Guy. "Probing the Boundaries of Irish Memory: from Postmem
    ory to Prememory and Back." *Irish Historical Studies* 39.154 (2014):
    pp. 296~307. Print.
Hirsch, Marianne. "Family Pictures: Maus, Mourning, and Post-
    memory." *Discourse* 15.2 (1992): pp. 3~29. Print.
______, "Surviving Images: Holocaust Photographs and the Work of
    Postmemory." *The Yale Journal of Criticism* 14.1 (2001): pp. 5~37.
    Print.
Jameson, Fredric, *Postmodernism or, the Cultural Logic of Late Capit
    alism*. Durahm: Duke UP, 1991. Print.
Kracauer, Siegfried. "Photography." *The Mass Ornament: Weimar Es
    says*. Trans./Ed. Thomas Y. Levin. Cambridge: Harvard UP, 1995.
    pp. 47~63. Print.

리얼리즘적 재현을 중심으로 한 5·18자유공원 전시 방법의 비판적 재검토

손송이

서론

연구 배경 및 목적

5·18은 주로 정부의 주도 하에 민주, 인권, 평화라는 보편 가치를 기치로 하여 규범적인 방식으로 기념되어 왔다. 하지만 그와 동시에 다른 한편에서는 5·18 당시의 국가 폭력에 대한 증거의 원형 보존과 사실적인 재현에 대한 욕망들이 지속되어 왔다. 일례로 2013년 민주평화기념관(현재 국립아시아문화전당 민주평화교류원)의 전시 콘텐츠 기획 단계에서, 기획자는 5·18의 역사를 보편적 가치로 승화하기 위해서 '채우되 빈 듯하다'라는 전시 원칙을 세웠고, 사실주의적 재현이나 정보들의 나열과 설명을 최대

---

* 이 글은 『민주주의와 인권』 Vol. 25 No. 1(전남대학교 5·18연구소, 2025)에 게재된 논문 「리얼리즘적 재현을 중심으로 한 5·18자유공원 전시 방법의 비판적 재검토」를 수정·보완한 것임을 밝혀둡니다.

한 배제하면서 의미와 이념 등을 강조하지 않는 방식으로 전시를 구성하고자 했다. 이와 달리 당시 5월 단체 측에서는 옛 전남도청 앞 수위실이 철거된 것에 반발하면서, 밀랍인형, 핏자국 등을 이용하여 해당 전시에 5·18 당시의 상황을 사실적으로 재현할 것을 주장하였다(류형근, 2013. 11. 19.).

5·18자유공원은 앞서 언급한 민주평화기념관 전시 조성과 관련하여 논란이 있기 전에 5월 단체의 바람이 보다 분명하게 반영된 기념 공간이라고 할 수 있다. 5·18자유공원은 광주시 주도로 구 상무대를 원형 복원하여 조성되었다. 광주시는 5·18민주화운동 30주년 기념사업의 일환으로 2010년에 '5·18자유공원 전시시설 설치 기본 및 실시설계 용역' 최종 보고회를 열고, 보고회에 참여한 3개의 5월 단체 관계자들의 고증과 자문을 받은 바 있다. 또, 5·18자유공원의 체험 프로그램은 5·18구속부상자회 등의 직접적인 관여로 이루어지기도 했다. 그 결과 5·18 당시의 수사, 고문, 수형, 재판 장소로 활용되었던 구 상무대 영창과 법정 등을 복원한 시설 내에 실물 크기로 만든 인물 모형들과 여러 소품, 음향 및 영상 시설 등을 설치하여 5·18자유공원은 현재와 같은 모습을 갖추게 되었다. 요컨대 5·18자유공원은 고증을 거친 증언과 증거뿐만 아니라 역사적 기억에 대한 이차적 재현물도 적극적으로 전시함으로써, 5·18 당시의 상황을 리얼리즘적으로 구현하고자 하는 욕망이 단적으로 드러나는 사례라고 할 수 있다.

이러한 5·18자유공원의 리얼리즘적 전시 방식은 다른 국가에서 트라우마적 역사를 반영한 기념 공간의 전시 방식과 차이가 있다. 가령, 폴란드에 소재한 아우슈비츠−비르케나우 수용소의 경우에는 참고할 만한 기록 사진이나 당시 수용된 이들의 생활상을 담은 그림을 때때로 같이 보여주면서도 부서진 건물 잔해와 남겨진 유물 등의 원형을 최대한 보존하여 개방하고 있다. 다른 예로, 학살 사건의 잔혹함을 더욱 적나라하게 보여주는 캄보디아의 뚜얼슬랭 대학살 박물관의 경우에도 폴 포트 정권 당시에 학살당한 이들의 유골과 고문 방식을 재현한 그림, 기록사진, 오디오 가이드 등을 포함하고 있기는 하지만, 사람들을 수용하거나 고문했던 공간은 가급적 원형에 가깝게 전시된다. 말하자면, 트라우마를 유발하는 심각한 폭력이 발생했던 실제 장소를 배경으로 하는 기념 공간 중에서, 5·18자유공원처럼 사실적인 인물 모형과 음향 효과 등을 활용해 폭력의 양상을 이차적으로 재현하려는 시도는 거의 찾아보기 어렵다.

한편, 리얼리즘이라는 용어는 여러 학문 분과 내에서 각기 다른 의미로 쓰인다.[1] 본 연구에서 채택한 리얼리즘이라는 용어는 시각적 재현의 맥락에서 서술되는 것으로서 미술사학 분야의 리얼리즘 개념에 가깝다. 그런데 국내 시각예술 영역에서도 리얼리즘은 일관되고 보편적인 방식으로 규정하기 어려운 개념이다(김영호, 2015; 박구용, 2018; 조경진, 2022).[2] 그렇기 때문에 사실상 미술 장르로서의 리얼리즘은 몇몇 경향성과 특질들이 느슨하게 결합되어 '가족 유사성' 수준에서 다뤄져 왔다. 이에 본 연구는 리얼리즘 개념을 엄밀하게 규정된 의미를 갖는 것이라기보다는 공유되

---

1   인식론, 형이상학, 도덕철학, 정치철학 등 철학의 여러 분과들 내에서도 리얼리즘이라는 용어는 서로 이질적인 의미를 갖는다. 도덕철학에서의 리얼리즘이 과학철학에서의 리얼리즘에 대한 태도에 거의 영향을 미치지 않는 것처럼, 특정 학문 분과에서의 리얼리즘의 의미 규정 방식이 다른 분과 내의 의미 규정 방식에 직접적으로 영향을 미친다고 보기도 어렵다. 그러므로 리얼리즘은 포괄적인 철학적 개념으로 간단히 정의될 수 없는 개념이다(Martinelli, 2014; Alston, 2018).
2   이와 관련하여 국내 미술계에서 한국 리얼리즘 미술의 양식 규정을 시도하는 콜로퀴엄이 2014년 5월 31일 가나아트센터에서 개최된 바 있으나, 그 행사의 기조 발제와 발의문 등에서도 한국 리얼리즘은 단일한 형식으로 정리될 수 있는 과제가 아닌 것으로 논의되었다(김영호, 2015, 187쪽).

는 근원적 태도로서 다루고자 한다. 이는 2010년 국립현대미술관과 싱가포르국립미술관이 공동 기획한 전시 〈아시아 리얼리즘〉에서 아시아 여러 국가의, 여러 시대를 아우르는 미술 작품들을 설명하기 위해 리얼리즘 개념에 접근하는 방식과도 일치한다. 이 전시 서문에 따르면 리얼리즘은 단순한 시각적 재현의 차원을 넘어서는 '태도로서의 리얼리즘'으로서, 사회 정치적인 문제에 대한 비판적 관점을 전달하는 수단으로 활용되었다(국립현대미술관, 2010).[3]

국내에서는 1980년대 민중미술 집단에 소속된 작가들이 작품 속에 사회의 구체적인 현실을 담는 등 리얼리즘 미술 운동을 통해 사회 변혁을 이루고자 하는 흐름이 있었다. 하지만 1980년대 말부터 1990년대 초반에 포스트모더니즘 미술 담론이 형성되는 등의 문화계 전반의 변화가 있었다.

---

3   이 같은 미술사적 개념으로서의 리얼리즘은, 철학적 개념으로서의 리얼리즘과 근본 가정을 공유한다. 즉, 리얼리즘은 인간의 정신과 독립된 세계가 있다는 것을 전제로 한다(Stanford Encyclopedia of Philosophy, 2019; Lehe, 1998). 철학에서의 실재(reality)는 일반적으로 대상 또는 실체(things or substance), 특성 또는 힘(properties or powers), 활동과 사건, 관계(activities, events, and relations) 등의 세 가지 층위를 갖는 것으로, 리얼리즘은 이러한 대상의 실재를 복제함으로써 지식이 구성되는 것으로 접근한다(Paulsen, 1895, pp. 49, 341, 354). 즉, 철학에서의 리얼리즘은 일반적으로 외부 세계의 실재를 적절하게 복제하는 것을 내포하지만, 그러한 복제가 외부 세계 그 자체인 것은 아니다.
한편, 리얼리즘 작품으로 분류되는 오윤과 임옥상의 민중미술 작품을 라캉의 '실재계(the Real)' 개념을 들어 분석하는 박소양(2005)의 연구도 있다. 박소양은 이들의 작품들이 1980년 5월의 광주를 떠올리게 하는 집단적 트라우마를 불러일으키는 측면이 있다는 점에서 억압받은 이들의 경험의 실체, 즉 실재계의 표상이라고 주장한다(박소양, 2005). 하지만 라캉의 실재계는 일종의 미분화된 덩어리로 편재하는 것으로서 언어에 선행하며 상징화에 저항한다. 그렇기 때문에 상징화된 미술 작품을 실재계 개념을 통해 분석하는 작업의 적절성에 대해서는 재고가 필요하다. 이와 관련해서 실재계를 사전에 존재하는 외상적인 핵심으로서 느끼거나 경험할 수 있다는 관점에 대해 비판적 입장을 취하였던 슬라보예 지젝 등의 주장을 참고할 수 있다. 지젝에 따르면 실재계는 상징적 구조의 왜곡을 설명하기 위해 사후적으로 구성되는 것이다(Zizek, 1989, p. 162). 이에 본고에서 리얼리즘을 다룰 때 라캉의 실재계 개념은 논외로 한다.

또, 구조주의와 포스트구조주의 등으로 인해 리얼리즘 방법론은 이데올로기 그 자체와 동일시되는 경향이 있었다. 일부에서는 리얼리즘을 실재를 투명하게 모방할 수 있다는 순진한 신념으로 간주하거나, 토대가 상부구조를 결정한다는 정통 마르크스주의적 입장으로만 제한적으로 이해하며 불신의 대상으로 삼기도 했다. 리얼리즘 방법론이 국내 시각예술계에서 민주화운동이 활발했던 1980~1990년대와 같은 지위를 여전히 유지하고 있다고 하기는 어렵지만, 그럼에도 지속적으로 채택되고 재생산되어 오고 있었다는 사실은 주목할 만하다.

실제로 5·18자유공원에는 민중미술 작품들이 인용되어 있다. 가령 홍성담의 광주오월민중항쟁 연작 판화 작품 〈새벽〉, 〈대동세상〉, 〈횃불행진〉, 〈헌혈구호〉 등의 사본은 5·18자유공원 내 자유관에 전시되어 있다.[4] 헌병대 본부사무실 건물 내 해방의 방에도 문재인 대통령의 기념사 인용구 아래에 홍성담 작가의 그림 사본이 전시되었다.[5] 2020년에 5·18자유공원에서 개최된 특별전 〈5·18 그날의 진실을 기억하라〉에서는 홍성담의 판화 작업이 애니메이션으로 재제작되어 상영되었다. 하지만 5·18자유공원 내에 있는 여러 시각적 재현물들은 예술작품으로 제작된 것이 아니라 전시 내용의 전달을 위해 일종의 참고 자료로서 생산된 것으로, 민중미술과 같

---

4   홍성담이 참여했던 미술동인 '광주자유미술인협회' 등은 현장에서의 활동을 강조하면서 '민중적 리얼리즘' 경향으로 분류되는 반면, '현실과 발언'은 근본적으로 예술을 개인으로서의 예술가의 산물로 접근했다는 점에서 '비판적 리얼리즘' 경향으로 분류될 수 있다(김동일, 2020).

5   이 그림은 홍성담 작가의 『운동화 비행기』라는 동화책 속 삽화 중 일부이다. 이 그림 속에는 음식을 나누는 여성들과 총을 들고 어딘가를 가리키는 남자들이 묘사되어 있다. 그림의 후경에 있는 건물에 걸린 두 개의 현수막에는 "계엄령을 해제하라!", "민주주의 만세"라고 쓰여 있다(홍성담, 2017).

은 특정한 미술 양식으로 온전히 환원되지 않는다.[6] 본 연구는 이러한 시각적 재현물을 분석 대상에 포함하기 위해서 '리얼리즘'이라는 용어를 외부의 현실에 준거하고 그 실재를 반영한다는 일반적인 의미로 사용하고자 한다. 이처럼 일반화된 리얼리즘 개념을 채택함으로써 5·18자유공원 내의 평면적 이미지뿐만 아니라 게임 등 디지털 매체를 활용한 재현물까지 연구 대상으로 포함하여 다루는 것이 가능해진다.

본 연구는 5·18자유공원에서 이와 같은 리얼리즘적 재현의 경향이 두드러지게 나타나게 일조했던 요인이 무엇인지 살피고, 현재적 맥락에서 그와 같은 재현 양상이 어떠한 의미를 갖는지를 파악하고자 한다. 더 나아가, 본 논문은 5·18자유공원의 역대 전시 조성 사업들의 단계에 따라 리얼리즘적 재현의 양상이 어떤 차이를 보였으며, 그 한계는 무엇인지를 밝히는 데 그 목적이 있다. 이는 본 연구가 기념을 하나의 실체로 물화하는 것이 아니라, 시간의 흐름 속에서 변화하는 다수의 사회적 기억 실천들로 접근한다는 것을 뜻한다. 이로써 인권, 민주주의와 같은 보편 가치를 중심으로 하는 기존의 주된 5·18기념사업이 갖는 한계 지점을 노출하고, 보다 대안적인 5·18 기념 방식을 마련하기 위한 반성과 성찰이 필요함을 주장하고자 하였다.

본 논문의 논의 전개 순서는 다음과 같다. 먼저 본론 1장에서 5·18자유공원의 전시와 연계 프로그램의 구성을 개괄할 것이다. 그런 다음 본론 2장에서 5·18자유공원의 전시 공간에서 리얼리즘적 재현 방식을 세 가지

6　5·18자유공원의 전시에 포함된 다양한 시각적 재현물들은 민중미술 양식으로 단순히 환원되지는 않지만, 일정 부분 그와 유사한 특성을 공유한다. 즉, 민중미술 작품과 마찬가지로 5·18자유공간의 시각적 재현물 또한 외부 세계를 구상적으로 재현하고 있으며, 사회 구조적 현실에 대한 비판적 태도를 취하고, 사회 변혁 등의 목적에 직간접적으로 기여하고자 한다.

차원으로 나누어 다룰 것이다. 이러한 구분은 전시 조성 단계와도 차례로 조응한다. 첫째, 5·18자유공원의 자유관 전시 구성을 중심으로 기록화의 측면을 주목할 것이다. 그리고 이러한 기록화의 특성이 나타나도록 영향을 미친 원인을 5·18자유공원의 조성 과정 등에서 찾고자 시도했다. 둘째, 5·18자유공원의 전시 내러티브가 내포한 진보적 역사관을 아도르노의 부정변증법 논의를 참고하여 비판적으로 재고할 것이다. 셋째, 과학기술과 대중매체 등을 통한 5·18자유공원 전시의 체험적 전환이 의미하는 바를 앨리슨 랜즈버그의 '보철기억' 논의를 통해 살펴보고, 그러한 접근의 한계에 대해서 논할 것이다.

선행연구 검토

5·18기념사업은 이후에 국내에서 이루어질 국가 폭력 사건의 기념 방식에 적지 않은 영향을 미쳤다. 예를 들어 2001년에 제주4·3평화공원 조성 기본계획은 국내외 주요 기념물과 기념시설, 특히 5·18기념사업의 특징과 한계를 검토한 후 작성되었다. 이러한 역사성과 그 의의 때문에 5·18의 공식적인 기념물과 기념 공간, 기념 행사의 특성과 변화, 의의, 활용 양상, 한계와 발전방안 등을 다룬 선행 연구들은 다수 있다(강병옥, 2011; 김지혜, 2014; 나간채, 2011; 박지욱, 2009; 윤기봉, 2000; 이정희·윤영조, 2019; 정현애, 2018; 정호기, 2003; 조현희, 2012; 주수정, 2016). 더 나아가 5·18 기념 공간들을 종합적으로 분석하여 그 기념 공간들이 내포한 위계적이고 국가주의적인 한계를 지적했던 연구도 있다(정호기, 2002; 최호근, 2019). 또, 5·18기념사업을 비롯하여 제도화된 역사 기념사업이 이루어질 때 기념물 및 기념 공간의 조성에 대해 근본적으로 성찰

할 필요성을 주장하며, 관습화와 박제화, 권위주의적 미학을 경계할 필요
성을 주장하는 논문도 있다(정근식, 2003). 하지만 5·18의 공식적인 기념
을 다룬 대부분의 선행연구들은 기념 공간, 기념물, 기념 의례의 설립 과
정이나 의의, 구조적 특성 등 거시적인 측면에 주로 주목했으며, 그러한
기념사업의 일환으로 조성된 구체적인 재현물의 형식과 그 의미에 대해서
는 심도 있게 다루지 않았던 경향이 있다. 기념의 과정은 기념물이나 기념
공간 자체의 조성 그 자체로 끝나는 것이 아니라 조성 이후에도 지속적으
로 현재적인 의미를 획득함으로써 그 의의를 찾을 수 있다. 그렇기 때문에
5·18 기념 공간 내의 전시 구성과 전시물들이 역사를 어떻게 재현하고 재
생산하고 있는지에 대한 문제가 보다 더 중요하게 다뤄질 필요가 있다.

5·18자유공원 또한 광주시 주도로 조성된 기념 공간으로서 그 형성과
정과 의의에 대해 다룬 선행 연구들이 있다. 강병옥(2011)은 기존의 5·18
기념 방식이 희생자를 중심으로 이루어졌던 것과 달리, ‘5·18역사공원’이
기무부대 부지의 역사적 의미를 통해 당시의 정치적 상황 등을 종합적으
로 조망할 수 있는 장소가 될 수 있다는 점에 주목하였다. 그는 5·18이 그
동안 학살과 저항의 관점에서 주로 조명되어 온 것과 달리, ‘5·18역사공원’
은 그 역사적 사건에 내포된 폭력을 가시화할 수 있다는 점에 의의가 있다
고 보았다(강병옥, 2011). 그러나 강병옥의 논리처럼 희생과 그 희생을 야
기한 폭력을 분리하여 파악할 수 있는지, 그리고 희생자 중심의 접근에서
벗어난 상태에서 5·18 당시의 구체적인 사회·정치적 현실을 적절하게 드
러낼 수 있는지 등에 대해서는 재고의 여지가 있다. 또한 강병옥의 연구는
5·18 당시 발생한 민간인 사찰, 수사, 고문 등 다양한 폭력의 상황을 전체
적으로 드러내 보이는 기념 공간의 조성이, 그 매개 방식에 따라 관람 경

험에 어떠한 질적 차이를 야기할 수 있는지에 대해 충분히 고려하지 못하였다.

　정현애(2017)는 '상무대 옛터'를 5·18기념공원화 하는 과정에서 기념의 주체와 공간운영의 주체로 인해 발생한 기억의 결절 양상에 주목하였다. 단적인 예로, 구 상무대에서 법정과 영창 등이 원래 있던 장소가 아니라 다른 장소로 이전하여 복원됨으로써 장소성이 훼손되었으며, 광주광역시의 토지계획 등으로 인해서 표지석이 이설되기도 하였다. 이와 같이 5·18기념 공간으로서 '상무대 옛터'의 변화 과정을 고찰한 결과, 정현애는 시민들의 참여를 기반으로 한 항쟁과 대동, 민주정신 등을 보여주는 방식에 대한 검토가 필요하다고 주장했다(정현애, 2017). 사실상 공식적인 5·18의 기념물과 기념 공간이 대부분 정부 주도로 조성된 것은 그 사업의 규모와 소요 예산 등의 이유 때문이기도 하지만 군부 정권 하에서 시민들이 주도하여 5·18 기념물을 조성하고자 하는 시도들이 장기간 좌절되었기 때문이기도 하다. 하지만 5·18의 공식적인 기념사업들도 그 추진 과정 중에 시민 사회가 미친 영향을 간과할 수 없다. 그동안 5·18의 공식적인 기념사업을 다룬 여타의 선행연구들에서 시민들의 저항적 차원, 그리고 5·18과 연관된 기억의 결절에 정부가 미친 영향 등이 잘 고려되지 못했던 측면이 있다. 이를 고려해 본다면 기념 공간의 상이한 설립 주체와 형성 과정으로 인해 5·18의 기억이 변화할 수 있다고 본 정현애의 접근 방식은 타당하다. 본 연구는 이 같은 역사적 관점을 취하되 정현애의 연구에서 잘 다뤄지지 않았던 5·18자유공원의 역대 전시 조성 사업에서 5·18의 역사가 재현되어 온 방식을 구체적으로 분석하고자 한다.

　한편, 5·18의 기념 방식에는 정부 주도로 조성된 기념물, 기념 공간,

기념 의례 등 공식적인 기념사업의 수행뿐만 아니라, 5·18을 다룬 다양한 문화예술 작품의 창작도 포함된다. 5·18을 다룬 문학, 미술, 사진, 무용, 연극, 영화 등 여러 매체의 작품을 심도 있게 분석하여 그 역사적 사건의 현재적 의미를 조망하는 선행 연구도 다수 있다(김명훈, 2021; 김옥란, 2007; 박재인, 2018; 박종현, 2016; 안점옥, 2017; 임재정, 2022; 홍윤리, 2019). 앞서 살펴본 공식적인 5·18기념사업과 마찬가지로, 5·18을 주제로 한 문화예술 작품의 제작 사례에서도 그 역사를 어떻게 재현하고 기억하게 할 것인가는 중요한 문제이다. 그런데 기존의 연구들에서 전통적인 기념물과 기념 공간 및 기념 의례의 형식 그리고 문화예술을 통한 역사의 기념 방식은 각각 독립적인 영역인 것처럼 분리해서 다뤄져왔다. 본 연구는 5·18자유공원과 같은 5·18의 공식적인 기념사업에서도 문화예술 작품을 분석할 때처럼 역사적 사건의 재현 문제를 주목해서 다룰 필요가 있음을 주장하고자 한다. 이는 문화의 영역을 전통적인 예술 분야로 국한해서 보기보다는, 삶의 양식이라는 보다 확장적인 의미로 접근하는 것을 전제로 한다. 이러한 관점을 통해 기존의 문화예술 작품이 전통적인 역사 기념 공간에 이차적으로 인용되거나 영향을 미치는 역동적인 관계 또한 포착할 수 있다.

5·18자유공원의 전시 구성과 연계 프로그램 분석

5·18자유공원의 전시 구성

5·18자유공원은 5·18 당시 연행된 이들에 대한 조사, 고문, 재판이 이

루어졌던 상무대 내 일부 건물을 복원하여 조성된 기념시설이다. 5·18자유공원은 역사적 자료를 전시한 자유관과 7개의 복원 건물로 구성되어 있다. 복원된 건물로는 5·18 당시 상무대에 연행된 이들이 조사와 고문을 받았던 헌병대 중대 내무반, 임시 취조실로 사용되었던 헌병대 식당, 고문수사와 재판을 지휘한 계엄사합동수사본부 특별수사반의 임시 본부였던 헌병대 본부 사무실, 군사 재판이 이루어진 법정, 연행된 이들이 수감되었던 영창 등이 있다.

1988년 8월, 군 교육시설인 상무대가 광주 발전을 저해하는 요인으로 지적되면서 이를 광주시 외곽으로 이전하는 방안이 검토되었다. 정부는 5·18 피해에 대한 배상 차원에서 국방부가 소유하고 있던 옛 상무대 부지 10만 평을 광주시에 무상 양여하였으며, 해당 부지에는 기념공원과 시민공원 등이 조성되었다. 또한 1995년 1월 17일, 옛 상무대 제병본부 운동장에서 광주시 서구의 쌍촌동, 치평동, 유촌동과 당시 광산구에 속했던 마륵동 일대를 포함하는 상무 신도시 개발사업의 기공식이 개최되었다(안관옥, 1995. 1. 17.). 이 상무 신도시 개발사업과 5·18자유공원 조성 사업은 병행하여 추진되었으며, 이에 따라 원래 상무대가 위치했던 자리에서 약 100m 떨어진 부지에 해당 시설이 복원되었다. 5·18자유공원 조성공사는 1998년 3월에 시작되어 1999년 5월에 완공되었다.

2024년의 5·18자유공원 전시는 2000년부터 최근까지 이루어진 여러 전시 시설물 사업의 결과가 축적된 것이라 할 수 있다. 그런 이유로 5·18 자유공원 전시에는 다양한 관점과 접근 방식이 중첩되어 있다. 가장 먼저 광주시 주도로 1999년 10월에 전시시설 계획이 수립되어, 2000년 6월부터 같은 해 12월까지 설치 공사가 추진되었다. 당시 전시의 주제는 '민족사의 불꽃, 5·18 광주민중항쟁'이었으며, 그 목적은 "5·18 광주 민중항쟁의 정신인 자유·민주·인권을 인류의 보편적 진리와 연결"하여 재조명하는 데 있었다(광주광역시, 2000. 1.). 이 사업의 결과로 5·18자유공원 내 자유관 전시의 큰 틀이 잡혔다. 2000년에 조성된 이 전시에서는 로비를 제외한 자유관 공간이 '역사의 시간 속으로', '5·18광주민중항쟁', '끝나지 않은 외침', '민주의 넋' 등 총 네 개의 구역으로 구획되었다. 먼저 '역사의 시간 속으로' 구역에서는 '민중항쟁일지 연표' 등 5·18을 전후한 사회, 정치적 사건들의 연대표가 제시되었다. 그 다음 '5·18광주민중항쟁' 구역에서는 5·18에서의 시민들의 항거가 발발하게 된 배경과 전개 과정을 다루었다. '끝나지 않은 외침' 구역은 진실 규명을 위한 역사적 과정과 더불어, 5·18 이후 그 영향과 의의를 조망하는 방식으로 구성되었다. 마지막으로 '민주의 넋' 구역은 민주화운동의 주역들을 기리는 내용을 담았다.

이후 2010년에 광주광역시 주도로 '5·18자유공원 전시시설 기본 및 실시 설계 용역' 사업이 실시되었다. 이 전시 사업을 통해 현재 5·18자유공원에 있는 유리섬유강화플라스틱(fibre-reinforced plastic, FRP)으로 만들어진 실물 모형들이 설치되었다. 이 실물 모형들은 영창 수감 상황, 재판 상황, 1980년대 당시 상무대에서 사용되었던 군용물품 등을 현장감 있게 재현하기 위해 제작되었다. 2010년 전시 시설물 설계 및 조성 사업 당시 광주시 관계자는 "시민과 학생들의 체험과 순례코스로 이용되는 옛 상무대 법정과 영창 등 복원시설에 당시를 재현한 모형이 없어 아쉬웠지만, 이번 실물모형물 설치로 당시 절박하고 숭고했던 현장을 생생하게 느낄 수 있게 됐다."고 밝혔다(전승현, 2010. 1. 26.). 그런데 이때의 '숭고'는 칸트나 리오타르가 주장한 것과 같이 현시할 수 없는 상상력의 좌절로서 발생하는 부정성을 띠는 것이 아니라, 오히려 고통에 구체화된 형태와 구조를 부여하는 것에 가깝다.

2018년에는 5·18기념문화센터에서 기획한 5·18영창특별전 《스물세 개의 방 이야기》가 개최되었다. 이 전시는 5·18자유공원 내에 위치한 상무대 복원 건물 5동을 총 23개의 방으로 나누어 구성되었다. 이 전시에서는 당시 상무대 영창과 법정 등에서 고초를 겪었던 시민들의 증언, 사료 등을 중심으로 하여 신군부의 쿠데타, 5·18 당시 시민 항쟁의 발생 배경과 진행 과정 등을 세부 주제별로 나누어 사진, 영상 자료 등을 전시했다. 이 전시의 세부 구성은 사건의 연대기 순을 따라서 제1구역 헌병대 본부 사무실(1-10번 방), 제2구역 식당(11번 방), 제3구역 영창(12번 방), 제4구역 법정(13번 방), 제5구역 헌병대 내무반(14~23번 방)으로 이루어졌다(〈표 1〉 참조). 먼저 제1구역에서는 1980년 5월 18일부터 광주에서 발생한 탄압과 항쟁의 과정을 다루고, 제2구역에서는 5·18 당시 상무대로 연행된 이들이 영창과 법정 등에서 겪은 경험들을 재조명하였다. 제3구역에서는 5·18이 이후 국내 민주화운동의 초석이 되었음을 드러내 보이며 추모, 기억, 기념을 위한 문화예술 및 언론 분야의 다양한 사례를 조망하고, 미결 과제인 진상 규명을 촉구하며 전시를 마무리하였다. 이 전시를 통해 형성된 공간 구획은 2024년에도 유지되고 있다. 즉, 자유관 외부 공간에 마련된 5·18자유공원 전시의 구조적 틀은 사실상 2018년에 형성된 것으로 볼 수 있다.

<중략>

<표 1>《스물세 개의 방 이야기》 전시콘텐츠 주제별 구성(5구역 23개 방)

구분		주제	전시스토리	비고
입구			전시를 열며	포토존
제1구역 (헌병대 본부 사무실)	1방	반란의 방	• 신군부 쿠데타 • 과격 진압과 5·18 발생배경	1980년 5월 18일에 해당
	2방	분노의 방	• 강경 진압과 항명 사태 • 무자비한 시위 진압과 항쟁 발발의 정당성	1980년 5월 19일에 해당
	3방	저항의 방	• 전투기 공습설, 헬기 기총사격 • 시민 참여 과정과 항쟁의 확산	1980년 5월 20일에 해당
	4방	학살의 방	• 공수부대 집단 발포와 시민군 무장 항쟁	1980년 5월 21일에 해당
	5방	공포의 방	• 신군부의 음모와 만행, 취조 상황 • 시민들을 잔혹하게 구타, 고문한 만행	인물 모형(취조, 고문 장면 재현)
	6방	왜곡의 방	• 내란음모와 북한군 개입설의 진실 • 강압수사를 통한 왜곡 조작사례와 진실	
	7방	해방의 방	• 광주공동체 구현 • 헌혈과 주먹밥 나눔을 실천한 시민들의 모습	1980년 5월 22~26일에 해당
	8방	최후의 방	• 최후진압 상무 충정작전 • 전남도청 마지막 시민군의 삶과 죽음	1980년 5월 27일에 해당
	9방	통곡의 방	• 신군부 만행 입증	관람자 제한방 (희생자 시신 사진 전시)
	10방	진실의 방	• 암매장 발굴 현황 및 사례	
제2구역 (식당)	11방	체험 수기	• 영창 생활과 고문	휴식공간 밀랍모형 (물고문)
제3구역 (영창)	12방		• 영창에서 겪은 참혹한 고통 체험 수기	인물 모형(수감자 및 감시자)
제4구역 (법정)	13방		• 군사재판 판결 내용과 최후 진술	인물 모형(판사, 군인, 피고인 등)

구분		주제	전시스토리	비고
제5구역 (헌병대 내무반)	14방	신념의 방 추모의 방	• 광주항쟁의 진실을 전 세계에 알린 외신 기자의 활약상	
			• 서울에서 광주까지 목숨 걸고 내려온 피츠페터와 김사복의 이야기	
	15방	감동의 방	• 영화 〈택시운전사〉 스틸컷, 관련 자료	
			• 영화 〈택시운전사〉의 촬영현장 사진	
	16방	부활의 방	• 패배한 항쟁을 승리의 항쟁으로 부활시킨 투쟁의 역사	
	17방	여명의 방	• 5·18 진실을 밝혀온 문화운동의 역사 (영상, 출판 등)	
	18방			
	19방	슬픔의 방	• 5월 18일 홈경기를 치를 수 없었던 해태타이거즈 비사, 〈스카우트〉 등 영화 소개	
	20방	기억의 방	• 5·18 당시 〈전남매일신문〉 나경택 사진 기자의 기록 사진	
	21방	정의의 방	• 국내 언론의 활약상	
			• 광주의 진실을 알리기 위해 투쟁했던 기자의 노력	
	22방	화의 방	• 5·18민주화운동의 의의와 성과 조명	패널: 1987. 6월 항쟁, 촛불집회, 5·18 37주년 기념식, 남북정상회담 등
			• 평화의 촛불로 부활한 오월 광주, 5월에서 통일로	
	23방	침묵의 방	• 헌병대 내무반 물품 전시	
			• 내무반 모습과 침묵하는 가해자의 증언 및 진상 규명 촉구	

※ 출처: 5·18기념문화센터(2018. 4. 4.) (2024년의 전시 내용에 부합하도록 일부 수정)

이후 2019년에 5·18자유공원 내 전시자료, 인물 모형 등의 보수 정비 사업이 있었지만, 매체나 전시 방법론상의 주목할 만한 변화는 2020년 5월 11일부터 6월 17일까지 개최된 특별전 《5·18 그날의 진실을 기억하라》에서 나타났다(《표 2》 참조). 2020년에 국비 총 22억여 원을 투입해 실행한 5·18민주화운동 40주년 기념 5·18자유공원 전시콘텐츠 현대화 추진 사업의 결과가 이 전시에 반영되었다.

<표 2> 5·18민주화운동 40주년 기념 특별전
《5·18 그날의 진실을 기억하라》(2020. 5. 11.~6. 17., 5·18자유공원) 연출 총괄표

연번	장소	코너명	내용
5·18 자유공원입구		공원 안내	• 공원 내 시설안내 및 비콘 설명(APP설치 안내 등)
1	파사드	그날과 현재를 연결하다	• 전시를 열며(옛 상무대 소개), 5·18 당시 표어, 구호들
	헌병대 본부 사무실	횃불행진	• 5월 18일 직전의 광주 소개 • 5·18민주화운동 역사적 배경
		분류와 낙인	• 5월 18일 전국적인 사전검속 　(광주와 그 외 지역까지) • 도청에서 상무대로 연행되는 과정 • 시민군을 폭도로(신군부의 의도)
		10일간의 기록	• 5·17내란과 계엄군의 광주 투입 • 영상 '기억하겠습니다 5·18' • 5·18민주화운동, 10일간의 기록(AR) • 최후항전의 참여자들은 어떻게 되었을까? • '주소연의 일기' 인용 • 영상 '5·18기록관 발굴 영상'
		우리는 보았다	• 〈전남매일신문〉 기자 일동의 사직서 • 5·18민주화운동 당시 사진들 • 5·18민주화운동에 관한 물음들
2	헌병대 식당	광주 공동체정신의 상징, 주먹밥	• 5·18에서 주먹밥의 의미 • 문재인 대통령 기념사 일부
		예, 아니오로 답하시오	• 혹독한 고문과 수사 • 고문 도구를 상징하는 라인 오브제 • 수사 당시 주요 질문들
3	영창	군대영창에 구금된 민간인들	• 군대영창에 구금된 민간인들 • 수감자의 부동자세(정좌) 연출 • 숫자로 알아보는 상무대 영창
		적응과 저항의 공간	• 희망을 잃지 않고 정당성을 확인하였던 구금자들 • 단식투쟁 요구조건
		그들이 머물렀던 자리	• 한 방에 100~200명씩 빽빽하게 가둬 • 멀겋게 맑은 밥 세 숟갈 • '1인에게 할당된 공간 앉아 보기' 체험

연번	장소	코너명	내용
4	법정	상무대의 군사재판	• 상무대의 군사재판 • 상무대 군사재판 영상(당시 재판 판결문과 법정 피고인의 최후 진술) • 우리는 왜 총을 들 수밖에 없었는가?(광주시민군의 궐기문)
5	중대 내무반	진실 규명을 위한 처절한 투쟁	• 진실 규명을 위한 처절한 투쟁 • 1988년 광주청문회 • 특별법 쟁취 및 학살 책임자 처벌 • 법정 영창의 복원 • 망월동 묘역과 국립 5·18민주묘지 • 5·18민주화운동과 미국 • 헬기 기총소사
		5·18정신과 인권	• 5·18정신과 인권 • 영상 '기억하겠습니다 5·18' • 세계 속의 5·18 • 광주인권상 소개 및 역대 수상자
		오월을 노래하다	• 5·18 소재로 한 노래(임을 위한 행진곡, 목련이 진들, 전진하는 5월) 소개
		5·18과 광장 민주주의	• 5·18 이후 대한민국 광장민주주의 (1980~2017년) • 영상 '광장, 민주주의를 꿈꾸다' • 광주는 결코 끝난 것이 아니다. 끊임없이 우리에게 되돌아오는 무엇이다.
		산 자여 따르라	• 영상 '5·18진상 규명투쟁다큐/산 자여 따르라'
		유네스코 기록유산	• 5·18기록물 세계기록유산등재 자료 정보
		기억하는 자의 광주	• 5·18구술자료의 의의 • '기억을 기억하라', '10일간의 야전병원' 등 인터뷰 영상과 당시 사진 전시
		민주주의여 만세!	• 인터랙티브 방명록
	내무반 앞마당	임을 위한 행진	• 작가 홍성담 판화 LED 애니메이션 • 작가 홍성담 및 주요 판화 작품 소개

※ 출처: 광주광역시·김대중컨벤션센터(2020. 5.)

이 사업의 일환으로 개최된 전시 《5·18 그날의 진실을 기억하라》에서는 5·18민주화운동을 다룬 증강현실(augmented reality, AR) 아카이브를 선보였다. 5·18자유공원 전시 시설에 과학기술을 활용하고자 하는 움직임은 이듬해 2021년 2월부터 12월까지 추진되었던 '5·18자유공원 및 자유관 전시시설 개선 사업'에서도 드러났다. 이 사업에서는 자유관 내 콘텐츠를 정보통신기술(Information and Communications Technology, ICT)을 활용하여 보완하는 등의 작업이 이루어졌다.

5·18 자유공원의 전시 연계 프로그램

5·18자유공원의 전시 연계 프로그램의 종류는 각 전시별로 얼마간의 차이는 있었으나 2024년에 상설로 진행되는 체험 프로그램으로는 〈5·18 자유공원 법정·영창 상황재현극〉과 〈5·18자유공원 법정·영창 체험〉, 〈오월 주먹밥 나눔 체험〉이 있다. 이 세 프로그램 모두 초·중·고등학생, 대학생, 일반인 등이 사전 예약을 통해 참여할 수 있다(광주광역시, 2024. 7. 2.). 법정·영창 체험 프로그램은 법정·영창 상황재현극과 연결되어 있고, 주먹밥 나눔 체험의 경우 이미 만들어진 주먹밥을 단체 관람객에게 나누어주는 것으로 진행 절차와 내용이 비교적 단순하므로 본고에서는 법정·영창 상황재현극을 중심으로 논의하고자 한다.

〈5·18자유공원 법정·영창 상황재현극〉은 2016년 이전까지 5·18민주화운동 전문 해설사인 오월지기의 설명을 중심으로 진행되던 전시 매개 프로그램을 대신하여, 연극적인 형식으로 보다 몰입적인 관람 경험이 가능하도록 만든 교육 프로그램이다. 이 프로그램은 '초·중학생 체험학습 프로그램 「5·18 법정·영창 상황 재현극」 시나리오 제작' 사업(2015. 11. 3.~2015. 12. 18.)에서 시작되었다. 5·18기념문화센터는 이 프로그램의 초기 계획안에서 "초·중학생들"이 "80년대 5·18민주화운동 상황을 가슴으로 느낄 수 있도록 상황 재현극으로 구성한 시나리오를 제작"하는 것이라 밝혔다

(5·18기념문화센터, 2015. 11. 2.). 이 재현극의 시나리오는 전문 시나리오 작가가 오월지기, 5·18구속부상자회 회원들과 협업하여 초안을 작성한 뒤, 두 차례의 시연을 통해 역사적 고증과 의견 수렴 과정을 거쳐 완성되었다. 이렇게 완성된 시나리오를 바탕으로 2016년에 연극 형식을 활용한 '5·18 법정·영창 상황 재현극' 체험학습 프로그램이 시범적으로 운영되었으며, 이는 2024년까지도 이어지고 있다. 재현극의 소요시간은 대략 70~80분 정도이고, 극 진행에 참여하는 이들 중에는 공개 모집된 시민 해설사를 비롯하여, 오월지기, 5·18구속부상자회 회원도 포함되었다.

상황재현극의 첫 단계는 5·18자유공원 자유관의 전시 내러티브를 따라 일반적인 전시 투어 형식으로 진행된다. 그런 다음, 체험 프로그램 해설사와 신청자들이 5·18자유공원 내의 헌병대 본부 사무실, 헌병대 식당, 영창, 법정 순으로 차례로 이동하며 본격적인 법정·영창 체험을 진행한다. 헌병대 본부 사무실에서는 계엄군에 의해 끌려온 시민들이 가혹한 구타와 고문을 당하며 조사를 받는 장면이 재현된다. 이어 5·18 당시 임시 취조실로 사용되었던 헌병대 식당으로 이동하면, 물고문과 가혹한 조사가 재연된다. 세 번째 공간인 영창에서는, 수용 정원이 약 30명에 불과했음에도 불구하고 당시 약 150명이 수감되었던 영창의 열악한 환경과 감시 구조가 재현된다. 마지막으로 법정 공간에서는 무장한 헌병이 입장하여 공포 분위기를 조성하고, 5·18 당시 구속자들이 비공개로 받았던 군사재판이 재연된다. 이 재현극은 참여자들이 함께 〈임을 위한 행진곡〉을 부르며 마무리된다.

5·18 자유공원 전시의 리얼리즘적 재현 방식의 특성과 한계

5·18자유공원의 기록화 경향과 그 원인 분석

5·18자유공원의 기록화 경향 분석: 자유관 전시를 중심으로

5·18자유공원 전시에서는 5·18에 대한 증언과 증거를 통한 기록화(documentation)가 방법론적으로 중요한 위치를 차지하고 있다. 기록화는 실재했던 사건을 반영하거나 참조하는 대상과 서사 구조를 통해 이루어진다. 이러한 기록화는 사건을 언급하는 세부 사실이나 증거들을 일관된 방식으로 서술할 수 있는 리얼리즘적 내러티브와 증거를 보존할 수 있는 아카이브를 필요로 한다.

5·18자유공원의 자유관은 이러한 기록화 경향을 단적으로 보여준다. 자유관 전시는 5·18의 역사를 민주화를 향한 시민들의 움직임으로 해석하고 이를 단계별 패널로 제작하여 연대순으로 제시한다. 각 패널은 세부적인 사실에 대한 설명과 해당 사실과 관련한 기록 사진 등을 첨부하는 방식으로 구성되었다. 자유관 전시에서 5·18의 내러티브는 다음과 같은 세부 사건들을 통해 제시된다. 먼저, 부마항쟁과 유신 체제 붕괴 이후 신군부가 등장하였다. 1979년 10·26 사건 이후 서울의 봄, 1980년 5·15 서울역 시위 등 계엄 철폐와 민주화에 대한 요구들이 잇따랐으나 5·17 비상계엄 확대 조치로 이러한 민주화운동들이 좌절되었다. 1980년 5월 17일, 7공수부대가 광주에 투입되었다. 이후 전남대학교에서 계엄군과 학생들 사이에 최초의 충돌이 있었고, 계엄군의 과잉 진압이 발생했다. 그 후 계엄군에 대항한 시민들의 항쟁이 확대되었으나 그에 따라 많은 희생도 발생했다.

1980년 5월 21일에 금남로에서 공수부대의 총격이 있은 다음 무장한 시민군이 등장하게 되었다. 이런 상황 속에서도 서로 돕고 질서를 유지하는 시민 공동체가 형성되었다. 마지막으로 1980년 5월 27일에 시민군의 결사항쟁이 있었다. 시간이 흐른 후에 여러 시민들의 요구와 운동 등을 통해 1995년 '5·18민주화운동에 관한 특별법'이 제정되었고, 1997년 5·18이 국가 기념일로 제정되어 5·18에 대한 제도적 복권이 이루어졌다. 부당한 국가 권력에 대한 시민의 저항, 그리고 민주주의와 인권을 향한 움직임을 의미했던 5·18은 한반도를 넘어 다른 국가들의 민중운동 및 인권운동에도 영향을 미치는 등 확장된 의미를 갖는다.

자유관에서는 이와 같은 역사 내러티브와 다큐멘터리 사진 등을 제시하면서 5·18 관련 유물과 자료들도 함께 전시하고 있다. 자유관에 전시된 5·18의 유물 중에는 핏자국이 남아 있는 태극기가 있다. 이 태극기는 5·18 당시 군부에 의해 사망한 희생자의 시신을 덮었던 것인데, 1997년에 그 시신을 국립5·18민주묘지로 이장하면서 발견되었다. 또한, 5·18 초기에 공수사단이 입었던 일명 '충정복'과 상무대로 연행된 시민들이 입었던 녹색 죄수복을 방부처리해서 자유관 내의 진열장에 전시하였다. 이외에도 5·18 당시 시민군이 사용했던 칼빈 소총과 공수부대가 사용했던 M16 자동소총 및 대검을 관객이 비교해 볼 수 있도록 나란히 배치하여 전시하였다.

역사적 사건의 맥락을 파악하고 이를 입증할 수 있는 유물과 자료를 제시하는 것은 박물관과 기념관 등에서 일반적으로 사용되는 전시 방법이다. 그러나 5·18자유공원은 단순히 사료를 제시하는 데 그치지 않고 상무대에 연행된 이들의 실제 증언을 참조하여 역사적 기억을 보다 구체적이고 물리적으로 시각화하려는 경향을 보인다는 점에서 주목할 만하다. 5·18자유공원 내에 실물 모형들을 전시하게 했던 2010년의 '5·18자유공원 전시시설 설치' 계획안에서도 역사적 고증과 자문을 통한 사실적인 묘사가 강조되었다. 덧붙여 2020년에 개최된 특별전에서는 상무관에서 행해졌던 고문의 방식들도 증언을 바탕으로 분류되어 제시되었다. 이때 고문에 사용된 노구들 각각의 이미지와 그 도구를 이용하여 어떻게 고문이 자행되었는지에 대한 설명이 같이 전시되었다. 예를 들어 수동식 전화기 그림 아래 "몸에 물을 퍼붓고 전화기의 전선을 이용해 전기 고문을 했다."는 설명이 쓰여 있었고, 주전자 그림 아래 "거꾸로 매달아 코에 물을 붓거나 많은 양의 물을 억지로 다 마시게 하였다."라는 설명이 덧붙었다.

2018년에 개최된 《스물세 개의 방 이야기》 전시에서는 자유관을 제외한 5·18자유공원 내 공간들을 소주제별로 구획하고, 각 구역에 역사적 사실과 이를 입증할 수 있는 다양한 자료들을 함께 전시하였다. 스물세 개의 방으로 구성된 이 전시 공간에는 5·18 당시 공수부대의 시민 진압 장면을 담은 다큐멘터리 사진뿐만 아니라 이를 재현한 그림도 포함되어 있다. 1980년 5월에 상무대로 연행되었던 이들의 실제 수기를 바탕으로 영창 생활을 묘사한 그림에서는 당시의 열악한 수감 환경이 드러난다. 이 그림 속의 식사 장면에서는 개개인의 상황과 감정들, 굶주림과 동물적인 본능이 분명하게 드러나도록 묘사되었다. 이들은 한 숟갈이라도 더 먹기 위해 붉은 실핏줄이 드러난 눈으로 식판을 예의 주시하거나, 서로를 견제하기 위해 상대방의 머리를 움켜쥐거나 밀어내는 모습으로 묘사되어 있다. 또한, 헌병대 본부 사무실 건물 내에 있는 '통곡의 방'은 암실처럼 어둡게 조성된 공간으로, 그 안에는 5·18 당시 군부의 과잉 진압으로 사망한 이들의 얼굴을 강조한 사진이 전시되어 있다. 이 사진들은 이들 개개인이 이토록 참혹

한 방식으로 세상을 떠났다는 것을 부인할 수 없게 하는 결정적인 증거로서 제시된다.[7]

이처럼 5·18자유공원 전시는 과거의 기억들을 사실적이고 물리적으로 재현하고자 하는 욕망이 두드러진다는 점에서 트라우마적 역사를 다루는 여타의 역사 기념 공간들과 구별된다. 즉, 관객으로 하여금 과거의 상황을 상상하게 하기보다는 과거를 반영하는 사물들과 언어들을 수집, 보존, 정리, 재제작함으로써 그 기억에 시각적 형태와 질서를 부여하려는 경향을 보인다. 이러한 접근 방식의 기저에는 과거의 고통스러웠던 기억에 상응하는 지시체가 존재하며, 그 지시체를 온전히 재현할 수 있다는 관점이 전제되어 있는 것으로 보인다.

5·18자유공원의 기록화 경향의 원인 분석: 5·18자유공원 조성 과정을 중심으로

실제 대상에 대한 참조성이 강조되는 기록화 경향이 5·18자유공원에 나타난 원인은 몇 가지로 추론할 수 있다. 먼저, 기록화는 비단 5·18뿐 아니라 여타의 트라우마적 역사와 관련된 연구에서도 중요한 방법이었다. 사건의 증거와 증언 등을 통한 기록화가 대량학살 등의 역사 연구에서 큰 부분을 차지했던 이유는 극단적 상황에서 식별할 수 있는 서사를 구성하는 것 자체가 어렵거나, 서사를 구성하는 데 필요한 부분들이 상당수 부재하기 때문이다.

5·18의 경우 국가에 의한 잔혹한 폭력 사건이 발생한 이후에 각종 왜

---

[7] 5·18 희생자들의 초상권이나 명예를 고려하지 않은 채 훼손된 시신의 사진을 직접적으로 전시하는 방식에 대해서는 윤리적 차원에서 재고가 필요하다.

곡에 맞서 진상을 규명하고 책임자 처벌의 과제를 마주하고 있던 상황에서 사건 자체의 증거를 수집, 보존하고 증언을 기록하는 일은 시급하고 우선적인 과제였다. 5·18의 진상과 신군부의 폭력적 만행을 알리기 위해서 1987년 9월에 천주교 광주대교구 정의평화위원회가 제작하고 배포한『오월 그날이 다시 오면』사진집이 당시의 리얼리즘적 재현의 필요성과 영향력을 잘 드러낸다. 이 사진집은 미학적 측면보다는 1980년 5월 광주에서 벌어진 사건들을 사실적으로 고발하는 데 중점을 두고 제작되었다. 이러한 접근의 바탕에는 사건의 진상을 알림으로써 사회 내 정의와 민주주의를 실현하고 연대의 가능성을 확인할 수 있으리라는 믿음이 자리하고 있었다. 실제로『오월 그날이 다시 오면』과 '오월 비디오'는 전국 각지로 배포되어 1987년 6월항쟁이 일어나는 데 영향을 주기도 했다. 5·18자유공원의 자유관과 '통곡의 방'에 있는 희생자들의 시신 사진 중 일부도『오월 그날이 다시 오면』에 실린 사진과 동일하다.

이 같은 1980년대의 리얼리즘적 역사 재현 방식이 오늘날까지 설득력을 유지하며 5·18자유공원에서 지배적으로 작동하는 이유는, 5·18의 역사에 대한 제도화 이후에도 이를 왜곡하려는 시도가 지속되었고, 그로 인해 5·18 피해자와 유족, 그리고 1980년 5월의 기억을 공유하는 이들이 여전히 '존재론적 안전'[8]에 대한 위협을 느끼고 있기 때문일 것이다.[9]

다른 한편, 5·18자유공원의 설립 과정 또한 이 공간에서 나타나는 리얼리즘적 재현 경향에 영향을 미친 중요한 요인이라 할 수 있다. 5·18은 사건 발생 이후 십여 년이 지난 다음에도 진상 규명이나 책임자 색출뿐만 아니라 기념사업도 제대로 이루어지지 않은 상태였다.[10] 이에 1989년에 정부가 군교육시설인 상무대를 교외로 이전하고, 상무대 부지에 5·18 희생자 위령탑을 건립하며 부근을 공원화 하겠다는 방침을 세우고 관계 부처와 협의했다. 1989년 노태우 전 대통령과 김대중 전 평화민주당 총재 간 회담에서 상무대의 시민공원화와 더불어 망월동 묘역을 상무대 부지로 이전하는 문제도 같이 논의되었다(《경향신문》, 1989. 3. 22.). 1980년대 동안 망월동 묘역의 외관이 훼손되는 일이 있었고 망월동이라는 위치가 역사적 증거나 성소로 적합한 곳인지에 대한 논란이 있었기 때문에, 노태우 정부가 망월동 묘역의 성역화를 서두르자, 5·18 당시 연행되었던 시민들이 고문당했던 현장인 상무대 부지로 망월동 묘역을 옮겨야 한다는 주장이 제기되었다. 당시 5·18광주민중항쟁유족회장을 비롯한 5·18 피해자들은 망월동 묘역 이전에 반대하는 이들이 사실상 5·18의 의미를 희석시키기 위해 이장 반대 여론을 부추기고 있다고 주장하였다(박화강, 1991. 5. 7).

1994년 12월 상무대의 이전이 시작되었을 때, 5·18 관련 단체와 몇몇 시민단체들이 상무대 내부의 법정과 영창을 보존하여 민주화운동의 역사적 교훈을 되새길 수 있는 교육 현장으로 삼을 것을 촉구했다. 그러나 광주

8　'존재론적 안전(ontological security)'은 자아정체성의 발원을 이루는 것으로 앤서니 기든스가 『현대성과 자아정체성』에서 사용한 용어이다. 사람은 유아기에 외부 세계와의 상호 관계 속에서 기초적 신뢰를 기반으로 한 자기 존재에 대한 안전감을 형성하지 못하면, 자신이 누구인지에 대한 자아정체성을 성공적으로 구축하지 못한다. 이 '존재론적 안전'은 우리가 외부 세계에 대한 기초적 신뢰를 얻는 단계에서 형성되는 것이며, 이후에도 다양한 심리적 기제를 통해 끊임없이 재확인될 필요가 있다. 때때로 습관적인 의식 수준에서의 처리 능력을 넘어서는 극적인 사건들이 발생하게 되는데, 그러한 사건들을 개인의 존재론적 안전에 대한 감각을 손상시켜 정신적 충격을 가할 수 있다(Giddens, 1991).

9　지속적으로 발생하는 5·18 역사 왜곡과 관련하여 5·18연구소는 2010년에 웹사이트 내 5·18 왜곡 유형을 조사한 연구보고서를 발간한 바 있다(5·18연구소, 2010). 5·18기념재단은 5·18 왜곡 사례에 대응하기 위해 진상 규명 및 왜곡 대응을 위한 조치를 취하고 이와 관련된 제보를 받았다. 5·18기념재단이 2019년 1월 30일부터 2021년 10월 19일까지 받은 제보의 수는 464건에 달한다(이영재, 2021).

10　2024년에도 군에 의한 민간인 학살, 5·18 당시 사망자 집단 암매장 등과 관련하여 진상 규명의 문제나 책임자 처벌의 문제가 완전히 해결되지 않은 상태이다.

시는 상무신도시 개발 계획 절차가 이미 완료된 상태이며, 법정과 영창 건물이 낮은 지대에 위치하고 낡은 시멘트 블록으로 지어져 원형 보존이나 이전이 어렵다는 이유를 들어, 해당 건물들을 다른 위치에 새로 복원하는 방식을 택하였다(안관옥, 1994. 12. 13. ; 1995. 1. 17. ; 1995. 11. 27.).

이처럼 5·18기념사업을 주도해 온 정부에 대한 장기간의 뿌리 깊은 불신이 기저에 놓인 상황에서 상무신도시 개발 계획을 이유로 상무대 영창과 법정 건물의 원형이 보존되지 못한 것은, 5·18자유공원 전시 조성 과정에서 리얼리즘적 재현의 문제가 중요하게 다루어지게 된 배경으로 작용했다. 즉, 복원된 장소로서의 상무대는 근본적인 역사성을 결여하고 있는 것이다. 이 같은 결여를 보완하기 위한 시도로 과거의 역사적 실재에 부합하는 증거 제시와 사실적 재현을 강조하는 경향이 나타났다고 볼 수 있다. 이와 관련하여 2002년에 5·18자유공원을 배경으로 개최된 제4회 광주비엔날레의《프로젝트 3: 집행유예》전시는, 원래의 장소성을 상실한 채 유원지처럼 변해버린 5·18자유공원에 대한 비판적 시각을 담은 작품과 상무지구의 도시 개발과정을 기록한 사진 등을 선보인 바 있다(재단법인 광주비엔날레, 2002). 비단 상무대 건물뿐만 아니라, 1994년 유형적 기념사업의 핵심으로 손꼽혔던 옛 전남도청 건물의 원형 복원과 기념관 조성 역시 2024년까지도 이루어지지 못한 상태이다. 이처럼 기존의 5·18기념사업에서 5월 단체를 포함한 시민들의 요구가 충분히 반영되지 못한 가운데, 군부 정권 이후에도 장기간 지속된 5·18 역사 왜곡 시도들이 중첩되면서, 리얼리즘적 방법론은 5·18의 역사 부인과 왜곡을 방지하기 위한 수단으로 계속해서 요청되어 왔던 것으로 볼 수 있다. 즉, 각종 역사 왜곡 발언에 맞서 사건의 진상을 다시금 알려 사회적 공감대를 얻고, 5·18의 피해자들과 그 유족

등이 자신들의 피해를 부정당하지 않고 상처를 회복하기 위해서는 무엇이 올바른 역사인지를 드러내는 명확한 준거가 필요했을 것이다. 이러한 필요에 의해 세부적인 증거와 증언을 중심으로 한 기록화 경향이 5·18자유공원에서 강조되었다고 볼 수 있다.

5·18자유공원 전시의 진보적 역사 내러티브와 그 한계

5·18자유공원 전시의 진보적 역사 내러티브 분석

5·18자유공원의 전시는 과거에서 현재, 미래로 이어지는 단선적 시간 구조 속에서 민주주의와 인권의 성취를 향한 진보적 비전을 제시한다. 이는 기존에 국가 주도로 이루어졌던 여러 5·18기념사업에서 5·18을 국내 민주화의 초석이 되는 기념비적인 사건으로 접근했던 시각과도 일치한다. 가령, 5·18의 기념사업을 적극적으로 추진하기 시작했던 문민정부 시기에 김영삼 전 대통령은 5·13 특별담화에서 "1980년 5월 광주의 유혈은 이 나라 민주주의에 밑거름이 되었습니다. 그 희생은 바로 이 나라 민주주의를 위한 것이었습니다. 분명히 말합니다. 오늘의 정부는 광주 민주화운동의 연장선 위에 서 있는 민주 정부입니다."라고 표명했다(김홍, 1993. 5. 13.). 이는 5·18의 희생을 기반으로 민주주의를 성취했다는 진보적 관점을 드러내고 있으면서 동시에 문민정부가 5·18로부터 민주적 정통성을 이어받은 정부라는 정치적 정당성을 주장하고 있는 것이기도 하다. 이처럼 5·18이 한국 민주주의의 초석이 되었다는 담론은 이후에도 지속되었으며, 노무현 전 대통령의 '5·18민주화운동 24주년 기념식 연설'과 문재인 전 대통령의 '5·18민주화운동 37주년 기념사'에서도 확인할 수 있다. 문재인 대통령 또한 해당 기념사에서 5·18과 1987년 6월항쟁, '촛불혁명'을 동일한 역사적

진보의 흐름 안에 위치시킴으로써, 자신의 정권이 민주주의의 정통성을 계승하고 있음을 드러내 보이고자 하였다(이재훈, 2017. 5. 18.).

이와 같이 민주주의라는 관념적 가치가 역사의 전개 속에서 발현되어가는 과정으로 보았던 국내 정부의 공식적인 역사관은 근원적으로 서양의 헤겔주의적 발전사관의 영향을 받았다고 할 수 있다. 이러한 발전사관은 세계사가 변증법적으로 이성과 자유가 발전하는 과정이라고 접근하는 관념적 역사관이었다.[11] 그리고 이 관념적 발전사관은 신채호와 정인보 등 국내 사학자들에게도 영향을 미쳤으며, 1980년대에는 군부 독재와 탄압이라는 시대적 상황 속에서 이만열 등의 역사학자들에 의해 '민족사학'으로 제창되었다. 민족사학은 민중의식을 기반으로 했는데, 이때의 민중 개념은 민족 해방의 주체로서 노동자 계급을 중심으로 하면서도 특정 계급에 국한되지 않고 농민이나 도시 빈민 등 피지배층을 포괄하는 것이었다. 이 같은 민족사학과의 연관성 속에서 1988년에 한국역사연구회가 창립되었다. 한국역사연구회는 역사적 진보에 대한 인식을 바탕으로 과학적이고 실천적인 역사 연구 방법론을 강조하면서, 민주주의의 실현과 자주적 통일을 한국 사회의 주요 과제로 표방하였다(박찬승, 2019).

군부 정권의 압제에 시민들이 저항함으로써 민주화를 이루고 인권의 가치를 드높일 수 있었다는 5·18자유공원 전시의 역사적 내러티브 또한, 앞서 언급한 실천적 발전사관의 영향을 반영한다고 할 수 있다. 이러한 특

---

11 역사철학자 크로체는 정신이 영원한 범주로 구성되어 있으며, 역사를 그 정신의 일부라고 보면서 "세계인 정신은 발전하는 정신이며, 따라서 하나이면서도 다양하고 영원한 해결책이자 영원한 문제이다."고 주장하였다. 그는 보편적인 정신의 발전과정 속에서 역사의 발전과정이 있다는 관점을 취했다(Ainslie, 1921, p. 206).

성은 5·18자유공원의 헌병대 중대 내무반 건물 안 '부활의 방'에서 보다 분명하게 드러난다. '부활의 방'은 "그들의 장렬한 희생과 그에 대한 부채의식은 살아남은 사람들이 절망적인 상태에서도 결코 싸움을 포기할 수 없는 힘을 얻을 수 있었던 마르지 않는 샘물이 되었다."는 서술을 통해, 5·18 당시의 폭력으로 야기된 죽음을 숭고한 희생으로 현창하고 있다. 그리고 5·18과 6월항쟁 간의 연계성을 명시적으로 드러내고자 '5·18에서 6월항쟁까지'라는 제목으로 광주미문화원 방화사건을 포함한 각종 시민운동의 연대표를 선보였다.

한편, 5·18자유공원의 진보적 역사 내러티브는 국가를 중심 단위로 구성되어 있으며 내셔널리즘적 관점을 내포하고 있다. '부활의 방'에는 2011년에 5·18민주화운동 기록물이 유네스코 세계기록유산으로 등재된 사실과 관련된 정보가 전시되어 있다. 여기서는 유네스코 세계기록유산 등재 과정에서 "5·18민주화운동이 대한민국의 민주화는 물론 필리핀, 태국, 베트남 등 아시아 여러 나라의 민주화운동에 커다란 영향을 주었다는 점이 높이 평가됐다."는 점을 드러내었다. 그리고 이를 통해 5·18 이후의 국내 민주화의 진전이 국제적으로 확장되었으며, "5·18은 인류사의 진전과정에서 반드시 기억되어야 할 '세계적인 사건'으로 자리매김된 것"이라는 점을 보여주고자 했다. 이는 민주화가 진전되어 가는 전체 역사의 전개 과정 속에서 5·18이 국제 사회에서 한국의 위상을 드높이고, 인류사의 발전에 기여했던 사건으로 평가되고 있음을 의미한다.

5·18민주화운동 기록물의 유네스코 세계기록유산 등재 관련 정보 옆에는 5·18의 '책임자 처벌'과 관련된 신문 기사 스크랩이 함께 전시되어 있다. 비록 1997년 문민정부 시절 전두환과 노태우가 특별 사면 되긴 했지만 법

적으로 12·12쿠데타를 군사반란으로, 5·18을 민주화운동으로 규정하면서 신군부의 진압은 내란으로 판정받았고, 전두환은 내란의 책임자로서 무기징역을, 노태우는 징역 17년을 최종 선고 받았다. 이를 통해 '부활의 방'은 시민운동 등을 통해 결국에는 민주화를 이루고 책임자 처벌이라는 법적 정의를 구현했던 일련의 발전 과정을 보여준다.

5·18자유공원 내부 공간 곳곳에는 문재인 전 대통령의 5·18민주화운동 37주년 기념사가 인용되어 있으며, 헌병대 내무반 건물 내 '평화의 방'에서는 문재인 정부 출범의 배경이 된 '촛불혁명'과 더불어 북한 선수단의 평창 올림픽 참여, 판문점 선언 등 해당 정권의 주요 정책 성과들이 강조되고 있다. 이는《스물세 개의 방 이야기》전시가 2018년, 문재인 정부 시기에 조성되었다는 점과 관련이 있는 것으로 보인다. 이 '평화의 방' 전시에서는 2016년 박근혜 전 대통령 퇴진 운동을 '촛불혁명'이라고 칭하면서 "…온 나라를 가득 채운 천만 촛불은 결국 승리하였다. 대통령과 국정농단 세력을 권좌에서 끌어내고 법정에 세웠다. 그리고 2017년 5월 9월 새로운 대통령을 선출했다."라고 서술하였다. 이로써 앞서 언급했던 시민들의 연대와 참여로 이룩한 민주화의 진전이라는 발전적 역사관을 토대로 특정 정권에 정치적 정당성을 부여하는 관점도 분명하게 드러내 보였다.

5·18자유공원 전시 동선의 마지막에 위치한 '침묵의 방'에서는 당시 고문에 가담했던 헌병대원들이 사용했던 내무반을 복원하여 보여준다. 이를 통해 이 공간은 여전히 침묵하고 있는 5·18 가해자의 증언이 필요하다는 점을 환기시킨다. 이 공간에 인용된 기념사에서 문재인 대통령은 5·18의 완전한 진상 규명이 "국민 모두가 함께 가꾸어야 할 민주주의의 가치를 보존"할 수 있는 방법이라고 주장하며, 5·18 진상 규명의 과제를 촉구하

였다. 요컨대 '침묵의 방'은 국민들에게 진상 규명의 필요성에 대한 문제의식과 공감대를 확산시키고자 하는 교육적 효과를 의도하여 기획된 것으로 보인다. 이러한 기획에는 시민적 참여를 통해 진상 규명이 가능하며, 이를 통해 민주주의의 이상을 실현할 수 있다는 낙관적 전망이 내포되어 있다.

5·18자유공원 전시의 진보적 역사 내러티브의 한계

5·18자유공원 전시는 신군부 세력의 12·12군사반란 이후 전두환 정권이 권력을 획득하기 위해 일으킨 사건이라는 측면을 강조하여 5·18의 역사를 서술하는데, 이러한 방식은 한계가 있다. 이는 5·18을 특정 정권의 문제로 단편화함으로써, 정권 교체만으로도 5·18을 야기한 구조적 문제들이 자연스럽게 해소될 수 있을 것이라는 인식을 관객에게 심어줄 수 있다.

또한 5·18자유공원 전시에서 국가 폭력 사건인 5·18을 국가적 틀로 설명하고 있다는 점도 문제적이다. 국가라는 시스템 차원에서 발생한 문제를 특정 정부의 정책 등 국가적 대안을 중심으로 손쉽게 극복할 수 있는 것처럼 단선적이고 완결된 진보 서사로 설명하는 방식은 재고의 여지가 있다. 특정 문제를 국가라는 실체로 환원해서 보기보다 그러한 문제가 발생하게 된 맥락을 통치성의 차원에서 행해지는 다수의 산발적인 실천들의 종합으로 이해하는 것이 더욱 적절할 것이다. 이는 푸코가 근대 국가를 '조합된 현실'이거나 '신화화된 추상'일지도 모른다고 하며, 근대성의 문제에 있어서 중요한 점은 '국가의 통치화'에 있을 것이라고 말한 바와도 연결된다(고든 외, 2014). 5·18의 역사 내러티브에서 국가를 시민운동에 의해 성취된 고정된 실체로 간주하기보다는, 역사적 맥락 속에서 구성된 개념이자 복합적인 담론 효과로 볼 필요가 있다.

이런 맥락에서 아도르노가 아우슈비츠의 재현과 관련하여 제시했던 계몽주의와 자본주의에 대한 비판을 다시 살펴보는 것은 5·18자유공원의 역사 내러티브를 성찰하는 데 도움이 될 것이다. 덧붙여, 5·18자유공원의 관념적 발전 사관을 국내 사회의 특수성을 고려하여 근대성에 내한 반성적 시각에서 다시 보고자 한다. 5·18을 야기하도록 영향을 미친 국내 사회의 특수성과 관련해서는 한국형 신자유주의 기원으로서 반공자유주의를 고찰했던 김동춘의 논의를 참조할 것이다(김동춘, 2021).

아도르노는 긍정적인 것으로 고양할 수 없는 홀로코스트와 같은 사건의 경험을 통해 근대의 진보적 역사관에 대해 비판적인 관점을 취하였다. 그는 부정의 부정이 긍정적인 결과를 낳는다고 본 헤겔의 변증법을 비판하며 이를 부정변증법으로 전환하였다(Adorno, 1973). 아도르노의 논지에 따르면 계몽주의와 자본주의에 의해 도구적 이성이 우위를 점하게 되었고, 그 결과 물화의 최종 단계로서 대량학살 수용소가 등장하게 되었다. 즉, 그는 자본주의와 이성에 기반한 유토피아적 미래 전망이 오히려 아우슈비츠의 발생을 가능케 했다고 보았다. 다시 말해, 프랑크푸르트학파가 근대성의 핵심 유산으로 비판한 도구적 이성이라는 수단과 비이성적 목적의 결합이 극단적인 형태로 표출된 결과가 바로 아우슈비츠의 야만성이었다는 것이다.

더 나아가 아도르노는 주로 현재와 단절적인 것으로 이해되는 나치의 야만적인 역사가 실제로는 연속성을 띠고 있음을 보여주고자 했다. 그가 『부정변증법』을 썼던 제2차 세계대전 이후 독일에서는 홀로코스트 피해자의 배상 및 보상 지급이 이루어졌고, 재건 기간 동안 서독의 민주주의와 경제를 '정상화'하려는 시도가 계속되고 있었다. 이 시기에 서독은 과거를 선택적으로 잊고 유대인 개개인과 이스라엘에 대한 국가적 재정 배상을 도구화함으로써 경제적 발전을 이루었다. 이와 관련하여 마이클 로스버그(Michael Rothberg)는 홀로코스트와 유대인의 피해에 대한 서독 정부의 기억의 정치가 사실상 독일이 서방 연합과 동맹을 형성할 수 있도록 돕는 역할을 했다고 평가했다(Rothberg, 2000, p. 42). 서독의 홀로코스트에 대한 이 같은 단절적 시각에 대해 아도르노는 회의적이었다. 사건만으로 역사가 늘 단절되는 것은 아니기 때문에 그는 홀로코스트 이후의 세계에서 발생한 서독의 전후 재건도 홀로코스트라는 사건 자체만큼 주기화 되어야 할 필요가 있다고 보았다. 아도르노는 「아우슈비츠 이후의 교육(Erziehung nach Auschwitz)」에서 사회의 근본 구조와 그러한 구조를 야기한 구성원들이 오늘날에도 존속하기 때문에 문명과 야만 사이의 연관성이 있다는 의식을 구축하고자 하는 시도를 장려했다. 그는 홀로코스트와 같은 대량 학살의 뿌리를 진보와 계몽의 사회적 경향에서 분리할 수 없는 근대적 내셔널리즘의 발전에 있다고 보았다(Rothberg, 2000, p. 49).

아도르노는 이와 같은 근대의 낙관적 시각이 내포한 "퇴색한 긍정성"을 피함으로써만 "현존하는 모든 악의와 공모하고 결국엔 파괴적인 원리 자체와 공모하는 것"을 피할 수 있다고 보았다(Adorno, 1973, p. 381). 아도르노가 호르크하이머와 같이 쓴 『계몽의 변증법』에서부터 『부정변증법』에 이르기까지 그는 역사에 대한 진보적 비전의 공백을 드러내고 근대의 도구적 이성에 대해 비판했다. 실제로 그가 1940년대 나치 독일로부터 벗어나 미국에서 망명 생활을 하는 동안 쓴 글들의 대부분이 근대성, 파시즘, 자본주의와 문화 사이의 연관성에 관한 것들이었다. 하지만 이러한 논의가, 전근대적 상태로 회귀하여 비이성적인 것에 이성의 자리를 내어줘야 한다는 것을 의미하지는 않는다. 아도르노의 비판은 이성을 도구적인 결정으로부터 벗어나게 하고자 시도하는 것을 의미하며 이는 오히려 더 많은 계몽을 필요로 한다. 그는 특히 연설과 라디오 방송 등에서 민주적이고 성숙한 정치 교육을 의미하는 '성숙에 이르는 교육(Erziehung zur Mündigkeit)' 개념을 강조하면서, 아우슈비츠가 반복되지 않도록 하는 범주적 명령의 공식화와 실현이 오늘날에도 여전히 공적 계몽 프로젝트의 목표로서 필요하다고 주장하였다(Rothberg, 2000, p. 58).

근대성과 자본주의에 대한 아도르노의 비판적 논점을 5·18자유공원의 진보적 역사 내러티브에도 비추어 볼 수 있다. 5·18자유공원에서 5·18은 국가 단위의 민주주의의 발전 과정이라는 단선적 연대기 속에서 낙관적이고 계몽적인 서사를 통해 설명된다. 이때, 5·18로 인해 야기된 피해들은 민주주의라는 보편 가치를 성취하기 위한 수단으로서 어느 정도 도구화되고 정당화된다. 여기에는 아도르노가 부정변증법을 통해 드러내 보이고자 했던 근본적 부정성, 즉, 이미 존재하는 것을 합리화하거나 그것에 섣불리 의미를 부여하는 것을 거부하고자 했던 자기 반성의 차원이 결여되어 있다. 또한 인권과 민주주의라는 보편적 관념으로의 섣부른 승화는, 그 이면에 놓인 트라우마의 측면, 희생자들의 부재, 그리고 5·18 진상 규명 등의 미해결 과제들을 온전히 직면하지 못하게 만든다는 점에서 근본적인 한계가 있다. 다시 말해, 5·18자유공원의 진보적 역사 내러티브는 1980년 5월 광주에서 발생한 실제 사건들을 민주화 패러다임에 부합하도록 재구성함으로써, 서사적 틀 바깥에 위치한 역사적 우연성을 결과적으로 은폐하고, 그 서사가 재현하고자 하는 사건의 실재를 오히려 역설적으로 가릴 수 있다. 5·18을 보다 실재에 가까운 것으로 보여주기 위해서는 역사적 시간을 이전

에서 이후로의 진보적 이행으로 접근하기보다는, 5·18이라는 역사를 잠재
적으로 내부로부터 끊임없이 위협받는 것이자 반복적인 재평가가 요청되
는 것으로 접근할 필요가 있다.

5·18자유공원의 역사 내러티브를 기반으로 한 고통의 리얼리즘적 재현
방식 또한 근대성과의 연관 속에서 비판적으로 재고찰해 볼 수 있다. 5·18
자유공원에 전시된 사실적 인물 모형과 그림 등은 5·18 당시에 실재했던
폭력의 경험을 모방하면서 민주주의의 발전이라는 조화로운 서사를 재생
산한다. 이처럼 직접적이고 세부적인 묘사를 통해 고문 장면을 재현하는
것은 시각적 질서로 구축되지 못한 고통들을 비가시화할 수 있다. 특히,
5·18자유공원 내에 설치된 인물 모형의 대다수를 남성으로 구현함으로써
5·18 당시 상무대에 연행되었던 여성들의 존재를 과소화할 수 있다. 또한
5·18자유공원에서 5·18의 역사를 시각적으로 재현하는 방식은 관객으로
하여금 폭력의 경험 자체에 집중하게 함으로써, 5·18과 같이 자유를 불가
능하게 만들었던 폭력의 사회구조적 조건이 무엇이었는지에 대한 성찰을
어렵게 만드는 경향이 있다.[12]

한편 아도르노가 아우슈비츠 이후에도 독일 사회에서 대량 학살을 가능
하게 했던 교환가치의 지배라는 자본주의적 조건이 전후 재건 과정의 배상

12 　이 같은 폭력의 사실주의적 형상화는 아도르노가 '가학적 동일시'라고 일컬었던 것을 가
　　능하게 한다(Adorno, 1982). 즉, 재현 예술이 쾌락의 과잉을 포함하기 때문에 대량 학
　　살이라는 주제가 문화유산의 일부가 되면 학살을 가능하게 했던 문화와 함께 생활하기
　　가 더 쉬워진다는 것이다. 이러한 가학적 동일시는 5·18 당시의 폭력적 장면의 재현과
　　감상이 그 사건이 일어난 시간과 공간으로부터 거리를 두고 발생되기 때문에 가능하다.
　　전시 조성 주체에 의해 의도된 목적과 달리 5·18자유공원을 방문한 관객들은 5·18의 역
　　사를 안전한 공포로 소비할 수 있고 그 사건 속 폭력에 대한 사실적인 묘사는 그들의 즐
　　거움을 위해 동원될 수 있다.

정책 등에서 계속해서 잔존하였다고 본 것처럼(Adorno, 1973), 국내 사회에서도 5·18을 발생 가능하게 했던 사회적 조건들이 5·18 이후에도 연속적으로 이어지고 있다는 사실을 주목할 필요가 있다. 사실상 5·18자유공원의 진보적 역사관은 5·18을 하나의 완결된 사건으로 다루기 때문에 자본주의와 국가 폭력이 서로 맞물려 작동했던 복잡한 맥락을 잘 드러내지 못한다. 5·18에서 6월항쟁으로 이어지는 국가 중심의 발전 서사는 민주주의의 제도적 성취를 강조함으로써, 이 같은 역사 내러티브가 광주의 도시 개발 등의 역사적 조건 속에서 필요에 의해 요청되었던 맥락을 간과하게 한다.[13]

또한 5·18은 1980년 5월 13일부터 계엄령 해제와 민주주의의 회복을 요구하였던 대학생들의 시위뿐만 아니라 1960년대 형성된 노동자 계층을 토대로 한 노사 분규의 증가, 1980년 4월부터 5월 초까지 전국에서 격렬하게 전개되었던 노동 쟁의 등을 배경으로 한다. 전두환 정부 시기에 경제 개방, 금융자유화 함께 공기업 사유화와 같은 신자유주의적 성격의 정책이 시행되었다는 점을 상기해 보면(서동진, 2009; 김동춘, 2018; 박찬종, 2021), 5·18 당시 군부에 의한 시민 탄압은 경제 성장을 위해 동원되어야 했던 노동력의 임금 억제와 노조 조직에 대한 국가 주도의 억압적 통제와도 무관하지 않다. 1987년 6월항쟁 이후에도 정부는 조직적인 노동 세력들을 내부의 적으로 간주하고 이들의 도전에 대한 대응을 자본주의적 개

---

[13] 정호기에 따르면 광주 지역의 차별과 낙후를 부각하면서 성장 연합과의 협조를 통해 '지역 발전' 담론이 생산되었다. 처음에는 이 '지역 발전' 담론에서 5·18의 과거 청산과 정신 계승 작업의 필요성이 인정되기는 했으나 그것이 지역 발전을 저해하는 요인으로 작용할 수 있다는 인식이 지배적이었다. 하지만 이후 국가 주도로 5·18기념사업이 진행되면서 이 담론은 돌파구를 찾으며 힘을 얻었다. 5·18의 추모의례가 국가화된 이후에 5·18의 기념 및 정신계승과 관련한 담론은 전유와 통제, 협상이라는 개념으로 정리될 수 있다 (정호기, 2007).

발을 위한 일차적 과제로 삼았다(김동춘, 2018). 그렇기 때문에 한국의 근대성을 논하기 위해서는 노동 억압과 같은 자본 우위의 경제 질서 개편 과정을 간과할 수 없다.

다른 한편으로, 앞서 언급한 자본주의 심화 양상은 국내 사회에서는 해방 이후 존속했던 반공주의와의 관계 속에서 이루어졌다는 점을 간과해서는 안 된다. 김동춘은 이를 반사회개혁, 친자본적 성격을 특징으로 하는 반공자유주의라고 정의한 바 있다(김동춘, 2021). 이러한 반공자유주의는 1945년 해방 이후 미군정기에 행해졌던 반공주의 정책에서 비롯하여 한국전쟁을 거치면서 더욱 심화되었다. 적과 우리라는 전쟁정치의 이분법에 기초한 반공사상과 성장 일변도의 자본주의적 개발 논리는 사회 내에 통합되지 않은 인간의 특수성을 제거하려는 경향을 보이면서 1980년 광주에서 심각한 국가 폭력과 인권 침해를 발생시켰고, 이후에 5·18의 역사에 대한 왜곡들이 재생산되어 퍼질 수 있게 했던 중요한 정치 사회적 배경이었다.

5·18 당시 '빨갱이'나 '폭도'로 매도된 시민들은 군부에 의해 탄압당했다. 1980년 5월 31일에는 계엄사가 '광주사태의 경위 및 진상과 사후처리의 방침'를 발표하면서 5·18을 "북괴의 고첩과 이에 협력하는 불순위해분자들의 책동흔적이 있는 바 전남 해안으로 상륙 침투하여 광주 일원에서 활동타가 서울로 남입, 공작임무를 확산시키려다 23일 검거된 남파간첩 이창용의 그간 필답신문에 의한 진술과 당국에 포착된 몇 가지 징후가 일치 실증 되었"던 사건이자, "김대중의 배후조종을 받은 폭도들이 일으킨 사건"이라 규정하였다(《경향신문》, 1980. 5. 31.). 그 후에도 이 같은 반공논리를 앞세운 시민운동의 탄압과 5·18의 왜곡 시도들은 지속되었다.

문제는 5·18자유공원의 역사 내러티브가 단절성과 진보 논리에 기반한 정부 주도의 공식 역사 서술을 답습함으로써, 결과적으로 반공자유주의와 민주주의 간의 상호작용과 긴장 관계를 파악하기 어렵게 만든다는 데 있다. 한국 사회가 형식적 민주주의를 이루었음에도 불구하고, 민주주의를 위태롭게 할 수 있는 사회적 조건들이 지속되는 한 민주주의와 인권이라는 이상적 가치는 쉽게 위협받을 수 있다. 반공주의적 사고는 국가 안보를 명분으로 시민들을 '폭도'나 '빨갱이'라고 낙인찍음으로써 이들을 '국민'의 범주 밖으로 배제하고, 결국 생명권조차 박탈해도 되는 존재로 간주하게 만든다. 앞으로 5·18과 같은 국가 폭력 사건을 되풀이하지 않기 위해서는 반공주의적 사고가 어떻게 가능했으며, 어떻게 지금까지 존속할 수 있었는지를 계속해서 반성하고 되묻는 작업이 수반되어야 한다. 5·18자유공원과 같은 5·18 기념시설은 그러한 근본적인 문제 제기와 반성적 성찰을 기반으로 하여 역사를 재현할 필요가 있다.

5·18자유공원 전시 방법의 경험적 전환과 그 한계

5·18자유공원 전시의 경험적 전환 양상 분석

5·18자유공원은 5·18의 기억을 관객이 감각적으로 몰입하여 체험할 수 있도록 조성되었다. 일례로, 상무대 내 법정 건물 등에 시청각적 효과를 적절히 배치해 연극적으로 연출한 것을 들 수 있다. 법정 공간에는 판사와 무장한 군인, 피고인 등의 인물 모형들이 자리해 있다. 관객이 법정 공간에 들어가면 관객의 움직임을 인식한 센서를 통해 재판 상황을 재연하는 녹음 파일이 자동 재생된다. 더 나아가 법정·영장 체험 프로그램에 참여한 관객들은, 5·18자유공원의 여러 공간들을 이동하면서 진행자들의 현장감 있는 연기와 역사적 상황에 대한 설명을 접하며 마치 상연중인 무대에 참여하는

듯한 느낌을 받을 수 있다.

한편, 5·18자유공원 전시는 5·18을 재현한 영화 사례 등을 포함함으로써 감각적으로 매개된 5·18의 기억 또한 다루고 있다. 5·18을 재현한 대중매체 작업들은 2018년 《스물세 개의 방 이야기》를 조성하면서 적극적으로 포함되기 시작했다. 예를 들어 헌병대 내무반 공간 내부에 있는 '감동의 방'에는 〈택시운전사〉 영화의 스틸컷과 촬영현장 사진 등을 전시하였다. 또, 같은 건물에 위치한 '슬픔의 방'에서는 5·18을 배경으로 한 야구 소재 영화 〈스카우트〉를 소개하고 있다. 말하자면, 상업영화 등의 대중매체를 통해 재생산되어 널리 공유된 5·18의 역사적 기억이 5·18자유공원 전시에 인용되어 있는 것이다.

또한, 2020년에 제안된 '5·18자유공원 전시·체험물 설계 및 제작설치' 사업에서는 관객이 인증샷을 찍을 수 있는 장소와 의상, 인터랙티브 방명록 등을 마련함으로써 방문객이 직접 참여할 수 있는 요소를 추가하고자 했다. 이 같은 관객의 체험 지향적 전시 조성이 궁극적으로 목표로 하는 것은 "미래 세대에게 5·18의 숭고한 정신 계승"을 하는 것이었다(광주광역시, 2021. 3. 31.).

다른 한편으로, 5·18자유공원은 최신 과학기술을 활용하여 관객이 더욱 실감나는 역사 체험을 할 수 있게 했다. 이러한 전환이 두드러지게 이루어졌던 것은 2020년에 추진되었던 5·18민주화운동 40주년 기념 5·18자유공원 전시콘텐츠 현대화 추진 사업에서였다. 이 사업의 일환으로 2020년에 개최된 전시 《5·18 그날의 진실을 기억하라》에서는 증강현실을 이용한 5·18 아카이브 〈10일간의 기록〉뿐만 아니라 인터랙티브 미디어, 비콘 등 다양한 기술 매체를 활용하여 관람객들이 새로운 감각적 경험을 할 수 있도록 했다. 예를 들어, 이 전시 기간 동안 헌병대 본부 사무실에서는 파노라마 영상 〈횃불행진〉이 상영되었고, 영창에서는 인포그래픽 영상이, 헌병대 중대 내무반 건물에서는 인터랙티브 작업 〈민주주의여 만세!〉 등이 전시되었다. 그리고 〈5·18그날의 진실을 기억하라〉 어플리케이션을 다운로드 할 수 있는 QR코드를 방문객들에게 배포하여 그들이 5·18자유공원 내에서 비콘을 이용해 위치 기반의 여러 퀘스트들을 수행하도록 유도했다. 관객들은 주어진 여러 미션을 완료함으로써 5·18자유공원 곳곳에서 꺼져 있던 가상의 횃불을 밝힐 수 있었다. 요컨대, 해당 전시에서 5·18자유공원은 5·18의 역사를 다루는 '시리어스 게임(serious game)'의 플레이 공간으로 재구성되었다고 할 수 있다.

이처럼 5·18자유공원은 단일한 역사 내러티브와 그로부터 이끌어낸 교훈을 일방향적으로 전달하는 전통적인 박물관 및 기념관의 전시 방법을 고수하는 것에서 벗어나 관객의 참여와 감각적 체험을 강조하는 방향으로 전시 방법이 변화했다. 이러한 전시 방법론의 경험적 전환이 설득력을 얻게 된 배경에는, 관객의 직접적인 체험을 통해 대상에 대한 공감과 이해가 가능하며, 더 나아가서는 이러한 공감과 이해가 윤리적 실천으로 이어질 수 있으리라는 기대가 자리하고 있다. 이는 곧 경험을 지식의 한 양태로 이해하는 접근 방식이라고 할 수 있다.

이와 같이 관객의 체험 위주로 전시 방법이 전환되는 현상은 비단 5·18자유공원에만 적용되는 것이 아니라 상당수의 국내외 박물관·미술관과 역사 기념 공간이 나타내는 형식적인 특성이라고 할 수 있다. 1980년대 이후에 역사를 기념하는 현상이 번성하게 되었고, 온전히 재현할 수 없는 역사의 본질과 관객 참여적이고 대화적인 전시 형식의 필요성이 강조되면서 기넘관의 미학적 특성이 경험적인 방향으로 변화했다(Clewer, 2022).

그런데, 5·18자유공원 전시 방법에 있어 관객의 체험 중심으로 변화가 있었다고 해서, 앞서 언급한 발전사관에 입각한 근대적 역사 서술 방식이 무화되는 것은 아니다. 오히려 5·18자유공원에서 대중매체를 통해 재현된 5·18의 기억을 인용하거나, 역사 체험을 게임화하는 방식 등으로 나타나는 전시 방법의 변화는 궁극적으로 민주주의의 성취를 향한 진보적 내러티브에 포섭되는 양상을 보인다.

한편, 전시 공간의 경험적 전환은 앨리슨 랜즈버그(Alison Landsberg)의 '보철기억(prosthetic memory)' 논의와 맞닿아 있다. 본고는 대중매체 등을 통해 생산된 역사적 기억의 생산의 의의와 가능성을 비판적으로 재고하기 위해 랜즈버그의 이론을 빌려오고자 한다. 그 이유는 보철기억 개념이 전시 방법의 경험적 전환을 뒷받침하는 주요 전제들을 기반으로 하기 때문이다. 이는 랜즈버그의 보철기억 개념 자체를 긍정하기 위한 것이라기보다는 그의 이론을 통해서 5·18자유공원에 반영된 전시 방법이 요청되었던 맥락을 살피고, 그 방법이 내포한 한계 지점 또한 드러내기 위한 것이다.

'보철기억'은 자연적으로 생성된 기억이 아니라 영화, 박물관, TV 프로그램 등의 대중매체에서 재현된 기억을 경험하여 생산된 감각적 기억을 의미한다. 이런 종류의 기억은 마치 의수족처럼 실제로 개개인의 신체에 착용될 수 있는 것으로 간주된다. 랜즈버그에 따르면, 상품화와 대중문화 기술의 발달로 지리적 경계를 넘어 대량 유통이 가능해진 인공적인 '보철기억'은 사람들이 과거의 기억과 몰입적이고 경험적인 방식으로 관계 맺을 수 있도록 한다. 다시 말해, 대중문화에 매개된 과거의 기억은 개인의 감각을 통해 촉발되는 신체적이고 경험적인 양태의 기억을 생성하며, 이를 통해 공감 작용을 유발한다. 랜즈버그는 이러한 공감 경험이 감정적 연결뿐만 아니라 타인의 상황에 대한 인지적이고 지적인 이해를 필요로 한다고 보았다. 더 나아가 공감은 타자와의 윤리적 관계를 형성하고, 사회적 책임을 이끌어내는 데 필수적인 요소로 요청된다. 요컨대, '보철기억'은 개인의 주관성을 변화시키고, 인종이나 계급, 성별 등 본질주의적 정체성 범주를 넘어 정치적 조직화를 가능하게 하는 잠재력을 지닌 것이다(Landsberg, 2004).

5·18자유공원 전시 방법의 경험적 전환이 내포한 한계

5·18자유공원 전시 방법의 경험적 전환은 앞서 언급한 '보철기억' 개념과 연결하여 비판적으로 다시 살펴볼 필요가 있다. 첫째, 5·18자유공원 내에서 5·18의 기억을 재현하는 콘텐츠들은 불가피하게 허구적이고 구성적인 성격을 띤다. 즉, 사실적인 효과를 높이기 위해서 5·18의 기억을 다룬 콘텐츠를 제작함에 있어 장소나 대상과 상황을 선별하고 피해자들을 특정한 방식으로 범주화하며 특정한 종류의 감정적 반응을 강조할 수 있다.

예를 들어, 헌병대 본부 사무실 건물에 조성된 '공포의 방'은 5·18 당시 상무대로 연행된 이들의 경험에 대한 이해를 돕기 위해 설명문과 재현된 이미지를 병치하는 방식으로 구성되어 있다. 그중 상무대에서 자행된 혹독한 고문 수사에 대한 설명문에 따르면, 시민군 상황실장 박남선은 당시 보안대로 끌려와 '무장폭동의 수괴'로 분류되어 벽과 천장에 아무런 장식 없이 흰 페인트로 칠해진 지하실 독방에 갇혀 속옷까지 전부 벗겨진 채 3일간 밤낮없이 몽둥이로 매타작을 받았다. 하지만 이 설명글과는 달리, 나란히 배치된 이미지는 배경을 선명한 검정색으로 처리하고 전체적인 명도 대비를 강하게 하여 수감자의 극심한 공포감을 시각적으로 부각시키고 있다. 또한 이미지 속 인물은 글의 내용과는 다르게 옷을 입고 있으며, 가슴 중앙에 수갑 찬 두 손을 교차하여 들어 보이는 모습으로 묘사되었다. 시각적 재현에서 나타나는 이러한 부정확성은, 1980년 5월 상무대로 연행된 삼천여 명이 겪은 폭력의 구체적 양상과 그에 대한 기억이 각기 다르기 때문에 사실상 불가피한 것이다. 또한, 상무대에 수감되었던 이들의 기억 중에는 아직까지 발화되지 않은 기억도 있으며, 사망으로 인해 끝끝내 말해질 수 없는 기억도 있다. 이러한 이유로 당시 그 공간에서 발생한 사건을 완벽하게 재현하는 것은 애초에 불가능한 일이라 할 수 있다.

5·18자유공원 내에서 폭력의 유형화가 드러나는 예시로는 '통곡의 방'에 있는 인터랙티브 전시물 〈5·18자유공원 취조와 구타〉를 들 수 있다. 관객이 이 전시물 화면을 터치하면 '강압적 취조', '무차별 구타'라는 두 가지 탭이 등장한다. '강압적 취조'를 누르면 '등에 새겨진 죄'라는 소제목 아래에, 옛 상무대 헌병대 본부사무실에서 연행된 시민들이 가혹행위를 당하며 취조 받았다는 설명글이 화면 오른편에 등장한다. 이 설명문 왼편에는 군복을 입은 이들에 의해 두 명의 시민이 폭력적으로 취조를 당하는 장면이 나온다. '무차별 구타' 항목을 선택하면, 상무대로 연행된 시민들이 이미 정해진 죄목에 서명하기 전까지 겪었던 가혹한 구타에 대한 설명글과 함께, 세 명의 군인이 세 명의 시민을 각각 취조하는 장면이 영상으로 제시된다. 이때 취조를 하는 이들은 연행된 시민들에게 계속해서 주먹질을 하고, 몸을 밀치고, 발길질하고, 쓰러진 이의 머리채를 쥐어 잡고 일으켜 세운다.

사실상 5·18자유공원 전시에서는 폭력에 대한 일반화된 서술이 이미 여러 차례 제시되고 있는데, 〈취조와 구타〉 전시물에서도 이러한 폭력 묘사가 불필요하게 중복되고 있다. 그리고 폭력을 가하는 이들과 폭력의 대상이 되는 이들은 구체적인 차이들이 소거된 채로 일반화된 인간 표상으로서 묘사된다. 게임 그래픽 디자인을 연상시키는 이 이미지들은, 공포와 고통을 드러내는 전형적인 표정과 몸짓을 통해 고통을 유형화하여 재현한다. 이들은 게임 플레이를 통해 움직이는 듯이 동작이 어색하며, 폭력을 당한 이후에도 아무렇지 않게 일어나 다시 폭력에 노출된다는 점에서 마치 비디오 게임의 논플레이어 캐릭터(non-player character, NPC)처럼 보이기도 한다. 해당 전시물 제작자의 의도와는 무관하게, 관객은 이처럼 반복되는 폭력의 장면에 노출됨으로써 얼마간 무력감을 느끼거나 오히려 피해자들의 고통에 무감각해질 수 있다.

이처럼 폭력을 유형화해서 보여주는 또 다른 사례로 2020년 《5·18 그날의 진실을 기억하라》 전시에서 시도되었던 〈희망의 횃불〉 미션 게임을 들 수 있다. 이 게임에 참여한 관객이 헌병대 식당 건물에 들어서면, 증강현실 기반의 시스템을 통해 휴대폰 화면으로 질문이 제시되며, 이에 대해 '예' 또는 '아니오'를 선택하도록 구성되어 있다. 관객이 '예'와 '아니오' 중에 하나로만 대답하게 하는 설정은 5·18 당시 상무대로 연행되었던 시민들이 겪어야 했던 강압적인 취조 과정을 반영하는 것으로 보인다. 하지만 관객이 휴대폰 화면에 제시된 두 개의 선택지 중 하나를 선택하는 이 손쉬운 방식은, 1980년 5월 연행자들이 겪었던 폭력의 강도와 그로 인한 정서적·심리적 고통을 적절히 반영하지 못한다. 〈5·18자유공원 취조와 구타〉와 마찬가지로, 〈희망의 횃불〉 미션 게임은 국가 폭력을 일정한 틀로 유형화하고 그 양상과 효과를 설명하는 데 그침으로써 역사적 사건을 다소 표피적으로 다루는 경향을 보인다. 이러한 방식은 피해자들에 대한 충분한 공감과 애도를 위한 여지를 남겨두지 않는다는 점에서 문제적이다.

또한, 5·18자유공원 내의 '여명의 방'에는 영화 〈화려한 휴가〉 중 일부 장면이 영상자료로 전시되어 있다. 이 영화는 감독의 해석과 그에 따른 시나리오 각색을 통해 제작되었고 영화 장르적 장치도 포함하고 있다. 실제로 5·18 최후의 항쟁 당시의 현장 상황을 누구도 정확하게 알 수 없음에도 흥수와 민우라는 허구적 인물들을 통해 그 장면이 재구성되었다. 관객들은 그 영화의 장면들을 보고 나서 마치 그 사건에 대해 잘 알고 있으며, 때로는 그것을 이미 경험한 것 같은 느낌을 가질 수 있다. 이는 재생산된 역사적 기억의 경우, 어디까지 구성된 것이며 어디까지 1980년 5월에 실재했던 것인지 그 경계가 모호하기 때문이다. 또, 그 사건의 복잡한 맥락과 5·18 당시의 피해자들의 고통을 온전히 재현하기 어려움에도 불구하고 관객들로 하여금 그 맥락과 고통의 면면을 알고 있다는 느낌을 갖게 함으로써 오히려 5·18에 대한 추가적이고 복합적인 이해를 어렵게 할 수도 있다.

둘째, 여러 감각적 매체를 통해 재현된 5·18의 기억은 관객에게 대리 트라우마(vicarious trauma)를 유발할 수 있다. 일례로 5·18자유공원 내 헌병대 본부 사무실 건물에 있는 '통곡의 방' 한 귀퉁이에 암실이 하나 있는데 이 공간은 흡사 놀이공원의 유령의 집과 유사한 연출 방식을 취하고 있다. 그 암실의 외부 벽면에는 관람 제한 안내문이 붙어 있으나 전시 내용에 대한 구체적인 정보는 노출하지 않고 있다. 무엇이 전시되었는지 알지 못한 상태로 그 공간에 들어간 관객들은 조명이 없는 어두운 방에서 시야를 확보하기 위해 핸드폰 손전등을 켜게 된다. 그곳에서 5·18 당시에 실제로 사망한 피해자들의 사진 이미지를 갑작스럽게 발견한 관객들은 충격과 공포감을 느낄 수 있다.

한편, 5·18자유공원 헌병대 본부 사무실 내 '통곡의 방'에 설치된 음향 장치 또한 구 상무대로 연행되었던 피해자들의 트라우마를 간접적으로 경험하게 한다. 관객이 그 방에 발을 들이면 센서를 통해 자동으로 음향 효과가 재생된다. 이 음향 효과는 "상무대에 들어가자마자 고문을 당하기 시작했다. 수갑을 채운 채로 무릎을 깍지 끼우고 무릎 사이에 각목을 넣어 움직이지 못하게 해놓고는 물고문을 시작했다."는 내레이션으로 시작되며, 라디오극 형식으로 구성되어 극적 몰입감을 더한다. 이 극에 등장하는 화자는 물고문, 강압적 취조와 구타, 수갑을 뒤로 채운 채로 탁자에 거꾸로 눕혀 물 묻은 곡괭이 자루로 발바닥을 내려치는 고문, 무릎을 꿇게 한 후 곡괭이 자루로 양 어깨죽지를 끝없이 내려치는 고문 등을 차례로 받는다. 그리고 그러한 고문에 대한 세부적인 설명 사이사이에 물고문 당하는 소리, 흐느끼는 소리, 취조하는 사람의 앙칼진 목소리, "나는 그 사람 만난 적도 없어요."라고 부인하는 목소리, 고통에 몸서리치는 소리 등이 흘러나온다. 관객은 취조 당하는 장면을 재현한 등신대의 밀랍인형들 앞에서 그 일방적인 폭력의 소리들에 무방비로 노출된다.

앞장에서 언급한 전시 연계 프로그램을 통해서도 관객이 대리 트라우마를 경험할 수 있다. 5·18자유공원 체험프로그램에 참여한 관객은 밀랍인형으로 재현된 강제연행, 원산폭격 등 폭력의 장면 속에서, 1980년 5월 당시 실제 상무대에 연행된 시민들처럼 교관의 명령에 따라 오리걸음으로 걷는 등 얼차려를 받는다. 때로는 체험 프로그램 참여자 중 한 명이 영창에 매달려 교관으로부터 매를 맞는 듯한 장면이 연출되기도 하였다(손상원, 2007. 5. 15.). 그리고 헌병 역할을 한 배우가 상황재현극에 참여한 특정 관객을 지목해서 빨갱이인지를 물으며 무조건 빨갱이라며 몰아붙이기도 한다. 취조실로 연출된 공간에서 그 배우가 책상을 진압봉으로 갑자기 세게 내리치며 "개새끼야!"라고 윽박지를 때 학생들이 깜짝 놀라 움찔하고 뒤로 물러나며 소리를 지르기도 했다(최찬규, 2023. 4. 19.). 실제로 이 상황재현극에 참여했던 초등학생들을 대상으로 헌병역으로 분한 배우가 여기 들어와서 느낌이 어떠냐고 묻자 한 학생이 "무서워요."라고 답하는 경우도 있었다(최찬규, 2023. 7. 19.). 영창 전시에서는 그 배우가 진압봉을 휘두르며 모두 영창 안으로 들어가라는 명령을 하고, 관객이 모두 그 공간 안에 들어가면 문을 세게 닫으며 공포감을 조성한다(최찬규, 2023. 4. 19.). 관객들은 영창 공간 안에서 헌병의 감시 하에 정좌하면서 5·18 당시 상무대에 연행되었던 이들의 경험과 감정을 간접적으로 체험할 수 있다.

그런데 이 같은 체험을 통해 트라우마적 기억과 공포감이 관객에게 전달될 경우에, 유발된 과각성 상태로 인해 랜즈버그가 기대했던 타인에 대한 윤리적 책임감은 오히려 발생되지 않을 수 있다. 1980년 5월의 광주를 경험하지 못한 '포스트 5·18'세대인 김유빈은 광주에서 자라면서 "오월이 무서웠지만, 지속하여 오월을 접했다."고 고백하였다(김꽃비 외, 2021, 124쪽). 그의 공포감은 그러한 두려움에서 벗어날 수 없다는 체념으로 이어졌으며, 오월이 무섭다고 말하기 어려운 분위기 속에서 죄책감도 덧붙여졌다. 이후 5·18에 대한 타인의 조롱과 혐오를 접하며 그의 공포는 분노로 변했다. 김유빈이 경험한 트라우마의 전이는 그가 여타의 사회적 불의에 맞서는 연대 행동을 하기 어렵게 하는 요인으로 작용했다(김꽃비 외, 2021, 136쪽).

5·18자유공원은 보다 생생한 역사적 실재감을 불러일으키기 위해 희생자의 주검 사진과 고문 장면 등을 관객이 직접 대면하도록 구성되었지

만, 이러한 역사적 기억의 재현 방식은 관객에게 이차적 폭력으로 작용하여 공포감과 무력감을 유발할 수 있다. 앤 카플란(Ann Kaplan)이 지적했듯, 타인에 과도하게 공감하는 관계는 정치적 해결 능력이 없다. 그렇기 때문에 카플란은 감각적 경험을 통한 공감이 사회적 책임감으로 이어지기 위해서는 '번역(translation)'을 통한 '목격(witnessing)' 작업이 필요하다고 주장했다. 이 번역과 목격 작업에는 관객의 감정적 반응이 수반되기는 하지만, 그 반응이 불의가 발생할 수 있었던 구조와 대상을 이해하기 어려울 정도로 압도하지는 않아야 하며, 적절한 거리가 필수적으로 요청된다(Kaplan, 2005).

마지막으로, 전시를 매개로 한 개인의 감각적 경험과 주관성의 변화가 랜즈버그가 주장한 것처럼 정치적 조직화로 이행되지 않을 수 있다. 즉, 개인의 주관성으로부터 집단적 행동에 이르는 진행 과정이 그다지 명확하지 않을 수 있다. 랜즈버그에 따르면 대중매체를 통해 재현된 역사를 접하면서 개인마다 각기 다른 기억을 개발할 수 있다. 이는 여러 차이들을 인지하면서 타자에 대한 공감 작용을 가능하게 한다는 점에서 긍정적으로 평가될 수 있다. 하지만 보철기억의 형태와 구성은 개인의 특수성에 따라 영향을 받을 수 있다. 기존 연구들에 따르면, 전시 방문객은 전시를 관람하기 전에 이미 역사적 지식의 기반을 갖고 있었으며, 그들의 전시 방문 경험은 과거에 대해 개개인이 가진 기존의 친숙함에 의해 구성되고 구조화되었다(Urry, 2002; Gensburger & Lefranc, 2020, p. 59). 이러한 맥락에서 볼 때, 5·18자유공원이 피해자의 고통을 사실적이고 생생하게 재현하더라도, 이미 편향된 역사 인식을 가진 관객은 이러한 전시를 기존 사고를 강화하는 방식으로 해석할 수 있다. 예컨대 2015년 제35회 5·18광주민중항쟁

기념행사에 극우 성향의 온라인 커뮤니티 '일간베스트' 회원이 자원봉사자로 참여하고 이를 해당 커뮤니티에 인증한 사건이 있었던 것처럼(박준배, 2015. 5. 28.), 5·18자유공원의 일부 방문객들은 역사적 교훈을 얻기보다는 특정 정치적 목적이나 역사 왜곡의 수단으로 그 기념 공간을 활용하려는 의도를 가질 수도 있다.

이런 이유로, 5·18과 같은 트라우마적 역사를 매개하는 5·18자유공원의 전시를 조성함에 있어서 리얼리즘적인 재현과 관객의 체험에 초점을 맞춘 연출만으로는 개개인의 윤리적 의식을 고양하기 어려울 수 있다는 점을 인식할 필요가 있다. 또한, 전시 관객이 자신의 주관적 반응으로부터 타자에 대한 공감과 윤리적 행동으로 이행할 수 있도록 돕기 위해서는 그 이행 과정에 작용하는 여러 사회적 요인들과 그 요인들 간의 복잡한 관계를 고려하여 추가적인 전시 매개 프로그램이나 장치를 마련할 필요가 있다.

결론

본 연구는 5·18자유공원 전시에 반영된 리얼리즘적 재현 방식과 그 한계를 살펴보았다. 5·18자유공원 전시 조성 과정에서 나타났던 기록화, 진보적 역사 내러티브, 전시 방법의 경험적 전환이라는 특징적인 변화의 국면 속에서 5·18의 역사적 기억은 다소 상이한 형식으로 나타났다. 이번 연구는 5·18자유공원과 같은 역사적 기념 공간이 본질적이고 물화된 실체를 갖는 것이 아니라, 시간의 흐름에 따라 발생된 다수의 기억 실천들을 통해 상호적이고 중층적으로 구성된다는 관점에서 접근하였다. 그리고 이를 통해 5·18을 기넘하는 방법에 대한 반성과 성찰의 계기를 마련하고자 하였다.

연구 결과, 기록화는 대부분의 박물관과 기념관에서 공통적으로 나타나는 전시 방식이지만, 5·18자유공원에서는 역사 전문가와 5·18 피해자들의 고증을 바탕으로 사실주의적 재현물을 적극적으로 제작하여 전시하고자 하는 경향이 나타났다. 이러한 경향은 구 상무대의 주요 건물들이 원형 보존되지 못함으로써 5·18자유공원이 근본적인 역사성을 결여하고 있기 때문에 나타난 것으로 볼 수 있다. 또한 5·18의 역사에 대한 왜곡 시도들이 장기간에 걸쳐 발생되었고, 이로 인해 5·18 피해자들의 '존재론적 안전'이 위협을 받아왔기 때문에 그에 대한 대응으로서 5·18자유공원에서 기록화 경향이 강조되었다고 할 수 있다.

다음으로, 본 연구는 5·18자유공원의 역사 내러티브가 사건의 완결성을 전제로 하며 인권과 민주주의를 지향하는 진보적 역사관에 기반해 있다는 것을 확인했다. 이 같은 역사 내러티브는 역설적으로 그 내러티브가 드러내고자 하는 사건의 실재를 가릴 수 있으며, 타인의 죽음과 고통이 인권, 민주주의라는 보편적 가치를 성취하기 위한 수단으로 이해된다는 점에서 문제적이다. 또, 아도르노가 비판한 바와 같이 이러한 진보적 역사관은 대량 학살과 같은 폭력을 가능하게 한 근대의 사회적 조건, 즉, 도구적 이성을 통한 낙관주의와 자본주의의 심화가 현재까지 이어지고 있다는 점을 인식하기 어렵게 한다. 한국의 경우 근대적 자본주의의 심화가 해방 이후 미군정기의 반공주의와 결합하여 이루어졌다. 이러한 반공자유주의는 5·18을 발생 가능하게 했던 배경이었던 동시에 앞으로도 비슷한 양상의 국가 폭력을 발생시킬 수 있는 요인이기도 하다. 따라서 5·18의 역사적 내러티브를 구성함에 있어서 5·18 사건 자체의 발생 과정, 그리고 이후의 기억 및 기념 과정에 영향을 미친 반공자유주의와 같은 사회적 요인들 또한 보다 면밀하게 고려할 필요가 있다.

마지막으로, 5·18자유공원 전시는 최신 과학기술과 대중문화 등을 활용해 방문객들의 참여와 감각적인 체험을 도모하는 방식으로 연출되었다. 이 같은 전시 방법의 경험적 전환은 앨리슨 랜즈버그의 '보철기억' 논의와 연결해서 이해해 볼 수 있다. 랜즈버그에 따르면, 영화나 전시와 같은 대중 매체를 통하여 역사적 기억을 경험하는 것은 개인에게 타자에 대한 공감과 사회적 책임감을 불러일으킬 뿐만 아니라 정치적 조직화를 촉진할 수도 있다. 5·18자유공원 전시도 관객들이 다양한 체험과 인지적 이해를 통해서 5·18의 역사적 기억을 형성할 수 있도록 조성되었다. 하지만 전시 관람을 통해 관객 개개인의 주관성을 변화시켜 최종적으로 진보적 정치화를 이루기까지의 과정은 불투명하며 예측하기 어렵다. 또한, 관객들은 5·18자유공원에 전시된 재현물을 보면서 어디까지가 허구이고 어디까지가 실제 발생된 사건인지를 명확하게 구분하기 어렵다. 더 나아가 5·18 당시의 폭력을 재현한 전시물들은 관객들에게 대리 트라우마를 유발할 수 있다. 그렇기 때문에 5·18자유공원에서 관객들이 5·18이라는 국가 폭력 사건의 구조와 피해자들의 경험을 보다 잘 이해할 수 있게 하기 위해서는 폭력의 재현이 과각성을 유발하지 않도록 경계하고 재현 대상과 관객 사이의 윤리적인 거리를 확보하는 등의 조치가 필요하다.

참고문헌

논문 및 단행본

5·18연구소, 『웹사이트 내 5·18 바로잡기 유형별 조사 연구보고서』, 5·18기념재
　　단, 2010.

강병옥, 『5·18역사공원 기본계획』, 성균관대학교 석사학위논문, 2011.

고든, 콜린 외, 『푸코 효과: 통치성에 관한 연구』, 심성보 외 역, 난장, 2014.

국립현대미술관, 『아시아 리얼리즘』, 국립현대미술관, 2010.

김꽃비 외, 『포스트 5·18』, 문학들, 2021.

김동일, 『상징투쟁의 사회학』, 커뮤니케이션북스, 2020.

김동춘, 「한국형 신자유주의 기원으로서 반공자유주의」, 『경제와 사회』 118,
　　2018, 240~276쪽.

＿＿＿, 『반공자유주의: 우리를 병들게 하는 낙인』, 필요한책, 2021.

김명훈, 「광주, 그리고 우리에 관하여 : 1980년대 후반 김영현, 임철우, 최윤의
　　5·18 관련 소설을 중심으로」, 『한국문학논총』 87, 2021, 431~470쪽.

김영호, 「‘한국 리얼리즘’의 가능성 연구: 신형상 미술에서 제기되는 리얼리티의
　　양식화 문제」, 『철학·사상·문화』 19, 2015, 179~204쪽.

김옥란, 「“5·18을 재현하는 방식·광주 지역 민족극을 중심으로」, 『여성문학연구』
　　17, 2007, 107~137쪽.

김지혜, 『5·18기념행사 활성화 방안 연구』, 전남대학교 석사학위논문, 2014.

나간채, 「5·18기념사업과 5월운동」, 『민주주의와 인권』 11(2), 2011, 1~37쪽.

박구용, 「한국 현대회화에서 리얼리즘의 의미지평 재구성」, 『인간·환경·미래』
　　20, 2018, 71~101쪽.

박소양, 「기억과 망각의 시각문화」, 『현대미술사연구』 18, 2005, 43~72쪽.

박재인, 「역사 왜곡에 대한 저항으로서 5·18 영화와 그 사회 치유적 힘」, 『문학치
　　료연구』 47, 2018, 255~290쪽.

박종현, 「기억으로 항쟁하기 – 5·18 광주항쟁의 사진적 재현을 중심으로」, 『기
　　초조형학연구』 17(1), 2016, 221~230쪽.

박지욱, 『5·18광주민주화운동 기념행사의 문제점과 발전방안에 관한 연구』, 조
　　선대학교 석사학위논문, 2009.

박찬승, 『21세기 한국사학의 진로』, 한양대학교 출판부, 2019.

박찬종, 「한국 신자유주의의 사회적 기원 1980년대 초 금융자유화에서 1997년 외환위기까지의 금융정치」, 『경제와 사회』130, 2021, 237~283쪽.

서동진, 『자유의 의지 자기계발의 의지』, 돌베개, 2009.

안점옥, 「5·18을 기억하는 아동문학의 방식」, 『아동청소년문학연구』21, 2017, 363~398쪽.

윤기봉, 『5·18기념행사의 발전과정과 문제점』, 전남대학교 석사학위논문, 2000.

이영재, 「5·18민주화운동과 이행기 정의: 전두환 노태우 정권의 포섭과 배제 전략 비판을 중심으로」, 『현대정치연구』14(3), 2021, 207~237쪽.

이정희·윤영조, 「5·18 사적지 기념공원화 계획·국군광주병원과 505보안부대 옛 터를 대상으로」, 『한국조경학회지』47(5), 2019, 14~27쪽.

임재정, 「5·18무용의 시의적 가치에 대한 심미 정치학적 논의」, 『민주평화연구』 5(2), 2022, 67~98쪽.

재단법인 광주비엔날레, 『2002 광주비엔날레 프로젝트 3 집행유예』, 재단법인 광주비엔날레, 2002.

정근식, 「집단적 기억의 복원과 재현」, 『4·3과 역사』3, 2003, 146~174쪽.

정현애, 「'상무대 옛터'의 5·18기념 공간화 과정에 대한 검토」, 『지방사와 지방문 화』20(2), 2017, 285~320쪽.

______, 『5·18 기념 공간의 변화와 활용 연구』, 전남대학교 박사학위논문, 2018.

정호기, 『기억의 정치와 공간적 재현』, 전남대학교 박사학위논문, 2002.

______, 「광주민중항쟁의 '트라우마티즘'과 기념 공간 '5월운동'과 국립5·18묘지 를 중심으로」, 『경제와 사회』58, 2003, 121~145쪽.

______, 「저항의례의 국가화와 계승 담론의 정치」, 『경제와 사회』76, 2007, 10~38쪽.

조경진, 「리얼리즘 회화의 두 계열: 하만의 존재론적 관점에서」, 『영상문화』40, 2022, 5~34쪽.

조현희, 『다크투어리즘의 장소활용 사례분석을 통한 5·18사적지의 장소마케팅 전략』, 전남대학교 석사학위논문, 2012.

주수정, 『5·18 기념 공간의 장소마케팅 전략 연구』, 전남대학교 석사학위논문, 2016

홍성담, 『운동화 비행기』, 평화를 품은 책, 2017.

홍윤리, 「1980년대 광주 민중미술에 관한 연구 – 5·18민주화운동 이후 광주지역 작가의 작품을 중심으로」, 『인문사회』 21, 2019, 899~914쪽.

Adorno, T. W. 1973, *Negative Dialectics*, (E. B. Ashton, Trans.), Continuum.

______, 1982, "Commitment." In *The Essential Frankfurt School Reader*, eds. A. Arato & E. Gebhardt, pp. 300~318, Continuum.

______, 1984, *Aesthetic Theory*, (C. Lenhardt. Trans.), Routledge and Keegan Paul.

Ainslie, D. 1921, Benedetto Croce's "Historiography." *Proceedings of the Aristotelian Society*, 22, pp. 205~214.

Alston, W. P. 2018, *Realism and Antirealism*, Cornell University Press.

Clewer, N. 2022, *Neoliberalism, postmodernity, and the contemporary memorial·building boom*, Rowman & Littlefield.

Gensburger, S., & Lefranc. S. 2020, *Beyond memory : can we really learn from the past?* (K. Throssell, Trans.), Palgrave Macmillan.

Giddens, A. 1991, M*odernity and self−identity : self and society in the late modern age*, Stanford University Press.

Gordon, C., Burchell, G., Miller, P., & Foucault, M. 1991, *The Foucault effect : studies in governmentality*, Wheatsheaf.

Kaplan, E. A. 2005, *Trauma culture : the politics of terror and loss in media and literature*, Rutgers University Press.

Landsberg, A. 2004, *Prosthetic memory: the transformation of American remem·brance in the age of mass culture*, Columbia University Press.

Lehe, R. T. 1998, Realism and Reality, *Journal of Philosophical Research*, 23, pp. 219~237.

Martinelli, R. 2014, Realism, ontology, and the concept of reality. *Eti ca E Politica*, 16(2), pp. 526~532.

Miller, A. 2019, *Realism*, Stanford Encyclopedia of Philosophy. URL: https://plato.stanford.edu/entries/realism/ (검색일: 2024. 12. 16.)

Mitchell, W. J. T. 1981, On *Narrative*, University of Chicago Press.

Paulsen, F. 1895, Introduction to philosophy. Holt. URL: https://archive.org/details/introductiontoph00pauluoft (검색일: 2025. 3. 20.)

Urry, J. 2002, *The Tourist Gaze: Leisure and Travel in Contemporary Societies*, Sage.

Zizek, S. 1989, *The Sublime Object of Ideology*, Verso.

기사

「光州事態(광주사태)에 대한 戒嚴司(계엄사)발표 全文(전문)」, 〈경향신문〉, 1980. 5. 31.

「光州(광주)상무대 시민공원화」, 〈경향신문〉, 1989. 3. 22.

김홍, 「김영삼 대통령 5·18광주민주화운동 관련 담화 발표」, 〈KBS 뉴스〉, 1993. 5. 13. URL: https://news.kbs.co.kr/news/pc/view/view.do?ncd=37 28531(검색일: 2024. 10. 25.)

류형근, 「민주인권평화기념관 전시 '5월 광주 기승전결로 표현'」, 〈뉴시스〉, 2013. 11. 19. URL: https://www.newsis.com/view/NISX20131119_00 12525132(검색일: 2024. 10. 25.)

박준배, '일베 인증샷' 5·18자원봉사자 고교생 '사죄', 『광주in』, 2015. 5. 28. URL: https://www.gwangjuin.com/news/articleView.html?idxno= 86954(검색일: 2025. 3. 20.)

박화강, 「5·18영령 상무대 이장 찬·반 논란」, 〈한겨레〉, 1991. 5. 7.

손상원, 「일본 학생들의 5·18 영창체험」, 〈연합뉴스〉, 2007. 5. 15. URL: https://www.yna.co.kr/view/MYH20070515003900355(검색 일: 2025. 3. 20)

안관옥, 「상무대 '이전 대작전' 본격 돌입」, 〈한겨레〉, 1994. 12. 13.

______, 「상무대터에 미래형도시」, 〈한겨레〉, 1995. 1. 17.

______, 「5·18항쟁 역사현장 상무대 법정 이전 논란」, 〈한겨레〉, 1995. 11. 27.

이재훈, 「[전문] 문재인 대통령 5·18민주화운동 37주년 기념사 전문」, 〈한겨레〉, 2017. 5. 18. URL: https://www.hani.co.kr/arti/politics/bluehou se/795228.html(검색일: 2024. 10. 25.)

전승현, 「5·18 영창·법정 모형물… 30년 전 재현」, 〈연합뉴스〉, 2010. 1. 26. URL: https://www.yna.co.kr/view/AKR20100126055500054 (검색일: 2024. 10. 31.)

최찬규, 「[시민기자영상] 5·18자유공원…역사체험해요」, 〈무등일보〉, 2023. 4. 19. URL: https://www.mdilbo.com/detail/jn9w4D/692896(검색일: 2025. 3. 20.)

______, 「[시민기자단] 5·18자유공원에서 역사 체험해요」, 〈CMB광주뉴스〉, 2023. 7. 19. URL: http://www.cmbkj.co.kr/ab-991-28504&OTSKIN=layout_ ptr.php&category_1=~E&PB_1419151213=30(검색일: 2025. 3. 20.)

행정문서 및 기타 자료

5·18기념문화센터, "초·중학생 체험학습 프로그램 「5·18법정·영창 상황재현극」 시나리오 제작계획", 2015. 11. 2.

_____________, "5·18. 영창 특별전 '죽음을 넘어' 전시 운영계획(안)", 2018. 4. 4.

광주광역시&김대중컨벤션센터, 5·18민주화운동 40주년 기념 특별전《5·18 그날의 진실을 기억하라》전시 리플릿, 2020. 5.

광주광역시, "5·18 자유공원 전시시설 설계", 2000. 1.

________, "5·18자유공원내 전시시설 설치공사 착공 통보", 2000. 6. 21.

________, "5·18민주화운동 40주년 기념 5·18자유공원 전시콘텐츠 현대화 추진계획(안)", 2020. 3. 11.

________, "광주광역시_5·18자유공원 역사체험 정보" 공공데이터포털, 2024. 7. 2.

URL: https://www.data.go.kr/data/15025882/fileData.do?recomm
end DataYn=Y(검색일: 2024. 10. 20.)

__________, "보조사업 실적보고 및 정산서", 2021. 3. 31.

손송이 서울과학기술대학교 IT정책전문대학원 디지털문화정책 전공 박사과정 수료. 『전쟁 이후의 목소리들: 인천지역 내 한국전쟁의 기억과 기념의 문제에 관하여』(2023) 출판 기획.

3부
기억과 연대

5·18의 기억, 애도의 연대

강내영

5·18의 기억과 4·16의 연대

2014년 4월 16일 바다 속으로 거대한 배가 서서히 수장되는 장면, 대부분의 승객들이 구출되었다는 언론의 보도, 국가와 사회의 무능한 대응 그리고 수많은 죽음이 있었던 세월호 참사. 희생자들에 대한 추모와 분노의 안타까움은 수사권과 기소권을 요구하는 법률 제정 및 참사의 원인과 책임자 처벌을 위한 진실 규명과 안전사회를 요구하는 사회적 애도로 확산된다.[1]

---

[1] 2014년 4월 16일 세월호 참사 이후, 시시각각 미디어를 통해 생중계된 세월호의 침몰과 생존자 수에 대한 연속된 오보를 접하며 한국사회가 점차 절망에 빠져가던 와중에 안산에서는 실종자들의 무사귀환을 위해 '촛불기도회'가 최초로 열린다. 그리고 4월 21일, '세월호 침몰사고 문제해결을 위한 안산시민사회연대'가 출범하면서 '촛불기도회'는 '희생자 추모와 실종자 무사귀환을 위한 안산시민촛불'로 바뀌었다. 이후 애도의 분위기는 안산을 넘어 전국적으로 확산된다(정원옥, 2015).

참사는 당시 한국 사회의 마음에 극심한 동요를 불러일으키며 '마음의 부서짐'이라 부를 수 있는 응축된 감정의 드러남으로(김홍중, 2016) 시민들의 집합적 행동을 촉발했던 사건이었다. 비록 촉발된 감정과 참여 계기는 개인적·사회적 삶의 변화, 국가에 대항, 정의의 실현과 회복 등과 같이 다양하면서 다층적이었지만 시민이 모이고 실천할 수 있는 사건이었다.[2] 정부의 무책임한 대응, 유가족이 거리에 나선 것에 대해 '진짜 유가족'의 자세를 찾는 것, "불순세력·빨갱이가 끼어 있다, 시체 장사다."라는 비난이 자유롭게 통용되는 사회적 분위기, 진실에 대한 유언비어 등으로 참사 자체가 가져온 고통은 가중되고 참사의 진실 규명은 지연되었다. 이와 같은 공적 차원의 애도 불가능성이 심화되는 사회적 분위기에서 세월호 참사가 가져온 상실을 가능성으로 바꾸는 애도가 요구되었다.

광주는 참사가 있었던 전남 진도와 지리적으로 가깝고 광주지방법원에서 세월호 관련 공판이 열려 매주 희생자 가족들이 찾는 곳이었기 때문에 이러한 공감이 절실했다. 가족을 잃은 슬픔을 추스를 겨를 없이 진실조차 투쟁으로 쟁취해야 하는 상황에서 지역민들은 유가족들의 아픔을 지지하고 연대하기 위해 '세월호 3년상을 치르는 광주시민상주모임'(이하 조직은 시민상주모임, 참여 주체는 시민상주)을 결성한다

광주는 세월호 유가족, 시민상주들에게 공동체가 살아 있는 곳, 5·18을 '주먹밥공동체'로 생존할 수 있었던 '오월공동체'의 경험이 현재까지 지속되고 있는 곳이었기 때문에 유가족과 공감하며 진실 규명을 끝까지 함께

---

2   이는 4·16운동이며 망각 세력과 기억 세력과의 갈등에서 피해자 집단과 시민사회가 주체가 되어 수평성, 다양성, 자발성을 특징으로 '진상 규명, 책임자 처벌, 안전사회 건설'이라는 공통의 목표로 세월호 참사를 기억하는 운동이라 정의한다(박래군, 2016).

할 수 있었다. 광주는 세월호 유가족의 아픔을 이해하고 보듬을 수 있는 당사자이자 연대할 수 있는 '진실과 치유'의 공간으로 설정된다. 참사는 시민 상주모임의 구성원인 광주 지역민, 5·18의 직접적 경험자들에게 있어 과거의 트라우마를 자각시키는 사건임에도 5·18의 경험과 기억은 세월호 참사를 이해하는 '기억의 틀'이자 5·18과 4·16의 연대를 의미하는 것이었다.

광주민주화운동으로 인정받기 위한 과정에 있는 '국가 폭력'과 '진실'이라는 주제는 세월호 참사에도 동일하게 적용된다. 압축된 사회 문제가 국가 폭력에 의해 자행되고 사회적 죽음은 그 결과라는 것, 그럼에도 진실은 현재까지 완전하게 규명되지 않았으며, 세월호 사건 또한 크게 다르지 않다는 것이다. 2014년의 참사는 1980년 광주가 겪었던 고통, 국가와 국민의 부재, 외로운 피해 당사자만 있다는 점에서 그때와 같다는 것이다. 참사는 5·18과 같이 국가의 폭력에 의해 발생한 사건이며 여전히 학살 책임자들이 한국 사회를 통치하고 있다. 세월호 유가족들에게는 5·18유가족들이 느꼈던 고립감, 외부의 비난과 냉대만 있을 뿐이다.

진실 규명과 책임자 처벌을 위해서는 광주와 같이 더딘 시간과 고난이 있으며 얼마나 많은 국민들이 잊지 않고 기억해서 진실이 밝혀지는 날까지 함께하느냐가 가장 중요한 조건이라는 것이다. 현재의 고난은 일종의 '거룩한 시간'이며 때로는 좌절감, 무력감, 패배주의로 인해 흔들리기도 하겠지만 진실에 도달하고 승리하기 위해서는 고난을 참고 끈질기게 행하는 사람들이 있어야 한다.[3]

이는 내가 살고 있는 사회의 수준이라는 인식에서 오는 부끄러움, 배

---

3   "'세월호 시민상주일기', 세월호 참사, 500일…", 〈광주드림〉, 2015. 08. 31.

가 침몰해서 형체도 없이 사라질 때까지 지켜볼 수밖에 없었다는 무력감, 지켜주지 못해서 미안하다는 말 한마디에 이 땅에 사는 많은 이가 공감했던 것은 결국 이런 무능력한 사회를 만들었던 자기 자신이자(김종엽 외, 2016, 85쪽), "광주시민 여러분 계엄군이 쳐들어오고 있습니다. 우리를 잊지 말아주세요."라는 소리에 응답하지 못했던 자괴감과 끝까지 함께하지 못했던 부끄러움으로 현재까지 죄인의 심정으로 살아가는 광주의 시민, 나아가 시민상주 자신들에게서 비롯된다. 살아남은 이들이 느꼈던 죄의식과 부끄러움의 부채의식이 광주라는 도시와 지역민들을 전염/감염시켰던 공감 구조의 근거인 까닭이다(이영진, 2016).

참사의 원인 주체인 국가는 피해자들과의 협상과 협박의 개별화 전략을 통해 유가족 개인들을 고립화하는 전략을 취하며 언론은 무관심과 왜곡된 보도로, 갈등의 대척점에 있는 사회 세력은 유언비어의 유포로 애도의 연대를 무력화 시킨다(시민상주모임, 2016, 320쪽). 진실이 없다면 일부의 진실마저 왜곡되고, 책임자 처벌은 요원해진다. 현재까지 5·18을 왜곡하고 비방하는 세력들이 이처럼 희생자와 유가족들을 비방하고 있는 것도 완전한 진실 규명이 이루어지지 않았기 때문이다.

이처럼 5·18에 대한 개인적이고 복합적인 다양한 층위의 경험과 기억에도 불구하고 5·18에 대한 집합 기억(김덕영, 2019)은 광주 지역에 뿌리내리며 애도가 점차 불가능해지는 정치 상황과 배타적 사회환경에서 상실에 따른 정치적 요건과 집합행동을 요청할 수 있는 사회적 애도를 요청한다(유혜정, 2018). 시민상주들의 애도 작업은 연대의 확인이자 확산이었으며, 집합적 기억으로 사회를 구성하는 '기억의 정치'를 통해(이영진, 2012) 연대, 소통, 재현이 재구성되는 애도의 가능성을 탐색하는 실천이었던 것이다.

이 애도는 국가 없는 사회를 이룰 수 있는 연대의 발명으로 공동성을 회복하고 죽은 자, 유가족, 시민이 적극적 사회운동의 참여자로서 주체화된다. 사회 연대와 공동체를 통한 참여는 트라우마 집단에 대한 '사회적 지지'를 부여함으로써 실질적으로 심리적 안정감과 사회적 관계 회복의 의지를 북돋는 기능도 수행하며 트라우마의 의미를 기억하게 하고, 문화나 제도를 구축하는 힘을 행사하게 한다(김왕배, 2014).

"죽음과 애도 그리고 그 죽음을 기억하기 위한 일련의 실천(practices)이 한 사회의 영속을 위한 가장 중요한 조건"(이영진 외, 2017, 37쪽)이며, '애도의 정치'가 국가의 공식 애도로부터 배제된 죽음들에 대해 진실을 밝히고, 사회정의를 실현하도록 국가와 사회에 호소하고 압박함으로써 죽은 자에게 충실하려는 남은 자들의 모든 실천적 행동을 함축한다면(정원옥, 2015) 시민상주들의 애도는 우울증과 애도라는 대립적인 의미에서 벗어나 희생자들과 자신들의 삶을 변화시키는 진정한 의미화 작업, 즉 데리다(Derrida)적 의미의, "타자에 대한 충실성, 타자에 대한 환대의 윤리라는 관점에서 우리 자신을 어떻게 애도할 것인가."라는 '애도의 애도'(진태원, 2012)를 위한 문제로 귀착될 수 있다. 애도가 죽은 자들을 떠나보내기 위한 작업임에도, 이것은 곧 이를 수행하는 살아남은 자들의 몫이자 이들 사이의 사회적 관계를 중심으로 전개되는 양상을 보인다. 이제 애도는 민주적 교환, 소통, 협력의 시민적 과정들이라는 측면의 민주적 상호관계를 통해 이루어진다.

새로운 사회운동이 상이한 계급과 비계급적 집단들의 사회적 동맹에 의해 수행되며, 생산영역이 아닌 다양한 영역에서 발생하고, 보편적이고 특수한 것을 지향한다는 점에서(박형신 외, 2000) 참사 이후에 희생자들과 시민사회의 결합은 당사자를 넘어 다양한 계층과 계급의 시민들을 결합하는 사회운동의 또 다른 징후이다. 이 사회운동은 중앙집권적이고 대표제에 운영되는 조직에 대한 거부, 행위 참여자들의 자율에 기초한 직접 참여, 분권적이고, 유동적이며, 수평적으로 결합하고 연대하는 방식이 특징이다. 즉, 다양한 이슈에 대한 다양한 행위자의 참여는 운동의 실패 또는 성공이 아닌 실천과 행위의 과정(민주주의의 확장)이라는 측면에서 의미를 가진다. 계급 중심의 노동운동이 쇠퇴하고 환경, 여성, 생태, 평화, 인권, 소수자 등 다양한 이슈에 대한 현대 사회운동의 확장은 전통적인 당사자 중심을 넘어 '욕망투쟁'과 '주체성'의 생산이라는 관점에서 운동에 참여하는 행위자들의 삶과 관계를 스스로 변화시키는 새로운 사회운동의 가능성을 의미한다.[4] SNS를 조직 구성과 소통의 도구로 이용하는 시민상주모임처럼 디지털 시대의 사회운동은 탈중심성, 비위계성, 민주성, 개방성, 다양성, 확장 가능성, 이질성, 분산성, 유동성, 유연성, 비공식성, 자치성의 원리에 점점 더 의존한다는 사실을 강조한다(이항우, 2012). 다양하고 이질적인 주체의 참여, 탈중심성, 미디어가 핵심 도구로 사용되고 복합적인 개인들과 시민사회 단체가 그 이질성에도 불구하고 느슨한 형태의 연대를 보여주는 것이다.

시민상주모임은 참사를 촉발했다고 간주되는 경제적 합리성, 폐쇄적이고 관료적인 위계적 국가 구조 등과는 분명히 구별되는 민주적 의사 결정, 자율성, 참여의 개방적 접근 등의 조직 구성으로 설명된다. 이들은 애도에

---

4 현대의 '비물질노동'의 조건에서 생산은 전통적인 의미의 경제의 경계들을 넘어 문화, 사회, 정치와 직접적인 관계를 맺으며, 이 경우에 생산되는 것은 단순히 물질적 재화가 아닌 현실적인 사회적 관계와 삶형태들이라고 할 수 있다. 따라서 현대의 사회운동이 네트워크를 통해 조직된다는 것은 새로운 사회적 관계들과 형식들을 재창조한다는 것을 의미한다. 주체들의 특이성에 기초한 이 관계의 상호작용은 '공통된 것(the commons)'을 생산하는 것이며 다시 '공통된 것'을 생산한다(안토니오 네그리·마이클 하트, 2008, 120~278쪽).

참여함으로써 자율, 소통, 협력, 정서에 기반한 사회적 네트워크를 구성한다. 참사의 애도라는 공통의 목표에 참여하기 위해 이들은 결합했고 광주라는 물리적 공간에 거주하며 이들은 어느 특정 계급, 계층으로는 환원할 수 없는 상이한 성, 노동 참여 형태, 연령 등으로 구성돼 있다. 이들은 상이한 문화, 젠더, 생활방식, 세계관, 욕망 등을 지닌 집합체이며, 사회적 생산의 온갖 다양한 형상, 교회에서 설교하는 목사, 가사노동에 참여하는 주부, 학업을 수행하는 청소년, 물직적 재화를 생산하는 공장의 노동자, 학생을 가르치는 선생님 등 참사에 대해 슬프하고 분노한 모든 사람들이다. 지역적, 상황적, 시간적 조건들이 다름에도 사회적 죽음은 언제나 발생할 수 있다. 따라서 이들의 애도는 훈육적 사회질서에서 다른 삶으로의 전환이다. 세월호 참사에 대한 애도의 참여는 완료되지 못한 애도를 위한 투쟁이자(더글러스 크림프, 2021, 195쪽) 사회의 자율적 재생산 역능을 규정하는 욕망들, 즐거움들, 실천들의 축적을 통해 새로운 삶의 형식들을 만들어 가는 자기가치증식의 과정이었다는 것이다(윤수종, 2014, 107쪽).

5·18 기억과 세월호 참사라는 반복된 역사와의 연대는 이 애도의 정신이 사회적 죽음에 대한 애도 실천의 어떤 형태로 가능하다는 것이다. 문제는 이것이 굳이 후진국형 재난이 불리는 것과 상관없이 국가 폭력에 의한 것에서도, 사건과 재난에 있어서도 사회적 죽음은 계속된다는 것이다. 진실 규명이라는 첫 번째 목표는 "갈등을 탈인격화하는" 진실−사법의 체계에서 법률 대리자들을 통해 처벌하고, 제도적인 통치 방식에 대한 문제 제기와 이에 책임 있는 정부를 교체하기 위한 투표 행위라는 사회적 갈등의 연속일 뿐이다.

참사는 사회의 편견과 혐오를 드러내지만 공동체 정신의 발현과 연대를 요구하기도 한다. 그래서 5·18의 기억은 과거의 유산이자 기억하기로 머무는 것보다 새로운 사회적 죽음이 남긴 상처받은 피해자, 유가족, 그 비극한 목격한 우리가 그날 이후를 어떻게 치유하고 연대하고 기억해야 하는가에 대한 질문이기도 하다.

애도 공동체의 형성

시민상주모임은 세월호 참사의 진실 규명을 함께했던 수많은 사회 연대 조직 중 하나이다. 당사자인 유가족을 중심으로 그들의 삶과 투쟁을 통해 '진실 규명'을 우선 목적으로 집합행동을 실천하였다. 시작은 애도의 과정에서 누구나 경험하는 살아남았다는 죄책감과 상실한 이들과 운명을 함께하지 않겠다는 결심(더글라스 클림프, 2021, 196쪽), 유가족들의 '고립감'으로부터 "세월호 유가족들의 요구에 귀를 기울여 함께 행동할 것", "세월호 참사 희생자 가족들이 비빌 수 있는 언덕이 되어주는 일"로 누군가의 연대가 필요하다는 것에 공감한 것이다. 유가족의 곁에 서는 지지와 연대가 그들이 지향하는 공동체를 이끌어낼 공통의 기반이라는 것이다(김종엽 외, 2016, 307쪽). 사회적 죽음과 애도의 참여는 현대사회에 있어 개인의 취약성, 시민과 시민, 국가와 시민은 어떻게 관계 맺을 것인가에 대한 정치철학적 질문의 제기하며 다른 형태의 연대 가능성을 제시한다.[5]

시민상주모임 결성 전 마을촛불제에서 시민의 역할은 특별히 어떤 일을 한다기보다는 아픔과 고통 속에 있는 유가족들 곁에 있기 위한 행동이었다. 참사 초기 느꼈던 분노, 슬픔, 죄책감, 부모로서의 사랑 등의 마음의 동요는 시민상주모임 참여의 첫 번째 근거였다. 내 자식과 비슷한 또래의

아이들을 잃었다는 상실감과 안타까움은 유가족의 일만으로 치부할 수 없
는 기성세대로서 국가의 실패를 보고만 있었다는 죄책감으로 작용했다.

> 촛불을 켜고자 하는 이유는 슬픔을 잊고 외면하면서 살아가는 것
> 보다 내 옆에 있는 아이에게 부끄러운 부모가 아닌 세상 앞에서 희망
> 이 되는 부모가 되고자 함입니다. 이 미안한 마음은 행동하겠다는, 가
> 만히 있지 않겠다는 각오로 이어졌고, 마을마다 하나둘 촛불이 켜지
> 기 시작했습니다.[6]

사회 참여 경험이 거의 없는 구성원, 그동안의 촛불시위의 실패를 경험
했던 구성원들은 시민상주모임 참여를 결정하는 것이 쉽지 않았다. 자신
들이 제3자의 입장에서, 자식을 잃은 부모의 마음을 공감할 수 있을지에
대한 두려움도 있었다.

> 창자를 끊어내는 아픔을 표현할 말이 없어서. 두 자식을 둔 아비
> 로서 난 세월호 유가족의 그 고통을 몸과 마음에 얼마나 각인하고 공
> 감하고 있는지 두려웠다. 세월호 참사를 익숙한 죽음의 하나로 받아

---

5 세월호 참사는 홀로코스트와 같은 죽음에 대한 명확한 원인을 특정할 수 없다는 것이다.
   원인이 없는 죽음에서 피해자와 공동체는 어떻게 대응해야 하는가? 전쟁, 국가 폭력에
   의한 죽음에 대한 애도의 정치화와는 분명 다른 길을 걸어야한다는 것이다. 따라서 불균
   질하게 인지되고 재현되는 죽음을 인식하고 표상을 배분하는 것은 사회 전반의 윤리적
   능력이나 이데올로기의 상황에 근거한다(천정환, 2021, 144쪽). 이처럼 사건을 사건으
   로 만들어주거나 의미 생성의 선별과 배제의 작업을 시도함으로써 사건을 '사고'로 축소
   할수도 있는 이데올로기데 대한 비판적 성찰이 필요하다(김종엽 외, 2016).
6 「촛불 밝혀 두리라. 어둠 태우리라」,〈광주드림〉, 2014. 10. 01.

그러나 개인이 아닌 함께하는 다른 성원에 대한 신뢰, 자신들이 살고
있는 곳에서의 작은 움직임에 대한 믿음이 시민상주가 되고 실천을 지속
시키는 근거였다. 어떤 일도 개인으로는 가능하지 않으며 애도에 참여하
는 개인들의 연대는 "우리, 마을, 나아가 사회가 함께하지 않는다면 이루
어 낼 수 없다."는 문제의식과 진실 규명의 가장 현실적인 동력이었다.

지역 교육단체에서 활동하는 성원 중 한 명이 시민상주모임 구성 계획을
자신의 SNS에 밝히고, 이에 호응해 2014년 6월 16일 22명이 첫 모임을 시
작했다. '세월호 3년상을 치르는 광주 시민상주모임'이라는 이름으로 시민
상주의 공식적인 활동을 세월호 참사가 발생한 지 정확히 3년 후인 2017년
4월 16일까지 이어갈 것을 결의했다. 토론회에 모인 성원들은 매주 수완,
첨단, 문산, 운암, 일곡, 금남 등 자신들이 거주하고 있는 여섯 개 마을에서
촛불모임에서 시작했다. 첫 번째 과제로 세월호 사고 진상 규명을 위한 특
별법 제정을 요구하는 '천만인 서명운동'을 진행했고 이후 전국적으로 추모
열기가 사그라들 때에도 정부와 일부 언론, 사회단체들의 왜곡에 대응해 마
을촛불, 천일순례, 피켓 시위 등의 방식으로 활동을 이어갔으며, 300여 명
의 성원과 17개의 마을촛불로 확장되었다. 2017년 4월 17일 '세월호 3년 상

---

7   「세월호의 길 위에서」, 〈광주드림〉, 2014. 09. 01.

을 치르는 광주시민 상주모임'은 '세월호 광주 시민상주모임'이라는 이름으로 변경하고 세월호 참사의 진실 규명과 안전사회를 건설하기 위한 다양한 활동들과 함께 마을운동, 교육운동, 환경 등의 주제로 확장하고 있다.[8]

시민상주모임은 이전 운동과 사회 활동에서 보여주었던 조직이나 단체를 전면에 내세우는 연대와 다름을 지향했다. 이들의 연대는 시민상주 개인을 기본 단위로 이루어지며, 이것은 개인의 자각, 개인들의 연대를 통해 시민상주모임과 유가족, 시민사회단체, 개인의 연대를 이룬다. 이들(시민사회단체의 활동가, 정당인, 사회 참여가 처음인 사람 등)은 다양한 목적의식을 가지고 있지만, 오직 세월호 참사에 대한 애도라는 공통분모를 통해 모이게 된 사람들이었다.[9]

시민상주가 되는 방식은 간단하다. 먼저 시민상주를 시작한 성원이 지인들에게 이런 모임이 있다고 알리고 그 목적에 공감하는 시민을 단체 채팅방에 초대해 간단한 자기소개 후 입회하는 방식이 있다. 또는 길을 걷다가, SNS, 언론기사를 통해 만나게 되는 시민상주 모임의 활동에 관심을 갖고 초대를 부탁해 가입하는 방식 등 시민상주 활동의 취지에 공감하

---

8 첫 모임에서는 1) 매주 마을마다 촛불모임을 갖고 천만인 서명운동을 진행, 2) 매월 첫 번째 주 토요일, 광주 전역에서 천만인 서명운동을 진행, 3) 촛불모임이 없는 마을에서는 뜻있는 주민들이 모여 촛불을 밝힐 것, 4) 문화예술인들은 시, 노래, 춤, 그림 등 주민들과 함께 나눌 수 있는 예술마당을 마을 촛불모임과 함께 만들고 5) 3년 동안 세월호 유가족들을 지원하고, 자신의 삶과 사회의 방향을 '돈보다는 생명'의 가치로 바꿔가겠다는 사람들은 '상주모임'에 모여 토론하고 행동할 것을 제안한다.

9 시민상주는 당시 30~40대가 많은 비율을 차지하고 있었지만 청소년에서 60대에 이르기까지 넓은 연령대의 성원으로 구성돼 있다. 상주모임에는 공동의 활동을 하지 않는 성원, 조용히 활동하는 성원이 있고, 모임의 입출입이 자유롭기 때문에 정확한 비율을 파악할 수는 없었지만 상주모임 내에서 이루어진 인터뷰에 응한 100명의 성원들의 남녀비율은 여성 55%, 남성 45%이며 주부, 청소년, 시민활동가, 종교인, 전문직 등 다양한 영역의 성원들이 참여하고 있었다.

는 어떤 사람도 시민상주가 될 수 있다. 초기에는 잠시 단체대화방을 보지 않는 사이 이곳저곳에서 성원들이 초청되고 소개로 사람들이 갑자기 불어나기도 했다. 처음에는 SNS를 통해 조직이 구성되고 활동을 진행하다가, 전체회의가 있었던 2014년 6월 30일에 처음으로 대면하고 서로를 확인한다. 단체대화방에서는 이름이나 닉네임 등으로만 서로의 존재를 확인하고 일상에서는 노란 리본을 통해 서로를 확인한다.

필수 요건은 3년을 활동하기 위해 개인의 결단을 요구한다는 것이다. 참여 주체로서 개인의 결단이 필요하다고 봤기 때문에 단체가 아닌 개인으로 성원이 될 수 있으며 실제 시민사회단체의 활동가, 청소년, 대학생, 전업 주부, 교육자, 예술가, 전문직 종사자, 정치인, 종교인 등 다양한 영역에서 다양한 연령대의 성원들이 개인의 자격으로 참여하고 있다. 상주가 되었더라도 전체회의나 마을촛불 등의 모임에 참여하고 자신들의 의견을 개진하는 것에 의무가 뒤따르지 않는다. 또한 자신들의 일상과 함께 세월호 관련 활동을 실천하기 때문에 어느 시기에는 참여가 활발하다가도 자신의 일상의 문제로 참여 활동의 빈도가 점차 줄어들기도 한다. 따라서 대표가 아닌, 상주로 참여한 모든 성원이 스스로 선택할 수 있는 개인이며 결단에 따른 책임도 곧 그 개인에게 있다.[10]

정해진 규칙, 구성원 규정, 조직체계, 대표, 사무국도 없으며 한 달에

---

[10] 초기에 광주 지역의 시민사회단체들의 연합체인 시민대책회의에서도 '시민상주'라는 이름으로 가입이 불가능해 개인 자격으로 참관하며 의견을 제안하는 방식을 취하였고, 2015년 4월, 416연대에서 유가족들과 국민대책위에서 시민상주모임의 대표자를 선정하여 416연대 운영위원으로 위촉해 달라는 요구가 있었으나, 대표가 따로 없는 상주모임의 기본 성격 때문에 논의테이블에 속하는 운영위원이 아닌 각 개인으로서 416연대에 회원가입을 하기로 했다.

한번 있는 전체모임과 SNS의 소통이 실천의 도구이다. 구성원이 자신이 맡고 있는 일에 다른 구성원들이 참여할 수 있는 일을 제안하면, SNS의 단체대화방에서 이 실천에 대한 의의와 목적을 설명하고 공감하는 상주들이 결합해 공동으로 실천하는 것이다. 상주들이 대체적으로 공감하고 적극적으로 결합하는 실천은 애도의 연대를 확장하는 작업, 세월호 참사를 시민들에게 환기시킬 수 있는 재현들과 다양한 프로젝트들이다.

<표 1> 시민상주 조직 내 운영팀

팀 이름	내용
줌마리봉스	30~40대 주부들을 주축으로 동네 모임이 구성돼, 용봉, 풍암 등을 중심으로 노란 리본을 제작해 공급. 가사일과 함께 상주모임에 동참하고자 시작
인터뷰팀	시민상주 성원들이 팀을 꾸려 시민상주 개개인의 이야기와 변화, 세월호 활동을 중심으로 인터뷰를 진행. 1년 여 동안 100명의 시민상주를 만나 인터뷰를 진행해 책으로 발간
팽목밑반찬지원 (장금이방)	월 1회 팽목항으로 떠나는 기다림의 버스편으로 실종자 가족들을 위한 반찬을 만들어 보내자는 말 한마디에 '장금이 아짐들'이라는 6명의 여성들이 매달 마지막 주 목요일 오후 6시 30분, 일곡동에 모여 요리
교육팀	'진실이 밝혀질 때까지 지치지 않고 싸우려면 교육이 필요하다.'라는 취지로 구성. 교안 개발을 통해 세월호의 진실을 알리는 데 주력
촛불 예술단	마을촛불의 독려를 위해 '촛불 예술단'이라는 이름으로 광주예술인들이 노래와 춤, 타악 연주를 길거리에서 진행. 문화제, 팽목항 기다림 예술제에서 공연, 전시

누구에게나 열려 있는 시민상주모임의 개방성은 모임에 입회하는 구성원들의 적극적인 결합을 위해서지만, 이것은 조직의 규모를 확대하는 것을 넘어 진실 규명이라는 목적을 위한 전략적 수단이었다. 자신들만의 조직, 또는 세월호 참사에 대한 성격 규정과 해결 방안을 완전하게 동의하는 시민들, 구성원들만을 위한 폐쇄적 구조가 아니다. 조직 내부로 수렴되

는 애도와 실천의 통일을 방지하기 위해, 그리고 구성원들의 피로도를 완화하기 위한 것이었다. 따라서 이들은 더 많은 시민들에게 진실을 알리고, 그들의 연대에 참여할 수 있는 방법을 고안하는 것이었다.[11] 초기부터 시민상주들은 세월호 참사의 진실을 풀기 위해서 지역을 넘어 타 지역의 시민, 사회단체들과의 연대를 지향했다. 전국의 수많은 다른 시민, 시민모임, 시민사회단체와의 연대는 시민상주모임이라는 조직의 이름을 전면에 두고 이루어지기보다 모임에 소속된 시민상주 개인들에 의해 이루어지는 것이었다. 예를 들어 생협이나 한살림 등 전국적인 네트워크에 소속돼 있는 시민상주들은 기존의 이 네트워크를 활용해 시민상주모임과 연대하고 서로의 실천을 공유하는 역할을 수행하게 된다. 시민상주들이 지향하는 수평적인 구조는 자칫 사회참여 활동의 경험이 있는 성원들이 세월호 활동의 방향을 결정하고 이를 따르게 하는 전통적인 운동의 방향으로 흐르는 것을 방지하는 역할을 수행한다. 이는 처음으로 용기 내어 세상의 문제 참여하게 된 성원, 또는 상주로서 이름을 걸었지만 단체대화방에서 대화나 드러나는 활동에 소극적인 성원들이 자신들의 의지로 세월호 활동을 지속할 수 있는 기능으로 작용한다.

그러나 자율성과 개방성에 기초해 다양한 제안이 있고 의사 결정이 이루어지는 구조에서 세월호 참사에 대한 진실 규명과 어느 정도의 목표, 예를 들어 '안전사회'라는 큰 지향점을 위해 "지도부"라 불릴 수 있는 대표가 없다면 상주모임의 동력은 곧 떨어질 것이라는 우려가 지속적으로 제기된

---

11   시민상주들은 '세월호시민상주일기', '사람꽃피다'-시민상주 100인 인터뷰집, 언론 기고
      등 끊임없이 글쓰기, 말하기의 감응(affect)을 시도했다(박경섭, 2020).

다. 유가족과의 관계에서도 '단원고 교실 존치'에 대한 지지모임을 유가족 측에서 먼저 시민상주들에게 제안하지만 안산과의 물리적 거리, 지속적으로 참석할 수 있는 시간적 여력이 있는 시민상주가 없어 결국 공식적인 지지 선언과 당일 참석이 가능한 구성원이 상황을 전달하는 수준에서 마무리된다. 대표와 체계적 조직 구성의 한계로 유가족들과의 연대가 때로는 자신들의 공간과 일상을 넘어서기 어려웠음을 보여주는 사례이다.

처음부터 대표가 없는 것을 전제로 조직이 시작됐고, 각자의 자리에서 자기 방식으로 세월호 참사와 관련된 다양한 활동을 진행하는 것을 지향했기 때문에 이 문제는 2015년 2월 1일 전체회의에서 한 구성원의 제안으로 활동기금의 모금과 정산을 문제없이 처리하고 모임 운영의 부족한 면을 보완하기 위해 사회적 협동조합이나 사단법인의 설립을 추진하기로 결정하고 이를 준비할 실무팀을 구성하기에 이른다. 그리고 2015년 2월 22일 천일순례 후 상주모임의 재정 투명성과 지속적인 운영을 위하여 이사진을 결성하여 빠른 절차를 밟으면 되는 사단법인과는 달리 1인 1표제로 직접 민주주의를 실현할 수 있는 협동조합이 상주모임의 성격에 가장 부합된다고 생각되는 사회적 협동조합이 적합하다는 의견이 많아, 사회적 협동조합을 결성키로 하고, 2015년 6월 28일 시민상주모임을 비영리민간단체로 등록한다.

진실 규명과 재현

애도의 실천적 조건으로 제시된 진실 규명은 애도의 작업을 통해 죽은 자와의 관계를 새롭게 의미화하는 작업이자 참사의 희생자들에게는 외상의 회복과 치유 작업의 전제 조건이자 핵심 동력이며(김종엽 외, 2016, 80쪽) 여전히 밝혀지지 않는 억압받는 진실과 고통의 본질을 밝히고 사회화려는 다른 애도 주체들의 재현의 정치와 긴밀한 매듭을 맺고 있다. 5·18진실규명운동과 4·16진실규명운동에는 피해자와 한국 사회라는 공동체 전체에 커다란 충격과 고통을 안긴 외상적 사건, 진실을 은폐하려는 힘과 진실을 밝히고자 하는 힘의 갈등이 있었으며 유가족이 스스로 참여주체가 되고, 시민사회와의 연대를 형성해 활동했다는 것, 공론장의 역할에서 언론이 기능하지 못하고 대안적 활동이 존재한다는 점에서 유사하다. 그럼에도 철저한 사회적 고립 속에서 진행된 5·18진실 규명과 달리 4·16에는 미디어를 통한 수많은 목격자들이 존재한다는 점에서 즉각적인 사회적 연대가 가능했다(김종엽 외, 2016, 7쪽).

'상주'가 "잊지 않고 기억한다.", "끝까지 함께한다."는 의미라면 결국 이것은 망각과의 싸움이라 할 수 있다. 곧 이 기억은 완전하다고 생각되는 진실의 회복에서부터 시작하는 것이다. 진실의 은폐는 이러한 참사가 재발할 수 있다는 것이었다. 진실 규명 활동은 참사의 희생자들을 단지 사고에 의한 죽음으로 치부하고 사법적 질서로 봉합하려는 국가에 대한 저항이며, 이 실천을 통해 자신들의 행위의 정당성과 연대를 넓히고자 하는 집합 기억의 확산이었다. 세월호 참사에 의해 촉발된 애도의 정치에서 첫 번째 목적은 명확히 규명되지 않은 참사의 원인을 밝히는 것이었고 참사의 1차적 원인이 우리 사회, 나아가 국가에 있다는 문제의식은 시민상주들에게 있어 곧 다른 방식의 사회와 국가를 사유할 수 있게 한다. 곧 세월호 참사의 진실을 추구한다는 것은 "희망이 있는 국가", "보다 나은 사회의 건설"이라는 상으로의 전환이었다.

세월호 참사는 1~2년 사이에 생겨난 것이 아니다. 우리나라가 비약적인 성장을 이뤘지만 그 사이 안전이나 시민 권리 등에는 소홀했다는 것이 여실히 증명됐다. 이것을 만회하기 위해서는 단순히 몇 년도 부족할 것이다. 세월호 참사의 진실을 규명하고 보다 나은 사회를 만드는 데 3년이 더 걸릴 것이라고 생각한다.[12]

따라서 시민상주의 첫 목표는 세월호 참사의 분명한 진실 규명을 위해 유가족들이 요구하는 진상조사위원회에로의 수사권과 기소권을 보장하는 특별법 제정이었다. 이를 위한 '천만인 서명운동'은 매주 열리는 촛불모임과 매월 첫째 주 토요일 광주 전역, 자신들 일상의 삶 주변에서 계속해서 진행되었다. 서명운동은 '진실―법'이라는 사법적 해결에서 국가를 압박하는 수단이자 시민들의 호응을 이끌며 대중들을 동원하는 이중의 효과를 위한 방식이었다. 이를 위해 마을, 광주의 중심부, 터미널, 축제 현장, 다양한 행사장을 찾아 서명과 리본 나누기를 진행하며 실천을 이어갔다.

당시 안산을 비롯한 전국에서 세월호 진실 규명을 위한 작은 움직임 가운데 하나로 '세월호 특별법 지지 개인 현수막 달기' 운동이 펼쳐지고 있었다. 시민상주들은 스스로를 자신들과 대중들에게 드러냄으로써 자신의 삶에 대한 의지와 고백을 통해 시민들의 공감과 동원을 이끌어 냈다. 현수막 약 1000개는 세월호 재판이 열렸던 광주지방법원 앞길에서부터 중흥삼거리, 광주교대 앞까지 이어져 도로를 달리는 차 안에서, 거리에서, 그리고

---

12 「세월호의 길 위에서」, 〈광주드림〉, 2014. 09. 01.

세월호 유가족들이 광주를 찾을 때 볼 수 있도록 배치됐다. 노란색 족자형 현수막에 적힌 시민들의 실명 메시지로 진행되었으며 '진실', '생명', '안전' 등의 키워드로 대중들의 공감을 일으키는 내용이었다.

다음으로 '진실마중길'이 있다. 진실 규명을 촉구하며 유가족들을 위해 무엇을 할 수 있을지 고민하며 시작된 '세월호 진실마중길'은 2014년 6월 24일에서 2015년 7월 14일까지 총 42회에 걸쳐 진행되었다. 세월호 선장과 선원들의 재판이 2014년 6월 10일부터 시작되었고, 시민상주에서는 3번째 재판부터 '진실마중 사람띠 잇기'를 시작했다. 시작은 기소된 선장과 승무원 등 15명에 대한 재판이 열리기 전, 광주지방법원 앞에서부터 법원 사거리까지 "잊지 않겠습니다", "늘 함께하겠습니다", "천만 서명 진상 규명 특별법 제정" 등이 적힌 피켓을 들고 200여 명의 시민들이 함께 줄지어서 유가족들을 응원하는 것이었다. 재판이 열리는 매주 화요일 오전 9시에서 10시 사이에 광주를 찾는 유가족과 함께하기 위해 시간을 낼 수 있는 시민상주 성원이 참석해 유가족들을 맞아 진실 규명을 염원하는 피켓을 들었다. 또한 이에 공감하는 시민들이 손을 잡고 서서 '사람띠 잇기', 광주비엔날레 시민참여 프로그램으로 '세월호 진실나무 퍼포먼스'를 진행하였다. 손뜨개 작품은 광주지방법원 앞 가로수에 '진실의 옷'을 감싸는 퍼포먼스로 전국 각지에서 엄마들이 보내준 뜨개질 조각보를 하나씩 모아 완성한 작품이다. 이 과정은 희생자들의 죽음을 애도하는 것이자, 참여자들을 위로하는 것이다. 또한 개인들에게는 사적인 애도 의식을 제공하고, 각자의 작업에 의해 만들어진 뜨개가 결합되는 과정을 통해 공동의 애도 의식을 제공한다. 그리고 애도에 참여하지 않는 자들과 상실을 경험하지 않는 자들에게도 애도에 참여하는 자들이 겪는 상실을 가시화해 보여주는 것이다.

시민상주들의 애도에 대한 문화예술적 재현은 주로 추모제, 문화제 등 의례에서 시민상주들의 주관적 관점과 사랑, 돌봄, 상실, 애도, 공포, 절망, 분노 등의 감정을 표현하고 전달한다. 애도에 참여하지 않는 시민 또는 애도에 일정한 거리를 두고 있는 사람들에게 희생자들과 유가족들의 감정과 기억을 공통의 경험으로 번역해주는 역할을 수행한다. 또한 감정 고양의 절차를 거치면서도 세월호 참사에 대한 원인과 대안, 정보를 제공하고 이를 통해 애도의 작업을 방해하고 멈추려는 정부와 언론을 비판하는 역할도 수행한다.

예술을 통해 현실에 개입하고자 하는 행동주의 예술은 자신들이 만드는 문화적 생산의 성격뿐 아니라 작품의 위치, 생산 수단, 유통 수단도 반드시 함께 고민해야 한다(더글라스 클림프, 2021, 60쪽)는 관점에서 시민상주 모임의 소모임인 예술인행동 '장'은 시대와 참사의 현장성을 외면하는 초월적 예술 재현 방식에 대해 거부하고 시민들의 참여를 이끄는 방식이다. 몇몇 실천적 예술가 중심으로 이루어진 작품으로 상징화되는 것이 아닌, 시민들이 공감할 수 있는 내용의 재현을 시도한다. 2015년 7월 4일, '세월호 유가족과 광주예술인이 함께하는 토크콘서트'에서는 동구촛불모임 예술인들이 제안으로 현장에서 모임을 만들어 공예, 영상, 춤, 배우, 국악, 시 등의 분야와 시민작가로 유가족이 결합해 일상과 광장으로 나섰다.[13] 이들은 공동작업으로 재현을 시도하고, 세월호 희생자들에 대한 분명한 애도, 진실 규명에 대한 정보제공과 특별법에 대한 홍보 및 정확한 내용을 전달하며 왜곡 세력과의 갈등 전면에 나선다. 그들의 표어는 "예술은 늘 선을 넘

---

13 「예술인 5·18민주광장에 '장' 펼치다」, 〈광남일보〉, 2016. 05. 19.

는다, 세월호 참사를 기억하는 예술인들이 각자의 작업장을 넘어 광장으로 나선다, 이곳은 예술인들의 표현의 자유가 넘치는 곳입니다.”이다.

이외에도 미션을 수행한 사람이 세 사람에게 제안을 하고 제안을 받은 사람이 5일 이내에 미션을 실천하는 방식으로 ‘세월호 진실마중 챌린지’가 있었다. 일상 속에서 세월호 참사의 진실을 촉구할 수 있는 활동이면 무엇이든 한 가지 이상을 수행해서 SNS에 인증사진을 올리는 방식인데, 사례로 하루 동조 단식, 가정과 일터에 노란 현수막 걸기, 천만인 서명 받기, 하루 피켓 들기, 세월호 촛불참여, 팽목항 무박 2일 봉사 등이 있었다.

〈표 2〉 진실 규명과 재현의 활동

주제	내용
진실마중 사람띠잇기	세월호 선장과 선원들의 재판이 2014년 6월 10일부터 시작되었고, 시민상주모임에서는 세 번째 재판이 있었던 6월 24일부터 진실마중 사람띠잇기를 시작했다. ‘진실마중길’로 이름 붙인 법원 사거리에서 광주변호사회관까지 시민들이 준비해 온 피켓을 들고 재판 방청을 오는 유가족들을 응원하며 시민들에게 재판이 진행됨을 알리고, 선장-선원들의 양심에 호소하기 위해 마지막 재판이 진행된 2015년 7월 14일까지 총 42회를 진행
세월호 진실나무 뜨개옷 입히기	비엔날레를 찾는 국민들이 세월호의 진실을 알고 참여할 수 있도록 시민참여 프로젝트로 전시작업을 진행했다. 전국 곳곳에서 손뜨개를 만들어 보내왔고, 진실마중길 24그루의 나무에 옷을 입히고 시민들의 사연을 전시
시민상주일기 및 인터뷰 ‘사람꽃피다’ 연재	시민상주들이 활동 과정에 생각하고 느낀 이야기를 시민들과 나누고 공감을 이뤄가기 위해 주 3회 발간되는 광주드림 신문에 ‘시민상주일기’라는 이름으로 연재, 세월호 활동을 통해 삶을 전환하게 되었다는 이야기를 ‘사람꽃피다’ 출간
릴레이강연회	2014년 9월 15일부터 2015년 11월 26일까지 ‘세월호의 진실과 남은 사람들의 숙제’, ‘안전한 삶을 위한 진상 규명! 이제 시작이다.’ 등을 주테로 6차례에 걸쳐 진행
추모문화제	참사 100일에는 광주시민 촛불문화재, 200일에는 팽목항문화제, 300일에는 진실마중한마당 ‘세월호를 인양하라’ 진행
세월호 기억의 날	2015년 7월 16일부터 매월 16일 아침엔 광주 지역 도로 주요 4거리에서 진실을 알리는 아침 피켓홍보를 진행

주제	내용
빛고을 1000일 순례	2014년 11월 15일~2017년 8월 11일 전국적으로 시민들의 관심이 줄어드는 시기에 애도를 이어가고, 시민상주들의 지향을 시민들과 함께 걸으며 확인하기 위해 1,000일 순례를 시작

진실 규명을 위한 전략으로 추모제 혹은 문화제와 같은 의례 행위, 개인들의 애도 의지를 드러내고 시민들의 연대를 촉구하는 개인현수막 걸기 등을 사용한다. 이것은 유가족과 시민상주들의 감정의 표출과 고양을 통해 이들 애도 공동체 안으로 통합시키는 역할과 함께 세월호 참사에 대한 시민들의 관심과 연대를 끌어내는 역할을 수행한다.

광장에서 일상으로

5·18이 국가의 폭력에 대해 광주시민들의 저항이라는 분명한 대결 구도의 방식으로 표출되고, 이후 학살에 대한 국가의 사죄를 통해 민주화운동으로 위치매김했다면 세월호 참사는 현재까지 불분명한 진실 규명의 사건으로 남아 있다. 원인으로 지목되는 사고, 국가, 자본시스템 등의 복합적인 이유에도 세월호 참사의 진상 규명은 여전히 풀리지 않는 문제이다. 시민상주들도 대통령의 직무 유기, 국가 기관의 음모, 잠수함의 충돌, 이윤을 위한 무리한 선박의 운행 등과 같이 다양한 대상과 현실에서 그 원인을 찾고 있다. 여기에서 시민상주에서 활동하는 김○○ 목사가 단체대화방에서 읊조린 세월호 참사에서 우리 사회에 흐르고 있는 권력에 대한 문제인식은 현재를 잘 나타내고 있다.

　　권력의 엄청난 힘과 자본력은 조직과 파괴력을 갖는다. 복제도 해
　　내고, 강도 운하로 만들어 버린다 …중략… 온갖 조작도 가능하고 진
　　실을 뭉개 버리기도 한다. 그러나 단 하나 못 하는 것이 있다. 무력으
　　로 생명을 죽인 일에 대해 무사하게 지내는 일, 이 일만큼은 그 무엇
　　으로도 그 어떤 것으로도 지키지 못한다. 세월호 이전과 이후 달라진
　　것이 무엇이 있을까요, 인간의 존엄성 …중략…. 세월호와 무관한 일
　　은 하나도 없습니다.

사적 영역과 분리돼 공적 영역에 참여의 장이라 생각되던 대표제 민주
주의의 한계, 권력은 비가시적으로 우리의 삶 전체에 스며들어 작동한다
는 것, 그럼에도 저항은 곧 곳곳에서 일어날 수 있다는 가능성이다. 세월
호 참사는 '권력과 저항'이라는 우리 삶 전체를 관통하는 미시적 문제, 즉
'생명권력(bio-power)'에 의해 복종화된 주체들이 "비인칭적 특이성들을
해방함으로써" 또는 "자기 자신을 변형하고 자신들의 특이한 존재 속에서
자신을 변양시키는 것"으로의 전환을 촉발했던 사건이라 할 수 있다.[14]

시민상주모임이 처음 시작할 때 3년이라는 기간을 설정한 것은 지난
촛불시위에 대한 실망, 수많은 시민들이 모여 몇 달에 걸쳐 운동을 지속했
어도 결과적으로 어느 것도 이루지 못했다는 실패의 경험에서 비롯된다.
새로운 사회운동의 형태라는 네트워크 운동에 대한 과대평가 또는 성과의

14　삶의 양식의 변화시킨다는 것은 푸코의 『성의 역사-쾌락의 활용』의 설명처럼, 윤리적 실
　　천이 직접적으로 정치적 실천과 연결되어 있다는 것, 즉 저항이란 주체의 양상, '사유와
　　삶의 양식'을 변용하는 것이다(佐藤 嘉幸, 2012, 99~320쪽).

빈약함에 대한 지적처럼 참여자들은 지속 가능에 목말라했다.

비록 탈중심적이고, 개인의 자율성을 기반으로 작동하는 사회운동이 일시적이고, 사회적 효과를 발휘하지 못하는 것이라 평가되어도, 현대 정치의 대표제를 보여주는 정당이나 권력집중적 형태의 기구나 조직이 삶과 현실의 방향을 결정짓는 것으로 보일지라도, 무수한 단위의 권력들이 상호교접, 투입, 대결과 이에 따른 변이에 따라 권력의 방향이 변화할 수 있는 가능성을 지니고 있다. 시민상주모임에게 있어 세월호라는 화두, 세월호가 남긴 숙제를 3년상을 치르는 마음으로 붙잡고 해결해 보자는 의지는 시민상주모임이라는 안에서 각자의 약속을 세워 최소한 진실 규명이 이루어질 때까지 함께한다는 다짐이었다. 그래서 이들은 자신들의 일상과 마을을 세월호에 대한 애도와 함께 변화의 공간으로 설정한 것이다. 자신들의 개인적인 일상과 세월호 참사의 기억을 결부시키는 형태의 애도가 지속성을 담보한다는 인식에서 진실 규명이라는 명제를 위해 일상에서 각자 실천할 수 있는 여러 대안들을 제시하고자 하였다.

시민상주 개인은 애도의 목표를 넘어 무너진 사회의 복원과 변화를 갈

---

15 「'촛불지기' 동네마트 '세월호 기억' 3개월」, 〈광주드림〉, 2014. 07. 30.

망하는 시민들의 통로이자 광장의 역할을 수행한다. 시민상주모임 내의 소모임인 홍보팀이 구성원들의 실천을 지원하지만 시민상주 개인들은 일상에서 자신들의 일을 하고 있기 때문에 시민상주모임을 통로로 제안하고 제안을 받아들이는 시민상주들이 실천을 만들어가는 구조이다. 구성원 개인이 하나의 플랫폼이자 거점 역할을 수행하는 것이다. 일상은 구체적으로 자신들의 삶이 존재하는 일터, 가정, 마을과 함께하고 자신들의 지향점인 생명, 안전, 민주주의, 평화, 행복, 존중 등을 직접 실현할 수 있는 곳이다. 시민상주들은 자기가 있는 자리에서 애도를 실천하기 때문에 시민상주모임이 그 사안에 대해 직접적으로 개입하지 않더라도 시민상주 개인 네트워크를 활용해 접근하고 참여할 수 있게 된다. 세월호 참사 직후 희생자 인양이 지연되었을 때 실종자 가족들이 있었던 팽목항의 시민상주를 통해 실종자 가족들의 현재의 상황을 접하고 '반찬지원팀'이 음식 및 의류를 지원하거나 진실 규명을 위해 유가족 '도보순례단'이 어느 지역, 어느 곳에서 식사나 숙소가 필요하다는 내용이 있으면 그 지역의 쉴 만한 장소, 지원해줄 수 있는 시민사회단체를 바로 섭외해 유가족을 지원했다.

그들은 유가족들과 그리고 자신들이 설정한 안전한 마을과 사회, 생명과 인권이 존중받는 국가 등 더 나은 공동체를 위해, 자신들의 삶의 일부를 세월호 참사와 관련된 실천활동에 내놓는 모습을 보여준다. 매주 재판을 보러 오는 유가족들에게 손을 흔드는 일, 유가족들에게 힘이 되는 편지를 쓰는 일, 각자의 직장에서 동료들에게 진상 규명을 위한 서명을 받는 일, 매주 마을촛불을 드는 일 등 세월호 진실 규명과 유가족에 곁에 서는 큰 방향과 각 성원이 관심이 있거나 실제 참여하고 있는 환경, 교육, 노동, 인권 등의 다양한 주제로 함께 결합하며, 한 목표를 위해 여러 갈래의 길을 보장하는 방식으로 애도를 실천한다.

조직은 단체대화방에서 시민상주 개인의 제안 또는 '전체회의, 월례회의' 등의 정기적 모임에서 논의를 거쳐 끊임없이 변화하는데 이를 통해 새로운 방향이 모색되고 호응하는 시민상주 구성원에 의해 그 방향으로 전환한다. 초기에는 국가에 대한 분노와 저항, 세월호 특별법 제정을 위한 서명운동과 정치권에 대한 압박이 운동의 주를 이루었다면, 참사 200일 이후에는 시민 스스로의 진실 규명과 함께 '안전한 국가', '도시', '마을'을 주제로 확장했고 2015년 3월 16일 시민상주의 방향성 설정을 위한 전체 논의로 민주주의, 교육, 자본주의를 넘어 시민사회운동의 방향성, 마을운동, 연대로 의제를 확장해 이를 위한 대안과 실천을 모색했다.

자신들이 변화시켜야 할 사회는 자신들이 발을 딛고 살아가는 이 공간과 광주, 가깝게는 자신들의 마을에서부터 출발하는 것이었다. 따라서 그들의 활동 영역은 서울의 광화문, 유가족의 대부분이 거주하는 안산이기도 했지만 주로 광주와 자신들이 살고 있던 마을이었다. 무사 귀환을 위한 첫 촛불이 희생자의 대부분이었던 안산에서 켜졌던 것처럼 마을은 그들의 직접적 삶과 맞닿아 있는 곳이자 변화시켜야 할 공간으로 애도의 실천을 위해 다양한 성원들이 한정된 목적이 아닌 정치를 부활시킬 수 있는 공간을 창출할 수 있는 "공동의 공간"으로 설정된다(자크 랑시에르, 2015, 117쪽).[16]

---

16 이 첫 회의에서는 마을촛불에 대한 제안으로 매주 마을마다 촛불모임을 갖고 천만인 서명운동을 진행할 것, 매월 첫 번째 주 토요일, 광주 전역에서 천만인 서명운동 진행, 촛불모임이 없는 마을에서는 뜻있는 주민들이 모여 촛불을 밝힐 것, 문화예술인들은 시, 노래, 춤, 그림 등 주민들과 함께 나눌 수 있는 예술마당을 마을 촛불모임과 함께 만들 것, 3년 동안 세월호 유가족들을 지원하고, 자신의 삶과 사회의 방향을 '돈보다는 생명'의 가치로 바꿔가겠다는 사람들은 '상주모임'에 모여 토론하고 행동할 것을 제안한다.

　　진상 규명, 안전한 마을 및 국가로의 전환을 위한 실천은 각자의 마을에서 촛불을 드는 것으로 시작되었다. 금남, 문산, 일곡, 첨단, 수완 등 5곳 마을 주민들이 세월호 참사를 추모하기 위한 촛불을 들기 시작해 최대 19개 마을로 확장되었고, 17개의 마을촛불이 실천을 이어갔다. 5개 마을 촛불들의 연대를 통해 시작해 점점 옆 마을로 번져가 3년 동안 매주 마을 촛불모임, 문화제, 천일순례를 이어갔다. 마을촛불에서 마을활동을 시작하고 활발해진 곳들이 많았고, 시민상주들이 지속적으로 애도에 참여하는 원동력이 되었다.[17]

　　다양한 마을운동을 잇는 연결점이 되고 있다는 점에서 동단위의 마을은 세월호 참사의 활동을 지속하는 공간적 기반으로 작동하고 있는 것이다. 각 마을에서는 '마을촛불지기'를 중심으로 시민상주 또는 주민들이 매주 하루를 정해 모임을 갖고 세월호 참사 관련 피켓시위나 문화 행사들을 기획할 뿐만 아니라 지역 문제와 공동체의 가치를 고민하며 다양한 활동을 함께했다.[18] 세월호 참사를 통해 한국 사회가 사람과 생명으로 가치의 전환을 이루어야 함을 인식하고 그 중심에는 삶을 함께 가꾸는 마을의 관계망이 있음에 의견을 모으고, 마을들이 자기만의 색깔을 만들면서 아파트 가득한 도시에서도 새로운 마을이 가능함을 확인시켜주는 작업을 진행하고 있는 것이다.

　　일상에서 개인의 다른 애도 방식을 보장하는 전략은 한국 사회의 사회경제적 모순을 지적하며 자신과 애도를 분리하지 않고 자신들의 삶의 방

17　17곳의 마을촛불은 금호, 남구, 동구, 문산, 수완, 신가, 양산, 오치, 용봉매곡, 운천저수지, 유촌, 일곡, 첨단, 학동, 화순, 화정, 풍암촛불이다.
18　「세월호 1000일, 광주 각계 세월호 진상 규명 촉구」, 〈광주드림〉, 2017. 01. 09.

식도 변화시킬 수 있다는 점에서 세월호 참사의 희생자와 유가족의 아픔에 공감하며, 진상 규명이라는 분명한 공통의 목적을 위해 효과적임을 확인할 수 있다. 시민상주모임의 연대는 지역과 한국사회의 지속과 다른 방향으로 전환을 위한 실천이자 실험이었다. 세월호 참사의 진실 규명이라는 분명한 목표와 일상의 삶을 바꾸어 나가는 미시적 실천과 네트워크로서 자발적 결합과 자율적 소통의 전략을 취함으로써 개인 대 개인의 연결을 통한 연대의 확장을 도모했다. 사회적 죽음이, 그리고 이에 대한 감정적 적대, 그리고 이를 넘어서는 새로운 사회적 구성 또는 연대의 욕망이 차이를 넘어 비동질적 주체들 간의 새로운 공동체를 지향하게 했다.[19] 지난 사회적 죽음에 대한 반응이 동질성, 정체성에 기반을 두고 외부와의 적대를 통해 스스로의 집단을 더 단단히 했다면, 세월호 참사의 죽음은 동질성과 정체성을 넘는 공동체의 구성이었다는 것이다.

---

[19] 사회적 죽음으로 새로운 공동체를 구성한다는 생각은 칼 슈미트나 샹탈 무페의 '정치적인 것'의 개념에 의거해 설명될 수 있으나 이들의 새로운 공동체는 계급적 동질성에 기반해 이뤄진다는 것이다(김원, 2015).

참고문헌

논문 및 단행본

김덕영, 『에밀 뒤르케임-사회실재론』, 길, 2019.

김왕배, 「'트라우마'의 치유과정에 대한 사회학적 탐색과 전망」, 『보건과 사회과학』 37, 2014, 5~24쪽.

김원, 「전태일 분신과 80년대 노동열사 탄생의 서사들」, 『민족문학사연구』 59, 2015, 105~143쪽.

김종엽 외, 『세월호 이후의 사회과학』, 그린비, 2016.

김홍중, 『사회학적 파상력』, 문학동네, 2016.

더글러스 크림프(Crimp, Douglas), 『애도와 투쟁』, 김수연 옮김, 현실문화, 2021.

박경섭, 「항쟁을 쓴다는 것: 5·18 일기에서 실천(practice)과 감응(affect)」, 『감성연구』 21, 2020, 285~322쪽.

박래군, 「세월호 참사의 현재적 의미와 사회운동의 과제」, 『의료와사회』 4, 2016, 68~74쪽.

사토 요시유키(佐藤 嘉幸), 『권력과 저항-푸코, 들뢰즈, 데리다, 알튀세르』, 김상운 옮김, 난장, 2012.

안토니오 네그리·마이클 하트(Negri, Antonio & Hardt, Michael), 『다중』, 조정환·정남형·서창현 옮김, 세종서적, 2008.

유해정, 「재난정치와 애도: 남영호, 삼풍백화점, 세월호 참사의 마주함을 중심으로」, 성공회대학교 일반대학원 박사학위논문, 2018b.

이영진, 「전후 일본의 특공위령과 죽음의 정치」, 서울대학교 대학원 박사학위논문, 2012.

이영진, 「부끄러움과 전향: 오월 광주와 한국사회」, 『민주주의와 인권』, 16(2), 2016, 101~140쪽.

세월호 3년상을 치르는 광주시민상주모임, 『사람꽃피다 1, 2』, 전라도닷컴, 2016.

이영진 외, 『애도의 정치학』, 길, 2017.

이항우, 「네트워크 사회운동과 하향적 집합행동: 2008년 촛불시위」, 『경재와 사회』93, 2012, 244~274쪽.

정문영, 「'부끄러움'과 '남은 자'들: 항쟁을 이해하는 두 개의 키워드」, 『민주주의
　　와 인권』12(2), 2012, 41~87쪽.

정원옥, 「4·16 이후의 안산 지역의 촛불행동: 애도와 민주주의」, 『역사비평』
　　100, 2015, 65~84쪽.

진태원, 「'포스트' 담론의 유령들, 애도의 애도를 위하여」, 『민족문화연구』57,
　　2012, 5쪽55.

자크 랑시에르(Rancière, Jacques), 『불화-정치와 철학』, 진태원 옮김, 길,
　　2015.

천정환, 『숭배 애도 적대』, 서해문집, 2021.

윤수종, 『네그리·하트의 제국·다중·공통체 읽기』, 시그마프레스, 2014.

신문 기사

〈광주드림〉, 「세월호 '시민 상주' 일기, "세월호 참사, 500일…"」, 〈광주드림〉,
　　2015. 08. 31.

〈광주드림〉, 「세월호 1000일, 광주 각계 세월호 진상 규명 촉구」, 〈광주드림〉,
　　2017. 01. 09.

〈광주드림〉, 「'촛불지기' 동네마트 '세월호 기억' 3개월」, 〈광주드림〉, 2014. 07.
　　30.

〈광주드림〉, 「세월호의 길 위에서」, 〈광주드림〉, 2014. 09. 01.

〈광주드림〉, 「촛불 밝혀 두리라. 어둠 태우리라」, 2014. 10. 01.

강내영 전남대학교 사회학과 박사과정을 수료하였다. 공동체에 대한 다층성의 관점에서 그 공
동체화의 메커니즘, 관계성, 정치와 윤리의 영역을 탐색하고 있으며, 미시적이고 실험
적인 공동체들의 조직 원리, 문화와 예술 등을 주목하고 있다.

민간인 학살 수행 병사들의 PTSD와
가해자들의 '말하기'
– 중일전쟁 시기 일본군의 「병상일지(病床日誌)」와
베트남전쟁 시기 한국군의 증언을 중심으로

심아정

들어가며

치바(千葉)현의 한 정신과병원 창고에는 고우노다이(国府台)육군병원
(이하 '육군병원')의 극비자료가 보관되어 왔다. 1938년부터 1945년까지
의 전쟁 시기에 정신질환을 겪게 된 8,000여 명에 이르는 병사들의 진료기
록부, 즉 「병상일지(病床日誌)」가 바로 그것이다. 패전 직후에 일본 육군이
소각 명령을 내렸지만, 진료기록부를 후대에 남겨야 한다고 판단했던 군
의들이 병원의 앞뜰을 파고 드럼통 속에 자료를 채워 묻어두었다고 한다.[1]

---

*   이 글은 『문화와 정치』 vol. 7(한양대학교 평화연구소, 2020)에 게재된 논문 「민간인 학살
     수행 병사들의 PTSD와 가해자들의 말하기: 중일전쟁 시기 일본군의 '병상일지'와 베트
     남전쟁 시기 한국군의 증언을 중심으로」을 수정·보완한 것임을 밝혀둡니다.
1   고우노다이육군병원 「병상일지」의 원본은 전후에 국립고우노병원(현재 국립국제의료연
     구센터 고우노다이병원)에서 국립시모우사(下総)요양소(현재 독립행정법인 국립병원기
     구 시모우사정신의료센터)로 옮겨졌다. 中村江里, 「戦争と男のヒステリー」, 『立教大学
     ジェンダーフォーラム年報16号』, 2015年 3月, pp. 21~22, 각주 32.

「병상일지」는 고향의 일상을 떠나온 병사들이 전장(戰場)에서 폭력을 수행하며 느꼈을 공포와 불안이 미처 언어화되지 못하고 '증상'으로 나타난 정황들을 담아낸 귀중한 자료다. 「병상일지」에는 한 사람 한 사람의 출신지와 입대 이전의 직업, 부대명, 정신질환이 발병한 장소, 의사들의 문진과 그에 따른 치료 경과 등이 상세하게 기록되어 있어서, 당시 일본 병사들의 정신적 상태를 파악할 수 있는 근거가 된다.

이 글에서는 전시와 전후 일본이라는 시공간 속에서 일본 병사들에게 발병한 정신질환을 둘러싼 담론이, 그들을 포섭하는 동시에 배제하는 양의적인 기제로 작동했음을 정치사회적인 맥락에서 분석한 일본의 선행연구들을 참고하면서, 전쟁이 끝나고 병사들이 마주해야 했던 '또 하나의 전장(戰場)', 이른바 PTSD(Post-Traumatic Stress Disorder/외상 후 스트레스 장애)[2]가 당대의 일본 사회에서 어떤 식으로 감추어지고 동시에 드러났는지 그 실상을 살펴볼 것이다.

압도적인 공포를 경험한 사람들이 보이는 심신의 변화를 이해하기 위해서 오늘날 '트라우마'는 중요한 개념이 되었다. 트라우마(=외상/trauma)이란 과도한 위험과 공포, 스트레스 상황에 대한 심각한 심리적 충격을 일컫는다. 미국에서 발간된 『정신장애 진단 및 통계 편람 4판』에 따르면, 트라우마란 심각한 죽음이나 상해를 입을 위험을 실제로 겪었거

---

2   외상 후 스트레스 장애는 충격적 경험을 한 사람들이 보이는 다양한 심리적/신체적 증상의 총체를 말한다. 전쟁, 국가 폭력, 강간, 재난 등을 경험한 사람들은 자꾸만 과거의 경험이 생생하게 떠오르고 공포와 슬픔에 빠져 정상적인 삶을 살 수 없게 된다. 1980년, 심리적 외상의 주요 증후군은 최초로 '실제' 진단이 되었고, 미국 정신의학회는 같은 해 『정신장애 진단 및 통계 편람 3판』에 '외상후 스트레스 장애'라고 불리는 새로운 진단 범주를 포함하였다. (주디스 허먼 지음, 『트라우마―가정폭력에서 정치적 테러까지』, 최현정 옮김, 열린책들, 1997, 5쪽, 58쪽.)

나 그러한 위험에 직면했을 때, 혹은 타인이 죽음이나 상해에 놓이는 사건을 목격했을 때, 이에 대하여 강렬한 두려움과 무력감, 공포를 경험하는 것을 말한다.[3] 과거의 경험으로 인한 정신적 고통이 현재에까지 영향을 미친다는 점에서 '트라우마'는 매우 정세적인 개념으로서의 위상을 갖는다. 이러한 문제의식에서 출발하여, 참전군인들 중에서도 주로 상이군인(傷痍軍人), 그리고 그들이 겪은 PTSD의 사례들에 주목함으로써 이들이 전쟁과 남성성에 대한 기존의 공적 담론에 균열을 기입하고 이의를 제기할 수 있는 가능성을 담지한 존재임을 밝히고자 한다.

일본의 사례를 소환해서 그때−거기에서 그들의 경험을 되짚어 보는 작업은, 베트남전쟁[4] 이후 한국사회에서 전쟁과 트라우마에 관한 집합적 기억이 부재했던 사회적 바탕을 문제 삼고, 새로운 참전군인 서사뿐 아니라 병역과 군대에 관한 한국 사회의 현재적 문제를 다루기 위한 하나의 참조점이 될 수 있을 것이다. 이러한 시도는 참전군인 자신들에게도 이제껏 말할 수 없었던 것들과 새롭게 대면할 수 있는 계기가 된다는 점에서 유의미하다.

베트남전쟁에서 돌아온 한국군 병사들이 귀국 후에 겪게 되는 PTSD의 정치사회적 분석을 통해서 상이군인의 문제에 사회과학적으로 접근하는

---

3   주디스 허먼, 앞의 책(1997), 17쪽.

4   어떤 이들은 '베트남전쟁'이라 부르고, 다른 이들은 '항미구국전쟁'이라 부르는 '이 전쟁'의 호명 방식은 그 어느 쪽도 베트남과 미국 이외의 나라들이 '이 전쟁'에 참여했음을 드러내지 않는다는 점에서, 그리고 베트남 내부 동족 간의 살상을 가린다는 점에서 문제적이다. 승전과 패전, 가해와 피해의 이분법적 담론 속에서 미국에서는 제한적으로나마 '이민사'의 형태로 남베트남인들의 자리가 확보되었지만, 베트남에서는 전후 재교육과 강제거주 등으로 공식 서사에서 말소되어왔다. 베트남에서 '항미구국전쟁'의 사망자로 기록된 310만 명에는, 북베트남인들이 캄보디아와 라오스를 경유하여 군대와 군수품을 보내는 과정에서, 이를 저지하기 위한 미국의 폭격으로 죽거나 다친 자들은 셈해지지 않았다. 이 글에서는 편의상 '베트남전쟁'으로 표기하겠지만, 위와 같은 문제의식을 간과해서는 안 된다는 것을 강조해 두고 싶다.

국내 연구는 아직 미흡한 단계에 머물러 있다. 그러나 베트남전쟁에 대한 새로운 접근, 그리고 기존의 참전군인들에 관한 다음과 같은 국내외 선행 연구 작업은 본고의 작성에 있어서 여러 참조점을 제시해 주었다.

우선, 심주형은 베트남의 공식 역사에서 철저히 배제된 서사인 '후에학살'을 통해 베트남인들 사이에서 벌어진 내전의 구체적 양상을 분석함으로써 전쟁 중 발생한 대규모 민간인 피해에 대한 현재적 관점을 제공한다.[5] 윤충로는 전쟁의 피해자이기도 한 참전군인들이 왜 보수세력의 주요한 동맹 세력이 되고, 지배 이데올로기에 강력하게 결박되어 왔는지를 해명한다.[6] 이태주는 전쟁 경험과 기억, 그리고 집단기억의 연망이 현재의 정치적 입장과 맞물려 형성된 것임을 강조하면서, 참전군인들의 트라우마가 국가와 사회에 의해 치유되기보다는 끊임없이 재구성되고 조직적으로 동원되어 정치적으로 이용되고 있음을 밝혔다.[7] 최근에는 시민들의 참여로 참전군인을 대상으로 한 구술활동을 통해 말하고-듣고-기록하고-공유하는 장(場)을 만들어내려는 시도들이 가능성과 한계를 동시에 드러내며 새롭게 등장했고,[8] 고엽제 후유증을 겪고 있는 참전군인과 그 가족들에 대한 논의 또한 미미하게나마 시작되고 있다.[9]

5 심주형, 「정처 없는 애도, 끝나지 않은 전쟁-1968년 베트남 '후에학살'을 중심으로」, 『한국문화인류학50-2』, 한국문화인류학회, 2017.
6 윤충로, 「베트남전쟁 참전군인의 집합적 정체성 형성과 지배 이데올로기의 재생산」, 『경제와 사회』, 비판사회학회, 2007.
7 이태주, 「전쟁경험과 집단 기억의 동원-베트남 참전용사 단체를 중심으로」, 『전쟁의 기억 냉전의 구술』, 선인, 2008.
8 석미화, 이재춘, 박혜진, 최여울, 노예주, 박정원, 이현주, 김엘림, 『전쟁에 동원된 남자들』, 알록, 2025.
9 신다은, 「표지 이야기-국가가 외면하는 '고엽제 후유증' 대물림」, 『한겨레21』 제1531호, 2024. 9. 30.

　주디스 허먼(Judith Herman)은 수많은 임상가, 연구자, 정치적 활동가들이 쌓아 올린 지혜를 통합하여 폭력에 대한 심리적인 연구 결과를 밝히고, 억압된 사람들의 경험에 집중하면서 심리적 외상이 전 세계적인 현상이라는 인식을 촉구한다.[10] 나카무라 에리(中村江里)는 아시아태평양전쟁 시기에 일본 군부가 지대한 관심을 두었던 전쟁신경증의 문제가 전쟁 기간 중에 어떻게 다루어졌으며, 전후에 망각되어 온 이유가 무엇인지를 의학적 자료와 의사들에 대한 인터뷰를 통해 밝혀낸다.[11]

　이 글은 위와 같은 선행연구들의 토대 위에서 억압의 복잡성이 교차하는 상이군인들의 존재, 그리고 이제껏 본격적으로 담론과 운동의 장(場)에 진입하지 못했던 참전군인들의 PTSD에 대한 정치사회적 진단을 통해서 가해와 피해의 이분법을 넘어설 수 있는 비판의 단서와 가해자들의 경험이 말해질 수 있는 가능성을 모색하고, 베트남전쟁이 지금-여기의 '우리'에게 무엇인지를 묻는 새로운 문제 지형을 창안하는 것을 목적으로 한다.

전쟁신경증, '남성들의 히스테리'

　치바현 이치카와시(市川市)에 '육군병원'이 있었다. 1938년부터 8년 동안 전쟁 중에 정신질환을 겪게 된 10,453명의 병사들이 수용되어 치료와 연구가 행해진 곳이다. 전쟁신경증은 전시에 군대 안에서 발생하는 신경

10　주디스 허먼, 위의 책(1997).
11　中村江里,『戦争とトラウマ―不可視化された日本兵の戦争神経症』吉川弘文館, 2018年.

증의 총칭이며, 히스테리는 전쟁신경증의 대표적인 유형이다. 현존하는 8,002권의 『병상일지』의 내역에 따르면, 정신분열증이 4,384명(41.9%), 히스테리가 1,199명(11.5%), 두부전상(頭部戰傷)과 외상성 간질이 1,086명(10.4%)이라고 한다.[12] 이 중에서 당시 군의들 사이에서 가장 논쟁이 되었던 것은 '히스테리'라는 병명이었다.

육군병원의 군의들은 여성들의 전형적인 심리장애로 여겨져 온 히스테리가 다름 아닌 천황의 군대에서 발병한다는 부정적인 이미지를 피하기 위해 '장조병(臟躁病)'이라는 용어를 대신 사용했다. 육군성은 전쟁신경증에 관한 임상(臨床)이 당시로서는 최첨단의 지식을 필요로 한다는 점을 인식하면서도, 한편으로는 일반인들에게 '전쟁이 원인이 되어 발병하는' 신경증이라는 인상을 줄 수 있다는 우려를 표명했고, 이에 군의들은 '전쟁신경증'이 아닌 '전시(戰時)신경증'이라고 바꿔 부르기도 했다.[13]

군대에서 발병하는 '남성들의 히스테리'에 어떤 의미가 부여되어 왔는지 살펴보는 것은 반(反)군사주의와 젠더의 시점에서도 중요하다. 전쟁 혹은 국제정치에서 적을 비하하기 위해 상대를 비(非)남성화하는 수법은 잘 알려져 있다. 적을 범주화하기 위해 구사했던 젠더와 인종의 수사들은, 중일전쟁 시기에 전쟁신경증을 앓는 일본 병사들에게로 향했다. 그들은 '지나(支那)군의 소년병이나 여학생보다 못한 놈'으로 불렸고, 그들의 고통은 후대에까지 이르는 수치로 여겨졌다. 이러한 사례는 동질적이고 균일한 남성성을 강요했던 군대 안에서 히스테리를 겪는 남성들이 적과 동일한

---

12   細渕富男, 清水寬, 飯塚希世, 「国府台陸軍病院 "病床日誌" にみる戦争神経症患者の生活史的検討」『神経医学44卷(8号)』, 2002年, p. 879.
13   中村江里, 위의 글, p. 33.

방식으로 타자화되고 있음을 보여준다. [14]

제1차 세계대전 당시 영국에서 정신질환의 발병은 전투 피해의 40퍼센트를 차지했지만, 군 당국은 사기에 영향을 미칠 것을 우려하여 이에 대한 보고를 막으려 했다. [15] 전쟁신경증이 실제로 존재한다는 사실을 더 이상 부정할 수 없게 되었을 때, 구미에서의 의학적 논쟁은 과거에 히스테리를 다뤘던 것처럼 환자의 도덕성을 비난하는 식으로 이루어졌다. 공포에 굴복해서는 안 되는 군인에게 전쟁신경증이 발병하면, 체질적으로 열등한 인간이나 꾀병을 부리는 겁쟁이로 간주되었고, 의사들은 환자를 '도덕적 박약자'로 기록했다. 군 당국은 이러한 남성들에게 '환자의 자격'이 없다는 입장을 취함으로써, 의학적 치료를 제공하기보다는 군사 법원에 회부하거나 불명예스럽게 제대시켜야 한다고 주장했다. [16] '히스테리컬'이라는 단어를 사용하면 법정은 물론 병원에서조차 동정을 얻을 수 없었던 시대였다.

손 떨림과 팔 다리의 경련, 일어서거나 보행이 어려운 실립실보(失立失步)가 특징적 징후였던 전쟁신경증은 중증인 경우엔 격렬한 발작을 일으킨다. 일본 육군은 제1차 세계대전 당시 유럽에서 포격과 폭격에 의한 충격으로 발생한 '쉘쇼크(shell shock)'라는 전쟁신경증을 알고 있었지만, 일본군에는 이런 증상을 보이는 병사가 단 한 사람도 없다는 공식 발표를 함으로써 그 존재를 은폐하고 있었다. [17]

그러면서도 한편으로는 비밀리에 우수한 정신과 의사 50여 명을 모아,

---

14   中村江里, 위의 글, p. 39.
15   E. Showalter, *The Female Malady: Women, Madness, amd English Culture, 1830~1980*(New York: Pantheon, 1985), pp. 168~170. 주디스 허먼, 위의 책, 46쪽에서 재인용.
16   주디스 허먼, 위의 책, 47쪽.

전쟁기간 중에 육군병원에서 전쟁신경증에 관한 임상과 연구를 계속하도록 지시했다. 정신질환을 위한 특수치료기관으로서의 임무가 육군병원에 주어졌지만, 전쟁신경증의 존재가 국민적 관심이 되는 것을 꺼렸던 신경의학자들은 전시에 군대에서 정신장애가 발병한 병사들 대부분이 원래부터 질환이 있거나 그러한 소인(素因)이 있었다고 규정하거나, 혹은 이를 범죄시하는 태도를 취하기도 했다.[18] 「병상일지」는 전시에 군의였던 이들에 의해 전후에 분석되다가, 미국에서 베트남전쟁에 의한 트라우마 연구가 성행하게 되면서 다시금 주목받게 되었다.

1937년 7월에 중일전쟁이 전면화되면서 1938년 1월부터 내지(內池) 일본의 육군병원으로 중국에서 발병한 신경증환자들이 이송되어 왔는데, 정신질환으로 수용되는 병사의 수는 전선의 확대와 함께 증가하여, 1939년부터는 1,000명 가까이 이르게 된다. 하지만 전쟁신경증에 대한 이해가 결여된 야전병원에서는 정신질환의 발병을 꾀병으로 간주하는 경우가 많았고, 극소수의 중증 환자들만 내지로 송환되어 치료나 요양의 대상이 되었다. 이 점을 감안하면, 아래의 〈표1〉의 통계로는 드러나지 않는, 즉 발병했으나 셈해지지 않았던 병사들이 존재했음을 유추해 볼 수 있다.

---

17   1939년 4월 5일자 요미우리신문(読売新聞)에는 제1차 세계대전의 명물인 '포탄병'이 황군에게는 전혀 발병하지 않는다는 기사가 「大戦名物の"砲弾病"皇軍には皆無」이라는 제목으로 실렸다.
18   中村江里, 위의 책, pp. 69~70.

<표 1> 아시아태평양전쟁 시기에 있어서 전체정신장애환자 및 전쟁신경증 환자의 추이[19]

	1938	1939	1940	1941	1942	1943	1944	1945	합계 (명)
전체 정신질환 환자	628	941	976	1,387	1,455	1,573	1,876	1,623	10,453
전쟁 신경증 환자	183	198	261	315	266	306	360	317	2,205
%	29.1	21.0	26.9	22.7	18.3	19.5	19.2	19.6	

전쟁신경증은 공무(公務)에서 기인하는 '일등증(一等症)'과는 구분되어 '이등증(二等症)'으로 취급되었다. 오늘날처럼 심적 외상의 체험 후에 일어나는 변화에 대한 인식이 없었던 당시에는, 병사들 또한 자신의 내적 갈등을 표현할 수 있는 '말'을 갖지 못했다. 전쟁신경증을 치료하는 임상의 현장은 설명이 불가능한 고통을 호소하는 환자들과, 그들의 호소에 객관적 근거가 없음을 입증하려 애쓰는 군의들의 주장이 경합하는 장소이기도 했다. 그러나 자신이 정신병자로 취급당하는 것을 꺼려했던 병사들도 많았다. 이러한 병사들이 존재했다는 사실 자체가, 당시 일본 군대에서 병사들이 겪어야 했던 '정신적인 상처'가 전쟁 피해로서 정당한 위치를 점하고 있지 못했음을 말해준다.[20]

전장으로 돌아가기를 두려워하는 장기 입원환자들의 수가 늘어남에 따라, 육군병원에서는 '일시금 해고(一時金解雇)'를 통해 그들을 전역과 동시에 퇴원시킴으로써 보상의 책임을 갖는 군부와의 관계를 끊어내려는 시

---

19   細渕富男, 清水寛, 飯塚希世, 위의 글, p. 879.
20   中村江里, 위의 책, pp. 217~219, p. 221.

도와 더불어, 전기충격요법 등의 치료를 통해 더 이상 병원에 입원해 있기를 원하지 않게끔 만드는 위협적인 방법이 동시에 사용되었다.[21] 부당하게 은급(恩給) 등의 이익을 취하거나 병역기피자로 간주되었던 전쟁신경증 환자들은, '인적 자원'을 효율적으로 관리하려는 일본 육군의 방침에 불협화음을 내는 존재였고, 병사들을 전장으로 다시 투입하는 것을 목적으로 하는 야전병원의 치료에도 걸맞지 않는 골칫거리였다. 그래서일까. 그들은 원호의 대상이 되는 상이군인으로도 인정받지 못했다. 군대에서 발병한 정신질환의 원인을 병사 개인의 나약함과 일탈로 돌리는 일본 군부의 공식적 견해는 가혹한 전장의 상황이나 군 내무반에서 초년병들이 겪는 '사적 제재'와 같은 군대 내 폭력이 병사들의 심신에 얼마나 심각하고 장기적인 영향을 미치는지 간과하고, 나아가 '장애를 양산하는' 전쟁에 대한 군부의 책임에 면죄부를 주는 논거가 되었으며, 병사들이 겪었던 전쟁신경증이 전후 일본 사회에 널리 인식되는 길을 가로막는 커다란 걸림돌로 작동했다.

민간인 학살과 전쟁신경증 발병의 연관성

중일전쟁 시기 일본 병사들의 경우

전쟁신경증은 어떤 상황에서 발병했을까? 발병지와 부대의 정보를 연관시켜 분석한 결과, 중일전쟁 당시 북지(北支)라고 불렸던 지역에서 가장

21　中村江里, 위의 책, pp. 219~220.

빈번히 발생했고, 발병자의 수는 허베이성(河北省)에서 가장 많았다. 왜일까?

1938년 허베이성에 출정한 22세의 병사 가미오카(上岡/가명)의 진료기록부를 보면, '장조병'이라는 병명과 함께, 다음과 같은 심신의 이상을 호소하고 있다는 기록이 있다.[22]

전신 경련 있음. 무언가에 쫓기는 듯한 상태. 흉부 통증. 흥분해서 눈물을 보임.

진료기록부 속 병사는 오카야마(岡山) 북부의 산골 농촌에서 징집되었다. 출정 전에 결혼해 딸을 낳았고, 솜씨 좋은 목공으로 열심히 일했으며. 강물에 빠진 동료 병사를 구해서 인명 구조로 표창을 받은 기록도 있다. 그가 소속되어 있었던 110사단은 중국 허베이성 바오딩(保定)에 거점을 두고 있었다. 1939년 9월 26일 새벽. 주둔지 숙사에서 취침 중 심장 발작과 유사한 증상으로 고통을 호소하던 그에게 의사는 다음과 같은 진단을 내린다.

자신의 임무 달성을 위해서 피로가 누적되어 신체의 저항력이 떨어져 발병함.

---

22 가미오카(가명)는 1939년 정신병원에서 사망했다. 병상일지에 수록된 그의 개인정보는 유족들의 합의에 따라 2018년 8월 25일 NHK 다큐멘터리 ETV 特集 シリーズ データで 読み解く戦争の時代(第2回) 〈隠されたトラウマ―精神障害兵士8000人の記録〉에서 방영되었다. 이 글에서 가미오카의 문진과 관련된 내용은 위의 다큐멘터리를 참조하였다.

　그렇다면 그가 달성해야 했던 '임무'란 무엇이었을까? 110사단은 허베이성의 광대한 지역을 점령통치하고 있었다. 1938년 당시 북지에서 병력이 부족했던 일본군은 보급로만 간신히 유지하는 상황이었고, 넓게 퍼져 있던 중국군과의 사이에서도 팽팽한 긴장이 계속되었다. 이때 일본군과 대치하고 있었던 팔로군(八路軍)[23]은 산간 마을마다 거점을 두고 게릴라전을 통해 세력을 넓히고 있었다. 결국 110사단을 비롯한 인근 주둔부대에 '적의 잔당과 비적 무리들을 토벌하라'는 「치안숙정요강(治安肅正要綱)」[24]의 명령이 내려진다.

　토벌의 대상이 된 마을에는 팔로군이 주민들과 같은 복장을 하고 있어서, '누가 병사이고 누가 주민인지' 구별할 수 없는 상황이었다고 한다. 허베이성을 통과하는 철도 주변의 마을(方順橋村)이 가미오카가 속한 부대의 경비 지역이었는데, 그 마을에도 팔로군이 잠입해 있었다. 1939년 8월 팔로군 토벌을 위해 110사단은 이 마을을 기습했고, 3개월 간 치안작전이 계속되었다. 진료기록부에 따르면, 가미오카는 이 작전을 수행하고 한 달이 지난 시점에 발병했다. 의사의 문진에서 그는 아래와 같이 고백하고 있다.

23　1937년 중일전쟁 발발 후 중국 공산당이 국민혁명군 예하로 편입시킨 군대로, 주로 화베이 지역에서 일본군과 싸웠다. 제2차 국공합작의 결과로 탄생했으며, 이후 항일전의 주력 부대로서의 역할을 했다.

24　笠原十九司, 「日本軍の治安戰と三光作戰」, 『環日本海研究年報18号』, 2011年 3月, pp. 20~21. 중국 공산당군은 만주국 서남변경지구에 위치한 열하성으로 침투해 항일투쟁을 벌였다. 만주국에서 일본 식민당국자들은 치안숙정공작(治安肅正工作)을 추진해 공산당군과 중국 민중을 분리시켜 항일무장세력을 소멸하려고 했다. 이 공작은 주민들의 삶을 파괴했고 그들에게 엄청난 고통과 피해를 주었다. 특히 집단 부락에 강제 이주된 주민들은 열악한 주거환경 속에서 강제 동원, 식량 부족, 전염병 등에 시달렸다. 윤휘탁, 「만주국의 서남변경지구 '치안숙정공작'과 열하성 변경사회」, 『한국민족운동사연구』 121호, 한국민족운동사학회, 2024, 281쪽.

「병상일지」의 문진 내용에는 이처럼 가해 행위에 대한 위화감과 죄책감을 고백하는 병사들의 말이 증상과 함께 기록되어 있다. 선행연구에서는 발병 상황과 경위 등으로부터 전쟁신경증의 유형이 다음과 같은 여섯 가지로 분류된다. ① 전투행동에서의 불안과 공포에 의한 것. ② 전투행동에서의 피로에 의한 것. ③ 군대생활에 대한 부적응에 의한 것. ④ 군대생활에서의 사적 제재에 의한 것. ⑤ 군사행동에 있어서의 자책감에 의한 것. ⑥ 가해행위에 대한 죄악감에 의한 것. [26]

'말이 되지 못한 말'은 결국 가미오카의 몸을 뚫고 나와 '증상'으로 드러나고, 그로 하여금 자신의 가해행위와 다시 만나게 하는 재경험[27]의 고통스러운 계기를 만든다. 대개의 사람들이 잔학 행위에 대응하는 방식은 의식에서 이를 몰아내는 것이다. 폭력을 수행한 이들은 진실을 말하는 것과 은폐하는 것 사이에서 주저하지만, 진실은 은폐될 때가 훨씬 더 많다. 때문에 외상 사건은 대부분 언어화된 '이야기'가 아니라 '증상'으로 드러난

---

25   위의 NHK다큐멘터리.
26   細渕富男, 清水寬, 飯塚希世, 위의 글, p. 879.
27   재경험에는 사건과 관련된 고통스러운 회상, 이미지, 생각, 지각, 꿈, 플래시백이 반복적으로 나타날 수 있으며, 외상사건과 유사하거나 외상사건을 상징하는 여러 단서에 노출되었을 때 심각한 심리적 고통과 생리적 반응이 일어나게 된다. 주디스 허먼, 위의 책, p. 17.

다.[28]

베트남전쟁 시기 한국 병사들의 경우

22세의 R은 1967년 10월에 청룡부대로 파병되어 1969년까지 15개월 간 참전했다. 1969년 1월에 수류탄으로 부상당한 다리의 치료를 위해 다 낭의 미해군병원에 이송되어 수술을 받고, 꾸이년의 미육군병원을 거쳐 필리핀의 클라크 공군기지 병원으로 이어지는 이송의 과정을 거쳤다. 한 국으로 후송되어 진해 해군 의무단에서 마지막 치료를 하고 상이급수를 받아 명예제대를 했다. R은 그렇게 상이군인이 되었다.

R은 베트남전쟁 당시에도, 귀국한 이후에도 줄곧 '양심'의 가책을 느껴 본 적이 없었다고 한다. 그가 자신의 참전경험에 대해, 그리고 베트남전쟁 에 대해 되묻게 되는 계기는 참전으로부터 50년이라는 시간이 지나고 나 서였다. 2017년 12월, 그는 청와대 앞에서 상이군경회 적폐청산과 작전권 환수를 주장하는 피켓을 들고 일인 시위를 하고 있었다. 맞은편에서는 베 트남전쟁 기간 중 한국군에 의해 자행된 민간인 학살, 그중에서도 1968년 퐁니·퐁녓 마을의 학살에 대해 한국정부의 책임을 추궁하는 시민단체의 일인 시위가 동시에 진행되고 있었다. 일인 시위 중이던 한 활동가에게 R 은 먼저 다가와 자신이 바로 퐁니·퐁녓 마을에서 학살을 수행한 중대의 소 속이었다는 사실을 밝혔다. 그날 이후 R은 2018년 4월로 예정되어 있던 베트남전쟁시기 한국군에 의한 민간인 학살 진상 규명을 위한 시민평화법 정(이하, '베트남시민평화법정')에서 민간인 학살의 가해경험과 목격에 대

28   주디스 허먼, 위의 책, pp. 16~18.

한 증언을 하게 되었다. 그의 증언은 2020년에 제기된 실제의 국가배상소송[29]으로 이어졌다.

인터뷰를 하는 과정에서 그는 생각이 점점 많아졌고, 때로는 '마음의 동요'가 일어나기도 했으며, 자신이 수행한 혹은 저지른 폭력에 대해서 다시금 생각해 보게 되었다고 했다. 무엇보다 평생 다시 떠올리고 싶지 않았던 기억과 다시 만나 '마음이 아팠다.'고 했다. '아니야, 그건 내 죄가 아니야.'라는 생각과 '그땐 너무했어.'라는 생각이 마음속에서 전쟁을 벌이는 것 같았다고 했다. R은 소대의 첨병으로 가장 앞장서 나가야 했기 때문에 가장 먼저 사지(死地)로 내몰리는 공포감에 시달렸다고 했다.[30]

1968년 2월 12일, 청룡부대로 불리는 해병 제2여단 1대대 1중대원들은 디엔반현 퐁니·퐁넛 마을에 진입하여 '작전을 수행'했다. 5세 이하의 어린 아이들을 포함한 마을 주민 74명이 사망했고, 이튿날 유족들은 1번 국도에 주검들을 늘어놓고 항의 시위를 벌였다.

그 다음 날에 내가 첨병을 하러 가잖아. 다음 날, 아침에 동네 하나가 새까메. 이야… 가마니가 양쪽 길옆으로, 가마니에다가 시체들

---

29   1968년 2월 12일, 베트남 꽝남성 퐁니 마을에서 한국군에 의해 자행된 민간인 학살에 대해, 생존 자 응우엔티탄이 대한민국 정부를 상대로 국가배상소송을 제기한 것은 2020년 4월 21일이었다. 3년 동안 무려 아홉 번의 지난한 변론을 거쳐, 사건이 발생한 지 55년이 2023년 2월 7일, 재판부는 당시 한국군의 '불법 행위'가 있었다며 국가의 '배상책임'을 인정하는 원고 승소 판결을 내렸다. 또 한 재판부는 청구권 소멸시효가 오래전에 지났다는 피고 대한민국 대리인의 주장에 대해서도 원 고가 권리를 행사할 수 없었던 장애 사유가 있었으니 피고가 소멸시효를 주장하는 것은 권리남용 이라고 판단했다(서울중앙지법 민사68단독 박진수 부장판사). 피고 대한민국은 승소 결과에 불복 하여 항소하였고, 2025년 1월 17일 항소심에서도 원고는 승소하였다. 피고 대한민국이 상고하여 현재 대법원의 심리와 판결을 기다리는 중이다.
30   2018년 10월 19일, 양천구청역 근처에서 상이군인 R과의 인터뷰.

을 양쪽으로 늘어놓은 거여. 사람들이 우리 가는 데로 눈에서 막 섬광
이 나와요. 내가 세상에 태어나서 그때같이… 그때같이 무서웠던 적
이… 내가 그걸 헤치면서 앞서 가야 하니까. 뒤에서 누가 막 칼로 찌
르는 것 같애. 누가 어떤 놈이. 그 얼굴들이 막 험악하고 살기가 졌을
거 아냐. 웬수놈들이니까 우리가. 그런데 그때 나도 막 만만하게 보
이면 안 되잖아. 해병대 첨병이. 나도 막 눈에서 불을 뿜으면서, 총으
로 막 그러니까… 우리가 10미터 간격으로 한 명씩 걸어간단 말이야.
내가 맨 앞에서 갈 때 얼마나 소름이 끼쳤겠어. 그 생각을 하면 지금
도…[31]

R은 살아남은 자들의 시선 속에서, 즐비한 시신들 사이에서, 알아들을
수 없었지만 섬뜩한 베트남어 속에서, 한국군을 바라보는 그들의 눈동자
에서, 엄청난 두려움을 느꼈다고 했다. 유족들의 눈빛은 어떤 치열한 전투
보다도 무섭게 자신에게 밀려드는 것 같았다고 했다. 이처럼 R은 자기가
혹은 동료들이 수행했던 폭력의 결과로 소중한 이들을 잃은 사람들을 대
면하면서 그들의 눈동자에 비친 자신의 모습을 처음으로 마주하게 된다.
폭력은 당하는 사람뿐 아니라 폭력을 수행하는 사람도 경험하는 것이다.
R은 자신도 '겁이 났다.'고 했다.

귀국 후에도 그는 한동안 악몽에 시달렸고, 대낮에도 '딸칵'하는 소리
가 나면 소스라치게 놀라곤 했다. 수류탄 안전핀 뽑는 소리와 비슷했기 때
문이다. 자신이 겪었던 정신적 고통에도 이름이 있다는 것을, 그 이름이

---

[31] 2017년 12월 19일, 양천구청역 근처에서 상이군인 R과의 인터뷰.

PTSD라는 것을 알게 된 것은 최근의 일이다. R은 베트남전쟁 당시에 해병대에서 '정신이 이상해진 병사'는 쥐도 새도 모르게 사살한다는 소문을 들었다. 매복 작전이 많았기 때문에, 다른 병사들의 안전을 위해서라도 죽여야 했을 거라고 했다. 살아 돌아온 사람들 중에도 '정신이 이상해진' 이들이 많다며 R은 그들에 대한 연민을 내비치면서도, 다른 한편으로는 PTSD를 '연기'하는 '가짜' 상이군인이 있다며 분개하기도 했다.[32]

L은 1970년 4월에 제대를 얼마 남겨두지 않았을 때 베트남 파병을 자원했다. 키가 153센티미터였던 그는 당시 기준으로는 군 면제에 해당되었지만, 제대하고 돌아온 고향 친구들이 군대 얘기를 하는 것이 '부러웠고' '멋있어 보여서' 1967년 12월에 육군보병으로 자원했다고 한다. 베트남의 전장에서 정신적 어려움이 있었던 병사들에 대해서 그는 이렇게 말한다.

전쟁터에서는 죽음이 너무 흔하게 널려 있어요. 특히 처음 폭격을 당하고 나서는 정말 무섭고 불안했어요. 너무 힘들어해서 중간에 귀국 조치된 사람들도 있었어요. 자기 죽는 게 무서운 건 둘째고 총 쏘는 거나 작전 나가는 거 자체를 무서워하는 사람이었어요. 그런 사람이 어쩌다가 군대를 왔는지…(중략) 참전 때문에 생긴 정신적 문제로 힘들어하는 사람도 많지요. 심한 사람들은 보훈병원에서 치료해 주기도 하는데, 몸뿐 아니라 마음들이 망가진 거예요. 신경이 약한 사람들에게는 극심한 스트레스였지요. 나는 나중에도 폭격 장면이 꿈에 나오고 그런 거는 별로 없는데, 주변에는 그런 친구들도 있었죠. 티브

---

[32] 2018년 10월 19일, 양천구청역 근처에서 상이군인 R과의 인터뷰.

상이군인 K는 1966년 10월 청룡부대 소속으로 꽝응아이성 짜빈동에 주둔했다. 한 해 전 미군이 지상전투부대를 파병하면서 지상전이 격화되기 시작하던 시기였다. 다큐멘터리 영화 속에서 그는 언젠가부터 베트콩 용의자로 잡혀오는 남자를 부대에서 처치하게 되었다고 했다. 적군임을 확인하는 어떠한 절차도 없었고, 사람을 죽이는 일에도 점차 무감각해졌다고 한다.

---

33 최현숙, 『할배의 탄생—어르신과 꼰대 사이, 가난한 남성성의 시원을 찾아』, 이매진, 2016, 180쪽, 195쪽.

피가 묻어 있고 이랬어. 그 정도로 아무 생각이 없었어요 머릿속에.
너무나 비정상적인 일이지. 내조차도 그리 됐다는 게.[34]

K는 자신이 베트콩 용의자를 죽인 날 저녁에 비가 많이 내렸던 것을 기억한다. 그날 밤, 자기가 죽인 자의 가족으로 보이는 여성과 어린아이가 그의 생사를 확인하려고 부대로 찾아왔다. K는 쏟아지는 빗속을 뚫고 자신을 바라보며 소중한 가족의 죽음을 예감하는 그들의 눈을 마주하고서야 비로소 '내가 사람을 죽였다.'는 실감을 하게 되었고, 그때는 정말 '무서웠다.'고 했다. 귀국 후에 일이 잘 안 풀리거나 불운이 닥칠 때마다 "내가 그때 그 죗값을 치루는 것이라는 생각이 들었다."고 그는 말한다.

일본 병사 가미오카, 베트남전쟁 한국군 참전군인 R과 K는 게릴라전이라는 상황 속에서 민간인 학살에 가담했거나 이를 목격한 병사들이다. 그들은 각기 다른 강도(強度)로 전쟁의 폭력을 경험했고, 그로 인해 겪어야 했던 정신적 고통의 수준도 다 달랐다. 전쟁 전의 일상과 전시에서 마주한 폭력의 괴리 또한 평화기의 삶에서 나타나던 차이에 따라 달라진다. 이것은 생애사적 연구가 주목받는 이유이기도 하다. 문진과 증언에서 위의 병사들은 '민간인'을 죽인 것에 대해 괴로워했다. 그러나 이러한 죄책감은 동시에 다른 한편에서 '빨갱이'이나 '베트콩'을 죽어 마땅한 존재로 규정한다는 점에서, 또 하나의 폭력을 정당화하는 기제가 된다는 점을 간과해서는 안 된다.

34　다큐멘터리 〈뉴스타파 목격자들–전쟁 1부, 두 개의 기억〉(2016년), 다큐멘터리 〈미친 시간〉(이마리오 감독, 러닝타임 82분, 2003년) 속 인터뷰 내용 중에서.

정식 작전명으로 실행된 민간인 학살

민간인 학살과 관련해서 많은 이들이 "어떻게 그럴 수 있었을까?"를 묻는다. 그러나 '어떻게'라는 물음에 앞서 '왜'라는 질문이 전제되어야 한다. 학살 과정에서 드러난 '쓸데없는 잔인함'의 동기와 정당화에 대한 물음 또한 중요하다.

민간인 학살은 대개 개인이 아니라 공동체를 대상으로 한 공격이며, 인명 살해 이외에도 시신을 매장하지 못하게 함으로써 물질적으로, 동시에 정신적으로 공동체를 파멸시키는 것을 목표로 한다. 또한 작전에 참여하는 군대는 해당 공동체 구성원의 개별적 특성을 고려하여 행동을 취하는 것이 아니라, '구성원 전체'를 게릴라와 내통하였거나 그러한 가능성이 있는 '잠재적인 적'으로 규정한 후, 이들을 모두 '섬멸'하는 것을 목표로 한다. 따라서 민간인 학살의 피해자에는 성인남녀를 비롯하여 노인, 어린이 등 해당 지역의 모든 연령대가 포함되어 있다.[35]

민간인 학살이 자행되는 정황을 가능한 섬세하게 검토하기 위해서는 병사 개개인이 놓여 있던 미시적인 상황과 더불어, 학살을 견인했던 이데올로기, 당대의 사고 프레임, 해당 시기의 국제 정세, 베트남 국내의 상황과 같은 거시적인 맥락을 함께 보는 것이 중요하다. 또한 '왜'라는 물음에 대해 말끔하게 정리하고 단언하는 방식이 아니라, 복잡한 결을 최대한 드러내는 방식으로 파악해야 한다. 우선 이 절에서는 민간인 학살이 집중적으로 발생했던 중일전쟁 시기 화북(華北) 지역의 일본군과 베트남전쟁 시

---

35 노영석, 『라틴아메리카의 과거청산과 민주주의』, 산지니, 2014, 140쪽.

기 꽝남성의 한국군에게 민간인 학살을 실행케 한 작전 명령이 내려지는 상황의 유사성을 살펴보기로 한다. 이러한 작전들은 앞 절에서 언급된 상이군인 가미오카와 R이 수행해야 했던 폭력의 배경이기도 하다.

중일전쟁 시기 일본군이 수행한 치안전 – 가미오카의 전쟁

일본 방위청에서 간행된 전사(戰史)총서 중『北支の治安戰(북지의 치안전)』에서는 중일전쟁 시기에 북지나 방면에서 일본군이 전개한 작전과 점령지배정책을 '치안전(治安戰)'으로 명명하고 있다.[36] 전전(戰前)의 일본에서는 1925년에 치안유지법이 제정되었는데, 치안유지법체제 하에서 국민총동원에 저항하는 세력은 철저한 탄압의 대상이 되었고, 국체(国体)를 변혁하려는, 즉 천황제를 흔드는 모든 조직과 단체와 운동과 사상이 '치안'에 반(反)하는 것으로써 그 존재를 부정당했다. 천황제 호지(護持)를 위한 탄압체제는 일본 국내를 넘어서 조선, 대만과 같은 식민지와 중국의 점령 통치 지역에까지 적용되기에 이르렀다.

특히 중일전쟁 시기 화북에서의 점령통치 지역을 확보하고 안정시키는 것이 '치안 유지'로 해석되었고, 그것을 위한 전투행위가 치안전으로 규정되었다. 결국, 침략전쟁과 침략행위를 치안전으로 바꿔 명명한 것이다. 치안전이라는 유례없는 표현은 천황제 하에서 일본 군부가 고안하여 의도적으로 사용한 작전용어이며, 침략전쟁의 본질을 모호하게 만드는 특수한 전쟁용어였다.[37]

---

36 防衛庁防衛研修所戦史室編,『戦史叢書 北支の治安戰〈1〉』, 朝雲新聞社, 1968年. 同『戦史叢書 北支の治安戰〈2〉』, 朝雲新聞社, 1971年.
37 笠原十九司, 위의 글, pp. 18~19.

　1937년 8월의 제2차 국공합작 이후, 화북의 후방에서 팔로군과 비정규병, 민병들은 항일 게릴라전을 전개하여 일본군의 점령지배 지역에서 해방구를 확대해 나갔고, 각지의 철도와 다리, 간선도로를 파괴하는 등 일본군의 물자운송과 보급에 중대한 방해를 초래했다. 이에 대해 일본군이 대대적으로 섬멸소탕작전을 전개한 것이 치안전이다.

　당초에 일본군 지도부는 민중의 지지를 얻어서 공산당이나 팔로군으로부터 거리를 두게 하려는 '치안공작'을 시도하였으나 실패하자, 민중들 그 자체를 섬멸의 대상으로 삼는 '치안작전'으로 방향을 바꾸어 항일근거지, 항일 게릴라지구의 민중들에 대해서는 살상, 약탈, 방화, 강간 등 전시국제법에 위반되는 비인도적인 행위를 저질러도 된다는 치안전의 방침이 병사들에게 제시되었고, 항일근거지를 생존불가능한 상태로 만들라는 지시가 내려졌다. 중국 측에서는 이러한 섬멸소탕작전을 가리켜 삼광작전(三光作戰)이라고 불렀는데, '삼광'이란 중국어로 '모조리 불태우고, 모조리 죽이고, 모조리 빼앗는다.'는 의미다. 일본군은 정식 작전계획 하에 대규모의 민간인 학살을 실행한 것이다. [38]

　북지나방면군은 1941년 7월에 입안한 〈숙정(肅正)건설3개년계획〉에 의거해서 화베이 전역을 치안의 수준이 높은 순으로 치안지구, 준(準)치안지구, 그리고 공산당군의 근거지가 된 적성지구 혹은 해방구인 미(未)치안지구라는 세 개의 지구로 분할하고, 일본군을 준치안지구에 중점적으로 배치함과 동시에, 적성지구에 대해서는 '토벌'작전을 실행하여 근거지로 재건할 수 없도록 파괴와 섬멸을 지시했다. [39] 특히, 허베이성 동부에는 만

38　笠原十九司, 위의 글, pp. 21~22.

리장성을 따라 폭 4km, 길이 100km의 무인구(無人區)를 만들어 주거와 농사를 금지했는데, 만리장성 4km 이내에 살던 10만여 명의 주민들을 강제로 내쫓고 5만 호에 달하는 가옥을 소각하는 과정에서 많은 주민들이 살상되었다.[40]

베트남전쟁 시기 미군의 평정작전과 한국군의 괴룡1호작전 – R의 전쟁

1968년은 미국이나 북베트남 모두에게 중요한 해였다. 11월에 존슨 대통령의 재임을 결정하는 선거가 예정되어 있었기 때문에, 정책 결정자들은 베트남전이 선거에서 불리하게 작용하지 않도록 신경을 써야 했다. 한편, 북베트남 지도부 역시 미국의 대선을 앞둔 이 시점이 앞으로의 전쟁의 향배를 결정할 수 있다는 점을 파악하고 있었다. 1967년부터 북베트남군은 대규모 교전을 피하면서 병력을 증강시켜왔고, 연말에는 남쪽으로 침투를 강화하면서 1968년의 결전을 준비하고 있었다. 베트남 노동당은 1967년 5월, 강력한 대중의 지원을 등에 업은 게릴라와 정규군의 전면적인 공세가 필요하다는 인식하에 총공세와 총봉기의 계획을 수립하고, 공격 시기를 구정 연휴가 시작되는 1968년 1월 30일과 31일로 결정했다.[41]

북베트남 정규군과 남베트남민족해방전선(이하 '민족해방전선')은 1968년 1월 31일 음력 설날 새벽, 구정대공세를 전개하여 각지에서 봉기를 일으키고, 여러 도시들에서 미국과 동맹국들의 주요시설을 점령한다.

39　防衛庁防衛研修所戰史室編, 위의 책 〈1〉, pp. 528~536.
40　笠原十九司, 위의 글, p. 24.
41　김원섭, 「베트남전에서 나타난 미국의 정치 및 전략적 오류의 패턴에 관한 연구: 존슨 행정부의 실패 원인과 닉슨 행정부의 변화」, 고려대학교 대학원 박사논문, 2012, 255~256쪽.

구정공세에 84,000명의 북베트남군과 민족해방전선 게릴라들이 투입되어 44개 지방 수도 중에서 36개, 242개의 소도시들 중에서 64개에 대해 동시다발적으로 공격을 감행했다. 가장 중요한 목표는 수도 사이공과 역사적으로 중요한 대도시 후에(Hue)였다. 그러나 민족해방전선 측이 기대했던 도시의 대중봉기는 일어나지 않았고, 미군과 남베트남군의 반격으로 게릴라들은 대부분의 도시에서 퇴각해야 했다.[42]

미군과 남베트남군은 곧바로 빼앗겼던 도시와 여러 시설을 탈환하지만, 이 사건은 미국의 반전(反戰) 여론에 커다란 영향을 미치게 된다. 구정 대공세를 통한 남베트남 전역에 대한 공격은 후에 탈환을 끝으로 모두 진압되는데, 1968년 1월과 2월에 북베트남군과 민족해방전선의 전사자 수는 무려 15,000명으로 추산되며, 북베트남은 수천 명의 숙련된 전투요원과 정치 간부를 잃게 된다. 이로 인해 지방의 농촌 지역에 민족해방전선의 권력 공백이 발생하면서, 미국의 작전이 힘을 얻게 되었다.

미군은 민족해방전선의 인적, 물적 공급원을 차단하고 파괴한다는 명분으로 도시와 농촌에서 민간인들을 상대로 CIA가 주도한 피닉스작전[43]과 미 군부의 수색파괴작전을 포함한 이른바 '평정작전'을 전개했다. 미국은 급증하는 민족해방전선 세력에 대응하여 디엠정권에게 인민을 공

---

42   이삼성, 『20세기의 문명과 야만─전쟁과 평화, 인간의 비극에 관한 정치적 성찰』, 한길사, 1999, 199쪽.

43   피닉스작전은 당시 CIA 사이공 지국장이었던 윌리엄 콜비의 지휘 아래 조직되었다. 작전 목표는 남베트남민족해방전선의 기반을 분쇄하고 그들을 암살하는 것이었다. 작전 인력은 CIA요원, 남베트남 군인, 남베트남 경찰이었다. 피닉스작전에서는 누구라도 사례금을 받고 익명으로 다른 누군가를 제보할 수 있었는데, 이런 방법으로 다수의 공산당과 남베트남민족해방전선의 지도자들 수만 명을 제거했다. 조너선 닐 지음, 『미국의 베트남전쟁─미국은 어떻게 베트남전쟁에서 패배했는가』, 정병선 옮김, 책갈피, 2013, 152~153쪽.

산주의자들로부터 분리시키기 위한 강제이주정책, 즉 전략촌(Strategic Hamlet)정책을 시행토록 지시하여, 11,300여 개에 달하는 전략촌을 설치하고, 이곳에 농민들을 강제로 이주시켜 철저히 감시했다. 이들 작전의 수행 과정에서 수없이 무고한 민간인들의 삶이 파괴되었지만, 미국은 이를 전쟁수행의 '불가피한' 단면으로 정당화했다.

한국의 국방부가 1972년 발간한 공식자료인 『파월한국군전사』에 따르면, '괴룡1호작전'은 1968년 1월 30일부터 2월 28일까지 한 달간 해병 제2여단(청룡부대)이 수행한 수색 및 섬멸작전이다.[44] 이 기간은 미국의 평정작전과 겹치는 시기로, 꽝남성의 여러 마을에서 학살사건이 집중적으로 발생했다. 당시 꽝남 지역(면적 28km², 인구 165,014명)에서 작전 중이었던 해병 제2여단의 병력 규모는 4,800여 명. 미 해병 LTV(Landing Vehicle, Tracked/수륙양용 장갑차) 중대와 전차소대, 미 해병 제1비행사단과 미 해군 제7함대가 함께였다. 적의 병력은 8,700명으로 파악됐는데, 쯔엉선(長山) 산맥 부근에 위치한 북베트남군 제2사단 병력 7,400명에 민족해방전선 1,300명을 더하여 추정한 수이다. 남베트남 정부는 이곳의 적성(敵性)인구를 30%, 회색인구(중간지대)를 50%로 파악하여, 적의 세력이 우세한 지역으로 판단하고 있었다.[45] 해병 제2여단은 여단 본부의 주둔지 안전을 확보하기 위하여 인근 마을 주민들에게 철수명령을 내리고 마을을 수색하면서, 철수하지 않는 주민들을 호이안의 수용소 등으로 소개(疏開)하는 작전을 수행했다.[46]

----

44   국방부 전사편찬위원회, 『파월한국군전사 제4권』, 국방부, 1972, 310쪽.
45   국방부 전사편찬위원회, 『파월한국군전사 제4권』, 국방부, 1972, 890~891쪽.
46   국방부 전사편찬위원회, 『파월한국군전사 제4권』, 국방부, 1972, 332~333쪽.

퐁니·퐁넛 사건이 발생한 1968년 2월 12일에 1중대가 퐁니·퐁넛 마을에서 '작전을 했다.'는 사실은 『파월한국군전사』에서도 명확하게 확인된다.[47] 물론 마을 주민들에 대한 학살 사실까지 기재되어 있는 것은 아니지만, 상당한 숫자의 민간인이 군인들에 의한 총격으로 살해당했던 1968년 2월 12일 오전에 1중대가 바로 그 날짜와 시각에 해당 지역에서 '작전을 수행하였다.'는 사실만큼은 공식 기록을 통해서 확인되는 것이다. 이에 더해 『파월한국군전사』에 기재된 1968년 2월 12일자 작전상황도를 주월미군감찰보고서에 첨부된 퐁니·퐁넛 마을지도와 비교해 보면, 1중대가 1968년 2월 12일 오전 8시경 퐁니·퐁넛 마을에 진입하여 오후 1시 이후까지 작전을 수행하였다는 점은 부인할 수 없다.[48]

이상에서 살펴본 바와 같이 1930년대 후반부터 1940년대 초반의 시기에 중국 화북 지방에 집중된 일본군의 치안전은 1968년 구정대공세 이후 미군이 실행했던 평정작전, 그리고 한국군의 괴룡1호작전과 여러 면에서 정황의 유사성을 지니고 수행되었다. 작전 지역이었던 중국 화북 지역의 허베이성과 베트남의 꽝남성 모두 게릴라들의 세력이 우세한 적성지구로 지목되었고, 따라서 게릴라전을 가능케 하는 조건인 자연환경 자체를 파괴하는 에코사이드(ecocide)[49]와 주민들의 강제적인 소개를 병행하는 과정에서 민간인 학살이 동시에 자행되었다.

---

47 국방부 전사편찬위원회, 『파월한국군전사 제4권』, 국방부, 1972, 349~350쪽.
48 국방부 전사편찬위원회, 『파월한국군전사 제4권』, 국방부, 1972, 359쪽.
49 베트남전쟁의 에코사이드와 관련한 논의는 심아정, 「민간인 학살이라는 단일쟁점을 넘어, 겪지 않은 자들의 베트남전쟁―에코사이드 개념의 확장과 국가에 귀속되지 않는 애도의 가능성」, 『역사와 책임』16호(민족문제연구소, 2025년)를 참고할 것.

균열과 혼종의 주체, 상이군인의 전후

병사들의 마지막 거처, 정신병원과 요양소

패전 후, 일본으로 귀국한 수많은 병사들에게 가장 충격적이었던 것은 마침내 돌아온 조국 땅에서 그들이 부랑자 취급을 받게 되었다는 사실이었다. 귀환의 물결이 거대한 홍수를 이루던 1946년 즈음에는 돌아온 군인들이 중국, 동남아시아, 필리핀 등지에서 행한 충격적인 잔학행위가 일본 사람들에게 알려지기 시작했다. 전역 군인들은 차마 입에 올리기도 힘든 짓을 저지른 자들이라는 암묵적인 시선을 감내해야 했고, 집 없이 떠도는 전역 군인들은 '새로운 천민'으로 전락했다. 사람들은 전쟁의 충격에서 헤어 나오지 못한 전역 군인들을 피했다. 정신병은 여전히 금기시되었고, 환자들은 사람들의 눈에 띄지 않는 골방에 격리되어 생활했다. 전쟁으로 양산된 장애에 대해서도 사람들은 비슷한 혐오감을 보였다.[50]

수족을 잃은 상당수의 상이군인들이 이러한 터부를 무시하고 눈에 잘 띄는 새하얀 옷을 입고 거리로 나왔다. '백의(白衣)의 모금자'라는 전후 일본의 상이군인을 표상하는 이미지는 1947년 국립병원과 국립요양소의 경영합리화 정책으로 인해 병원에서 방출된 상이군인들이 환자복이었던 하얀 옷을 입고 거리에서 모금활동을 함으로써 생겨났다. 도쿄에서는 사회에서 소외된 상이군인들이 1950년대 말까지도 공공장소에 이런 식으로

---

[50] 존 다우어 지음, 『패배를 껴안고— 제2차 세계대전 후의 일본과 일본인』, 최은석 옮김, 민음사, 2009, 63쪽, 65쪽. 당시 거리에 나온 상이군인들 중에는 '전(前)일본군 재일조선인 상이군인'도 있었다. 이와 관련된 영상자료로는 오시마 나기사(大島渚) 감독의 다큐멘터리 〈잊혀진 황군〉(1963)을 참고할 것.

모습을 드러냈다.

　연합국 점령 하에서 '전시 이득의 배제 및 국가 재정의 재편성'에 따라 1946년 2월, 「은급법의 특례에 관한 건(칙령68)」에 의해, 심한 부상을 입은 전상병자(戰傷兵者)를 제외하고 군인 은급은 폐지되었고, 점령 당국은 필요에 따라 일반 사회보장제도를 확충하여 대처해야 한다는 방침을 제시했다. 샌프란시스코강화조약 조인 후 1951년 10월, 「전상병자 및 전몰자 유족 등의 처지에 관한 협의체의 설치에 관한 건」이 결정되어, 패전 후 처음으로 전쟁 희생자 원호가 공식적으로 받아들여지게 되었다. 그러나 1952년의 예산 편성을 앞두고 군인 은급의 부활은 보류되었다. 결국 전상자/전몰자 유족에게 사회보장의 색채가 짙은 연금을 지급하는 것으로 결론이 났고, 1952년 3월에는 「전상병자 전몰자 유족 등 원호법(이하, 원호법)」이 국회에서 의결되었다. 1953년의 은급법(恩給法) 개정으로 단기간 복무한 하급병사와 유족에 대해서 일시금이 지급되었다. 원호법 제정으로 일본의 전후보상이 개시되었지만, 동시에 구식민지 출신자들을 완전히 배제하려는 취지의 조항도 마련되었다.[51]

　여기서 한 가지 주목하고 싶은 점은 전후에 샌프란시스코 강화조약 체결을 전후하여 고양되기 시작한 일본의 평화운동의 흐름 속에서 상이군인들이 어떻게 받아들여졌고 어떻게 잊혀갔는가에 관한 문제이다. 1950년 6월 26일 좌파정당의 여러 기관지는 하얀 옷을 입은 상이군인들이 반전평화시위를 하면서 일본의 '재군비(再軍備) 반대'를 외치며 행진하는 모습을

51　다나카 히로시 지음, 『기억과 망각─독일과 일본, 그 두 개의 전후』, 이규수 옮김, 삼인, 2000, 42~45쪽.

'평화의 상징'으로 가시화하여 대대적으로 보도했다. 그러나 상이군인들이 주장했던 전쟁희생자 원호(援護)의 문제는 사회보장정책의 확충이라는 틀 안에서 구상되었고, 전후보상과 전쟁책임문제에 대한 근본적인 물음의 계기를 만들어내지 못했다. 당시 좌파 평화운동의 논리 또한 어디까지나 '생활의 안정'이라는 조직의 큰 목표에 중점을 두었기 때문에, 상이군인들이 입었던 '하얀 옷'의 의미를 충분히 운동과 담론에 담아내지 못하는 한계를 드러냈다.[52]

상이군인들 중에서도 정신질환을 겪게 된 이들은 여전히 공공장소에 모습을 드러내는 일이 드물었다. 그들은 전후에 곧장 고향으로 돌아가지 못하고, 국립요양소 등에 수용되어 생활했다. 돌아갈 곳이 없는 병사들은 '미복원(未復員)'이라고 불렸다. 1948년 '미복원급여법'이 일부 개정되어 이들의 요양비 전액을 국가가 부담하게 되었지만, 정신병이라는 '수치'를 숨기기 위해 은급을 신청하지 않고 조용히 살아가는 사람들도 있었다. 앞에서 언급된 가미오카의 경우, 육군병원으로 후송된 후로도 병세는 나아지지 않았고, 한때 고향으로 돌아갔으나 가족과 이웃들은 그의 증상을 견뎌내지 못했다. 결국 그는 39세의 나이로 정신병원에서 죽음을 맞이했다. 이렇듯 전후 일본의 정신병원이나 요양소는 전쟁신경증을 앓았던 돌아갈 곳 없는 병사들의 마지막 거처이기도 했다.

한국전쟁 시기에도 제대한 상이군인들 가운데 연고가 없거나 연고지에 돌아가기를 원치 않는 이들을 수용하는 '정양원'이라는 곳이 있었다. 서

52　植野真澄, 「占領下日本の再軍備反対論と傷痍軍人問題－左派政党機関紙に見る白衣の傷痍軍人」, 大原社会問題研究所雑誌(No. 550~551), 法政大学大原社会問題研究所, 2004年, pp. 15~16.

울의 경우 금호동에 세워졌는데, 초기 이곳에 머문 상이군인들은 특히 북한 출신들이 많았다. 정양원은 박정희정권이 들어서면서 대부분 폐쇄되었다.[53]

한국에서는 1950년 4월에 '군사원호법'이 제정되었다. 한국전쟁 중에 군인사망급여금 규정(1951년 2월), 경찰원호법 및 시행령(1951년 4월), 전몰군경가족과 상이군경연금법 및 시행령(1951년 4월) 등이 제정되었지만, 도입된 제도들은 제대로 시행되지 않았고, 상이군인의 기준은 박정희정권기에 국가에 의해 일방적으로 규정되었다. 상이군인은 전투 중 부상(전상/戰傷)을 당한 사람 또는 군복무 중 비전투적인 요인으로 질병을 얻거나 부상(公傷)을 당한 사람을 가리킨다. 그러다가 1961년에 설치된 '군사원호청'이 '절약'과 '능률'이라는 업무의 목표를 정하고 연금증서 갱신사업을 벌이면서, 대상자를 축소하고 획일화하는 방식으로 상이군인의 기준이 정해졌다. 상이분류의 세분화, 전투 또는 공무집행 중 질병에 의한 상이군인을 원호대상에 포함시키는 문제 등은 최소한의 논의조차 되지 않았다. 연금을 받는 뚜렷한 외상을 가진 자만이 상이군인이라는 규정, 그리고 이에 근거한 경제사회적 지원은 전쟁의 외상과 내상으로 시달려야 했던 수십만 상이자들을 배제하는 방식으로 진행되었다.[54]

대리노동으로서의 군사노동 – '행위자'인 동시에 '피해자'인 병사들

이렇듯 참전 이전부터 제도적인 면에서 이미 배제가 전제되어 있던 한

---

53 이임하, 「상이군인들의 한국전쟁 기억」, 『전쟁의 기억 냉전의 구술』, 선인, 2008, 150쪽.
54 이임하, 위의 글, 172~177쪽, 184쪽.

국의 작은 마을 출신의 미래의 상이군인들은 미국의 함정이나 헬기에 실려서 낯선 이국땅 베트남의 작은 마을로 이동하여 대체가능한 노동력으로 소모되었다. 군사노동에서 병사들은 국가의 죽음정치적 권력[55]의 '행위자'인 동시에 국가의 잠재적 '피해자'이기도 한 모순적인 위치에 놓인다. 군사노동은 궤멸되어야 마땅한 '적'을 상정하지만, 그들을 굴복시키는 국가의 의지를 수행하는 과정에서 낮은 지위의 병사들 또한 궤멸될 위험 속에 함께 던져진다. 한국군의 베트남전 참전은 이러한 군사노동을 남성 중심적 민족주의로 숭고화함으로써, 그것이 한국에서는 계급적 대리노동이며 미국을 위한 인종주의적 대리노동이라는 속성을 은폐했다.[56]

'대리노동'은 노동자가 죽음에 이를 때까지 신체와 정신을 소모시키는 '죽음정치적 노동'이다. 노동이 수행되는 과정에서, 혹은 수행된 이후에 방치, 대체 혹은 살해될 수 있기 때문이다. 따라서 군사노동은 단순히 행동이나 활동으로만 다루어질 수 없으며, 트라우마와 폭력 그리고 죽음과 연속선상에서 노동자에게 행사된 힘들을 포함하는 어떤 '과정'으로 보아야 한다. 그럼에도 죽음정치적 노동을 수행하는 이들에게 노동은 항상 살아남는 일의 형식이나 수단이 된다. 그리고 바로 이 지점에서 죽음정치는 이미 생명권력을 지탱하는 구성적 차원이 된다.

---

55   미셸 푸코는 근대 유럽에서 발생한 중요한 변화로서, 죽음의 위협을 통해 통치했던 이전의 방식이 생산적 통제와 생명에 대한 관리를 통한 통치로 전환하는 것에 주목했다. 이것이 바로 그가 생명권력(bio-power)라고 부른 전환이다. 한편, 국가나 그 밖의 조직적인 인종주의에 근거하여 타인의 생명을 제거하는 지점에 이르기까지 그들의 삶을 부양시키는 생명권력의 특수한 양상을 두고 아감벤은 죽음정치(necropolitics)라 명명했다. 죽음정치는 생명권력의 극단적인 형태인 동시에, 생명권력이 작동하는 체제를 유지하게끔 하는 구성적 요인이기도 하다는 점에서 중요성을 갖는다. 이진경 지음, 『서비스 이코노미』, 나병철 옮김, 소명출판, 2015, 39~40쪽.
56   이진경, 위의 책, 93~95쪽.

이러한 맥락에서 일본의 은급(恩給)이나 한국의 원호(援護)를 언급할 때, 상이군인의 상처 앞에 '명예로운'이라는 수식어를 붙이는 국가 차원의 언설과는 다른 방식으로 그들의 상흔이 말해지고 재전유되어야 할 필요성이 요청된다. 그렇다면 '어떤' 명예로움을 말해야 할까? 가미오카가 생전에 이루지 못했던 연대. 그것은 제대로 이해받지 못하면서도 전쟁에서 살아남은 자신과 자신의 '약함'을 수치스럽게 여기지 않는 공동체와의 관계를 회복하는 것이 아니었을까? 그렇다면 오히려 그 '약함'을 지닌 수많은 가미오카들과 '약한 남성들의 연대'를 만들어 나가는 것으로 가미오카의 '증상'은 뒤늦게나마 말해질 수 경험이 되지 않을까?

참전군인의 트라우마를 이해하는 것은 역사를 재발견하는 일이기도 하지만, 지금껏 강요되어온 남성성에 대해 이의를 제기하는 것이기도 하다는 점에서 병역과 군대에 대한 현재적인 문제들과 함께 논의될 수 있다. 대인관계에 손상을 입히는 외상 사건은 뒤집어 생각해 보면, 생존자의 사회적 세계를 구성하는 사람들이 그 결과를 바꿀 수 있는 힘 또한 갖는다는 것을 의미한다. 산산이 부서진 그들의 자기감(sense of self)은 그것이 처음 세워졌던 방식대로, 즉 다른 사람들과의 연결 속에서 다시 세워질 수 있기 때문이다.[57]

가미오카와는 달리, R의 일상은 참전 이전부터 폭력에 노출되어 있었다. 베트남전쟁 전에도, 전쟁 후에도 R은 한동안 깡패 생활을 했다. 그는 베트남전쟁에서 두 번의 부상을 당했는데, 첫 부상 때 다시 전장으로 보내달라는 요청을 했다. 당시에 부상병이 전장으로 돌아가는 일은 드물었다.

57　주디스 허먼, 위의 책, 13쪽, 118쪽.

R은 "전쟁이 체질에 맞았고, 내가 잘 할 수 있는 일이었다."고 말한다. 끔찍한 전투 경험을 이야기하면서도 그의 눈은 반짝이고, 전쟁 자체에는 반대한다고 말하면서도, 군대의 폭력성에 대한 비판에는 선뜻 동의하지 못한다. 전쟁터에서 병사들은 인간이기를 멈추고 괴물이 되었다고 말하면서도 남자는 군대를 갔다 와야 인간이 된다고 말한다. 귀국 후 자신이 겪었던 정신적 고통을 호소하면서도 PTSD 환자들 중엔 가짜도 많으니 상이군인으로 대우해서는 곤란하다고 주장한다.[58]

처음엔 논리정연하고 완결성을 갖췄던 R의 참전 서사에는 인터뷰를 거듭할수록 균열이 생겼고, 앞뒤가 맞지 않는 모순의 지점들이 드러나게 되었다. 인터뷰 과정을 거치면서 말하는 자와 듣는 자는 서로를 흔들기 시작했다. 그가 군인으로서의 '강함'을 강조할 때마다 필자는 그 '강함'을 말할 수밖에 없는 그의 '약함'을 생각했다. 그 '약함'이야말로 언젠가 적과 용감무쌍하게 싸우는 군인상(像)의 주술과 속박에서 그를 벗어나게 할 힘이 되어줄 것이라는 아픈 희망에서였다.

가미오카의 '약함'은 한국 사회에서 지금도 여전히 부정당하는 하나의 성향이다. 참전군인들의 이야기는 오늘을 살아가는 남성 혹은 한국인들이 누구인지를 다시 말하는 기점(起點)이 된다. 그들의 경험이 다르게 이야기됨으로써 역사를 새롭게 보는 방법을 발견할 수 있기 때문이다. 두려움에 맞서는 것을 커다란 명예로 생각해 온 해병대 첨병 출신 R의 입에서도 '겁이 났다.'는 말이 새어나왔다. 50년 전 겁이 났던 그 순간, 그의 '약함'은 오히려 시간이 흐른 뒤에 자신의 가해자성을 인식하는 계기가 되었다. 사회

---

58   2018년 10월 19일 상이군인 R의 인터뷰 내용 중에서.

가 묵인하는 폭력이나 착취를 묵묵히 따를 수밖에 없었던 사람들이 스스로 그러한 가정(假定)에 의문을 던지기 시작하고, 폭력의 구조 속에서 자신의 공모(共謀)를 알아차리는 계기들은 어쩌면 이러한 '약함' 속에서 가능한 것일지도 모른다.

'행위자'이면서 동시에 '피해자'인 참전군인은 고정된 정체성을 갖지 않는 분열의 지점에서 미약하지만 중요한 가능성을 가까스로 열어젖힌다. 특히, 상이군인들의 다친 몸과 정신은 전쟁의 완료를 매끄럽게 선언하는 자들에게 하나의 '얼룩'과도 같은 의미가 있다. 깨끗하게 지워지지 않고 살아남은 '얼룩'은 이의를 제기하고 그 사회를 상대화시킬 수 있다는 점에서 힘이 세다. 그들의 몸과 마음의 상처는 현행적으로도 장애의 문제, 그중에서도 특히 정신질환의 문제, 복지, 원호, 전쟁책임, 노인 문제 그리고 가정폭력 등 여러 가지 문제군(群)이 착종된 하나의 장소이기도 하다.

시미즈 히로시(淸水寬)는 한 인터뷰에서, 자신이 오랜 기간 「병상일지」를 분석하게 된 계기는 아버지의 전쟁경험 때문이라고 했다. 그의 아버지는 전쟁 말기에 징집되어 구 만주에 보내졌다. 종전 후 시베리아에서 혹독한 포로생활을 마치고 귀환했을 때 신경증으로 진단을 받고 치료과정을 거쳐 일상으로 복귀했지만, 79세로 사망하기 직전에 다시 전장(戰場)에 놓여 있다는 환각에 시달리다가 죽는 순간까지 고통을 받았다고 한다.[59] 이처럼 가족에 둘러싸여 임종을 맞으면서도 전쟁 한복판에서 죽어야 했던 사람들이 있다. PTSD는 건강 상태에 따라 예전의 상황이 재연되는 것이 가장 큰 특징이다. 베트남 참전군인들 대부분이 70세를 넘어 고령화된 현

59　앞에서 언급된 NHK 다큐멘터리의 인터뷰 내용 중에서.

재, 만년에 발병하는 일본의 PTSD 사례는 한국 사회에 시사하는 바가 크다고 할 수 있겠다.

가해의 자리에 놓인 자들의 말하기

독일 국방군의 경우 – 학살에 대해 알고 있지만 나와는 관계없다

영국이 전쟁 내내 수천 명의 독일 포로와 수백 명의 이탈리아 포로들을 도청한 녹취 기록이 1996년에 공개되었다. 이제까지 전시 폭력에 대한 분석을 위해 사용된 수사기록, 군사우편, 증언록, 회고록 등의 자료들은 매우 의식적으로, 누군가에게 자기 생각을 전달하기 위해 쓰인 것이다. 특히, 증인 인터뷰는 그 이야기의 결말을 이미 알고 있는 사람들이 전하는 이야기라는 점에서 그들의 체험과 관점은 사후적 지식이 덧대어져 있다. 이에 반해 녹취록 속 수용소의 군인들은 전쟁에 대한 자기의 생각을 가감 없이 실시간으로 이야기하고 있다는 점에서 군대의 심성사(心性史)에 관한 새로운 통찰이 가능해진다.

70년 전 독일의 병사들은 지독하게 폭력적인 내용조차 화기애애한 분위기 속에서, 때로는 시시덕거리며 말하고 있었다. 이는 연구자들을 아연케 했지만, 그들은 도덕적 동요에 휩싸이지 않아야 병사들의 세계를 이해할 수 있다고 말한다. 살인과 극단적 폭력은 녹취록의 대화 속 화자와 청자인 병사들의 일상에 속하는 것이지, 특이한 것이 아니었다는 판단에서였다. 병사들은 자신이 보거나 행한 일들에 대해 역사적 문화적 상황적으로 특정한 프레임, 즉 준거 틀 속에서 이야기하고 해석한다. 이러한 자료들은 그들에게 세계는 무엇이었고, 그들이 자신과 적을 어떻게 보았는지에 대한 실마리를 제공한다는 점에서 가치가 있다.[60]

그러나 준거 틀이 병사들의 사고와 행동을 제약하는 구조적 조건이라는 점을 감안하더라도, 프레임으로 개개인이 수행했던 폭력을 실명하는 것은 오히려 녹취록 속에 담긴 다양한 경험의 결들을 담아내지 못할 뿐 아니라, 다른 가능성을 모조리 지워버릴 위험이 있다. 병사들은 특정 프레임 속에서 수동적으로 명령을 수행하기도 하지만, 그러한 수행의 과정에서 주저하거나, 두려워하거나, 떠밀리거나, 도망가거나, 반감을 느끼기도 하고, 그와는 반대로 폭력을 행사하는 데 있어서 경쟁적인 동조자가 되거나, 자발적이고 적극적으로 폭력에 가담하기도 한다. 따라서 위의 녹취록은 온갖 가해경험들의 기록 속에서 한 사람 한 사람이 어떤 식으로 폭력을 마주했는지, 오히려 프레임 밖으로 그 복잡한 경험의 차이들을 끄집어 낼 수 있는 자료로 활용될 가능성 또한 담지하고 있다.

함부르크사회조사연구소가 개최한 '국방군범죄'전시회는 독일에서 격렬한 과거사 논쟁을 불러일으킨 바 있다. 1995년에서 1999년 사이에 여러 도시에서 국방군의 전쟁 범죄 기록과 유대인 학살에 대한 가담 기록이 전시되었다. 특히 군인 출신인 노년층 관람객들은 이 전시회에 분개하곤 했지만, 전시 이후로 국방군은 결백하다는 신화는 완전히 무너졌다. 주목할 점은 이 전시회를 둘러싼 논쟁에 참여한 수많은 참전군인들이 홀로코스트에 국방군이 관여했음을 극구 부인한다는 사실이다. 국방군 군인들은 처

---

[60] 죙케 나이첼, 하랄트 벨처 지음, 『나치의 병사들―평범했던 그들은 어떻게 괴물이 되었나』, 김태희 옮김, 민음사, 2015, 6~7쪽, 9~11쪽.

형을 직접 수행하거나 참관하면서 공범, 보조인력 혹은 소문의 전달자로 관여했고, 대부분이 학살에 대해 알고 있었음에도, 그 내용과 자신의 행동을 결부시키는 일은 없었다.[61]

가해의 경험을 평균화하려는 충동에 맞서기

2018년 4월 20일과 21일, 서울에서 열린 베트남 시민평화법정을 방청한 한 참전군인은 "수류탄을 터뜨려 죽고 싶은 마음"을 토로했다. 학살은 없었는데, 이런 행사로 자신이 학살자로 몰려 자결을 하고 싶을 정도로 억울한 마음이 든다는 것이다. 재판부가 베트남 시민평화법정이 참전군인 개개인의 책임과 처벌을 묻는 법정이 아님을 선언하였음에도 불구하고, 방청하던 참전군인들에게 법정은 자신들에 대한 법정으로 육박해왔던 것이다. 민간인 학살에 대한 논의로 인해 자신들의 존재가 부정당한다고 느꼈을 것이다.[62] 억압받는 존재일 때 저항은 상대적으로 명료하고 쉽지만, 이렇게 가해의 구조에 속해 있는 사람들에게는 어떤 저항이 가능할까?

제노사이드에 대해 살육의 규모와 밀도를 말하는 양적인 설명은 오히려 이것이 초래한 충격의 본질을 충분히 헤아릴 수 없게 만든다. 이러한 맥락에서 전후 일본을 대표하는 시인의 한 사람, 이시하라 요시로(石原吉郎)의 에세이『망향과 바다(望郷と海)』에 매우 시사적인 대목이 있다.

---

61   죙케 나이첼, 하랄트 벨처, 위의 책, 165~166쪽.
62   임재성, 「시민평화법정을 통해서 만난 베트남 참전군인들의 목소리」, 『베트남 참전군인의 과거와 미래를 묻는다(2018 아시아평화인권연대 심포지엄 자료집)』, 2018. 10. 12. 27쪽.

이시하라가 문제 삼고 있는 것은 살육의 규모가 아니라, 인간의 죽음이 수량으로 환원되어 버리는 사태이다. 하나하나의 죽음을 인칭적으로 감지할 수 없다는 감각. 인간의 단독성이 모조리 빼앗겨 버리는 사태에 대한 충격. 이시하라는 희생자의 존엄성이 빼앗긴다는 점에서 학살의 본질을 말하고 있지만, 같은 현상이 뒤집어진 형태로 가해자 측에도 생기고 있다고 말할 수 있다. [64] 병사들이 수행했던 폭력 또한 하나의 집단으로 그 행위가 익명화되어 버릴 때, 가해자에게도 인간으로서의 존엄성을 빼앗기는 또 하나의 비극이 생긴다.

전쟁은 수많은 사람들을 익명화하면서 수행된다. 그래서 익명화의 파괴는 전쟁의 면면과 그 실상을 드러내기 위해서 중요하지만, 병사들의 인칭성과 단독성을 되찾는다는 점에서도 매우 중요한 의미가 있다. 전쟁이라는 커다란 구조 속에서 인간은 하나의 부속품에 지나지 않으며, 누군가

---

63   우에노 나리토시 지음, 『폭력』, 정기문 옮김, 산지니, 2006, 22~23쪽에서 재인용.
64   우에노 나리토시, 위의 책, 23쪽.

의 자리는 다른 이로 언제든 대체가능하다는 발상은 병사들이 전장에 던져진 구조적인 책임을 묻는 논리가 되기도 하지만, 동시에 그 구조 속에 놓인 병사들로 하여금 자신이 수행하고 있는 폭력이 무엇인지 되묻지 않게 만드는 왜곡된 명분이 되기도 한다.

잠재적 폭력과 현실적 폭력 사이의 '협곡'

나치에 의한 '최종해결'의 과정에서 우연히 역할을 떠맡았고, 어느 누구라도 자신이 수행했던 역할을 떠맡을 수 있었기 때문에 잠재적으로는 거의 모든 독일인들이 똑같이 유죄라고 말했던 아이히만의 언급에 대해, 한나 아렌트는 "거의 모든 사람들이 유죄인 곳에서는 아무도 죄가 없다."고 역설한다. 그리고 8천만 독일인이 아이히만처럼 행동했다 하더라도 그것이 아이히만 자신에 대한 변명이 될 수 없다고 덧붙였다. 아이히만은 자신의 죄가 현실적으로가 아니라 잠재적으로 유죄라고 주장했지만, 아렌트는 그가 행한 일의 '현실성'과 다른 사람들이 했을지도 모르는 일이라는 '잠재성' 사이에는 '협곡(峽谷)'이 있다고 말한다. 아이히만은 자신의 이야기를 불운에 찬 이야기로 만들어 들려주었다. 그가 대량학살의 조직체에서 하나의 도구가 되었던 것이 단지 불운이었다고 가정하더라도, 그가 그 정책을 적극적으로 지지하며 수행했다는 사실만큼은 여전히 남는다. [65]

물론 유대인 이송의 전문가로 불렸던 아돌프 아이히만이 수행했던 폭

---

[65]　한나 아렌트 지음, 『예루살렘의 아이히만-악의 평범성에 대한 보고서』, 김선욱 옮김, 한길사, 2006, 381~382쪽. 한나 아렌트는 1961년에 〈The New Yorker〉의 재정적 지원을 받아 특파원 자격으로 예루살렘에 가서 아돌프 아이히만의 재판을 참관하게 된다. 아렌트의 글은 1963년 2월부터 「전반적인 보고: 예루살렘의 아이히만」이라는 제목으로 다섯 차례로 나누어 기사로 게재되었고, 이후 책으로 간행되었다.

력에 대한 비판의 도식을, 베트남전의 한국군 사병들이 수행했던 폭력에 대한 비판에 단순하게 대입해서 설명할 수는 없다. 그들 각자가 놓인 구조적인 위치와 명령계통의 좌표가 전혀 다르기 때문이다. 또한 베트남의 전장은 사병과 장교가, 전방과 후방이, 해병대와 육군이, 미군과 한국군이 저마다 다른 경험을 매우 구체적으로 겪어내야 하는 장소였다. 따라서 베트남전쟁의 민간인 학살 문제에 있어서도 명령체계의 상부에서 판단하고 결정한 장교들과 일반 사병들을 한 평면에 놓고 책임을 물을 수는 없다. 그러나 아렌트가 아이히만에게서 보았다는 '협곡'은 베트남에 파병된 병사들에게서도 흔하게 발견된다는 점에 주목해 보고 싶다.

R은 "언젠가 퐁니·퐁넛 마을에 가서 사죄하고 싶다. 내가 그 학살을 저지른 소대원의 입장이었다고 하더라도 똑같이 했을 것이기 때문"이라고 말했다. 일견 성찰적이며 역지사지의 공감을 통해 나온 말로 들리기도 하지만, R 자신의 의도와는 상관없이 '내가 그 자리에 있었더라도 그 폭력을 수행했을 것'이라든가, '어느 누구라도 나의 자리에서라면 명령에 따라 그러한 폭력을 수행했을 것'이라는 식의 확고한 전제야말로 그 지점에서 더 나아갈 수 있는 사유를 멈추게 만든다. '저질러진 폭력'과 '저질러질지도 모르는 폭력' 사이의 '협곡'은 R뿐 아니라 다른 많은 참전군인들의 증언에서도 그 모습을 드러낸다. 그러나 그 협곡에는 무수한 다른 말들과 가능성이 웅성거리고 있음을 간과해서는 안 된다.

'가해자성' 그 자체는 매우 명료하다. 그것은 '피해'라 불리는 상황을 일으킨 어떤 행위에 대한 인정이다. 그리고 거기에는 그러한 행위로 어떤 결과를 일으킨 혹은 그것에 가담한 자로서 자기자신에 대한 인정 또한 포함된다. 그래서 가해자가 된다는 건 주체의 자리에 서는 것이기도 하다. '행위'에 대한 가치판단은 그 '행위'를 인정한 다음에야 비로소 개입의 여지를 갖게 된다.

　사람들은 흔히 가해자임을 인정할 수 없는 이유로, 자신이 '모르고 한 일'이라는 말을 한다. 의식적으로 선택해서 한 것이 아니면 가해라고 볼 수 없고, 가해자성을 느낄 필요도 없다는 식의 논리다. '가해자성'에 대한 논의를 시작하려면, 이 논리부터 뒤집어야 한다. '가해자성'이 문제가 되는 것은 오히려 자기의 의도나 선택 바깥에서 일어난 일에 대해서다. 자기도 모르게 했던, 혹은 자기가 서 있는 그 자리를 만들기 위해 행해진 잘못들을 뒤늦게나마 알아차리기 위해 고군분투하며 인정하려 드는 것, 그렇게 함으로써 지금―여기에서 자기가 발 딛고 서 있는 세계의 토대가 흔들리고 무너지는 것을 받아들이는 것이야말로 가해자성을 인식하는 것의 핵심이다. 행위의 가해성이 인정될 때, '가해자'는 처음으로 존재하게 된다. 가해자는 애초부터 존재하는 것이 아니라, 가해자성의 인식을 통해 비로소 부각되는 것이다. 누군가 '가해자'의 자리에 서게 될 때, 거기에는 이제껏 생각해 보지 않았던 새로운 물음이 생겨난다. 그리고 그 물음에는 이제껏 당연시되어온 폭력을 멈추게 할 힘이 깃들어 있다.[66]

　앞서 언급했던 이시하라 요시로는 패전 후 시베리아에서 전범으로 수용되어 처참한 경험을 하고 귀국한 뒤, 그러한 경험에 기대어 자신의 피해를 평균화하지 않고 자신이 놓인 가해의 구조와 가해자성을 인식하는 길을 택한다. "인간은 항상 가해자 속에서 생겨난다. 인간이 스스로를 최종적으로 가해자로 승인하는 장소는 인간이 스스로를 인간으로서, 하나의

66　심아정, 「우리가 만난 참전군인―참전군인A와 '함께 말한다'는 것」, 『베트남전쟁시기 한국군에 의한 민간인 학살 진상 규명을 위한 시민평화법정 자료집』, 베트남 시민평화법정 준비위원회, 2018, 61~62쪽.

위기로서 인식하기 시작하는 장소이다."[67]라고 말했던 그는 가해와 피해의 유동 속에서 확고한 가해자를 자신에게서 발견해 충격을 받고, 자신이 속한 집단을 떠나가는 뒷모습에서 인간을 발견하고 있다. 가해자들의 저항과 말하기는 역설적이게도 이제껏 익숙했던 소속이나 집단을 떠나는 지점에 출발점을 두고 있는 것일지도 모르겠다.[68]

'국가 폭력의 외교 문제화'를 넘어서기

참전 당시 R은 자신이 수행하는 폭력을 '죄'라고 생각하지 않았고, 전쟁이 끝나고 50년이 지나도록 '양심'의 가책을 느껴 본 적이 없었다고 한다. 그러나 뒤늦게나마 과거의 기억을 꺼내어 마주하면서 다시 생각해 보니, 그것이 '잘못된 것임을 알아차리게 되었다.'고 했다. "진실을 말함으로써 내 자신의 경험에 제대로 '참여'할 수 있게 된 것 같다."[69]는 그의 말은 병사들이 자신들의 전쟁 경험을 온전히 자신의 것으로서 언어화하지 못한 채 긴 시간이 지났음을 보여준다.

가해의 위치에 있었던 병사가 다른 이들을 설득할 만한 언어로 자신이 마주해야 했던 폭력을 전달하는 것은 매우 어렵다. 게다가 잔학행위에 대해 알고 있는 것을 말하는 일은 사회적 낙인을 스스로에게 불러들이는 것과 같다. "자네들이 나를 '고통의 광장'으로 끌어냈어." 베트남 시민평화법정에서 퐁니·퐁넛사건에 대해 영상으로 증언했던 참전군인 R이 사전 녹화

---

67 후지이 다케시, 「명복을 빌지 마라」, 〈경향신문〉 2015년 4월 12일자 칼럼.
68 베트남전쟁 시기 민간인 학살 진상 규명을 위한 시민평화법정을 앞두고 2017년 3월 3일 역사문제연구소에서 열린 후지이 다케시의 강연 〈가해국 '국민'으로 살기-베트남전쟁, 국가 그리고 '나'〉의 내용 중에서.
69 2018년 10월 19일 상이군인 R의 인터뷰 내용 중에서.

를 마치고 했던 말이다. 그가 던진 말은 너무 아팠다. 하지만 그 한마디는 그를 고통의 광장에 세운 괴로움에 압도당할 것이 아니라, 그와 함께 '어떤 광장'을 준비할 수 있을지를 고민할 때가 되었음을 알려준 전환점이기도 하다. 광장으로 끌려나온 그의 고통은 수많은 R들이 말할 수 있는 '발화의 장(場)'을 제안하는 힘을 지녔기 때문이다.

50년 전 가해의 기억을 말한다는 것이 R에게는 어떤 의미가 있을까? R의 이야기는 가해 '사실'에 대한 증언과는 다른 층위에 있다. 베트남 시민평화법정의 개최 전날 열린 학술대회에서 R은 자신이 법정에서 영상으로 증언하게 될 참전군인임을 당당하게 밝히고 "우리는 베트남의 독립을 망쳐 놨다."고 힘주어 말했다. 그의 말하기는 참전 자체에 대한 비판을 넘어서서, 자신이 누군가를 억압하는 편에 있었음을 성찰적으로 고백하고 있다는 점에서 큰 의미가 있다. 가해의 구조에 속해 있었음을 뒤늦게나마 자각하고, 자신이 그러한 '잘못을 알아차릴 수 있는 사람'이라는 것을 공론장에서 말한다는 것. 이처럼 '가해자들의 말하기'는 '존엄의 선언'[70]이기도 하다.

그렇다면, 가해자들의 연대란 무엇이며 어떻게 가능할까? 책임은 미리 규정된 것이 아니라 연대를 통해서 비로소 생겨난다고 생각해 보면, '책임'에 대한 다른 가능성을 얘기해 볼 수 있다. 그러나 이미 역사적으로 구획된 경계선에 고정되지 않는 가능성이란 어떤 것일까? 구체적으로 존재하는 피해자들을 '국가'라는 집단으로 묶어 버릴 때, 가해자들 또한 구체성을 잃고 집단으로 환원되어 버린다. 후지이 다케시는 이러한 현상을 가리켜

70　인권활동가 미류는 2018년 4월 20일에 열린 학술대회 〈가해자의 자리에 선다는 것─베트남전쟁에 연루된 우리〉의 3부에서 가해자들의 말하기가 존엄의 선언이라는 의견을 제시했다.

‘국가 폭력의 외교 문제화’라고 부른다. 이것은 일본군 ‘위안부’ 문제와 관련해서 나타나는 현상이기도 하다. 일본군 ‘위안부’ 문제를 ‘한일 간의 외교 현안’으로 생각하는 경향이 만연하기 때문이다. 그럴 경우, 일본 정부의 사과를 끌어낼 수 있는 ‘결정적인 증거’에 대해 논의될 수는 있어도, 거기서 일어난 ‘폭력 자체’에 대한 고민을 하지 않게 된다. 국가 폭력의 문제를 어디까지나 국가 간의 문제로, 외교 문제로 생각해 버리는 사고가 팽배해 있는 것이다.[71]

베트남전 민간인 학살 또한 한국 정부와 베트남 정부 사이에서 다루어져야 할 문제로 생각해 버리면, 국가가 강요한 폭력으로 맺어진 관계 속에 놓여 있는 자들이, 그 관계를 바꾸는 일조차도 다시 국가에 귀속시키고 마는 상황이 벌어진다. ‘청룡부대’라는 집단으로, ‘한국군’이라는 단위로 폭력을 이야기하면, 그 속에는 고유성을 가진 군인들 개개인이 행사한 폭력이 보이지 않게 된다. 청룡부대도 인간들로 구성되어 있고, ‘부대’가 자체로 발포한다는 것은 관념상으로만 존재할 뿐 실제로는 존재하지 않는다. 중요한 것은 이렇게 폭력의 주체를 다시금 국가라고 생각하게 만드는 것이야말로 바로 폭력의 효과일 수 있다는 것이다. 폭력이라는 것은 단순한 물리력의 행사이다. 그렇지만 폭력을 구조화하면서 권력으로 만드는 기제가 있다. 그 기제들 중 하나는 폭력을 해석할 권리다. 폭력이라는 현상 자체를 누가 어떻게 해석하느냐에 따라서 그 폭력은 단순한 물리력의 행사에 그칠 수도 있고, 어떤 권력 관계를 낳기도 하기 때문이다.[72]

---

71   후지이 다케시, 위의 강연 내용 중에서.
72   후지이 다케시, 위의 강연 내용 중에서.

결론을 대신하여 – 병사들의 PTSD와 사회적 치유

수년간 PTSD를 앓는 많은 참전용사가 좌절했습니다. 보상과 지원을 받기 위해 특정한 사건이 장애를 낳았다고 스스로 증명해야 했기 때문입니다. 그런 관행으로 그들 대부분이 필요한 보살핌을 받지 못하고 있습니다.

아프가니스탄 전쟁에서 돌아온 군인들의 PTSD가 심각한 사회 문제로 떠오르던 2010년 7월 10일, 오바마 전 미국 대통령이 주례연설에서 참전 군인들에 대한 보상과 지원 절차의 간소화를 약속하며 했던 말이다.[73] 스스로 장애를 증명하는 관행은 한국에서도 이어져 오다가 2011년에 전국 5개 보훈병원에서 PTSD 클리닉 센터가 개설되어, 초기 평가를 통해 환자 적용 여부를 판단하고 약물치료 등을 시행하게 되었다.

한국의 중앙보훈병원에서는 2018년 8월에 보훈의학연구소를 개소하여 고엽제질병, PTSD, 노인성 질환 등에 특화된 연구기반 시설이 마련하고, '내 손 안의 정신건강 전문의 앱 – PTSD 자가평가'라는 앱을 PTSD의 조기 발견 및 치료에 활용하기 시작했다.[74] 그러나 이러한 자가평가 서비스는 고령화된 참전군인들에게는 접근성이 떨어지고, 정신질환에 대한 사회의 편견 탓에 스스로 정신적인 문제를 감추는 이들이 여전히 존재한다

---

[73]　이승준, 「미국, 국가가 PTSD전문병원 운영, 외국에선 외상후스트레스장애 관리 어떻게 하나」, 『한겨레21』(1221호).

[74]　아래의 보훈공단 중앙보훈병원 홈페이지 참고.
http://seoul.bohun.or.kr/040part/01_body.php?left=26&idx=82

는 점에서 한계를 갖는다. 베트남전 참전 이후 PTSD를 겪어온 병사들의 문진과 치료기록은 개인정보라는 이유로 연구자들이 접근하기 어렵고, 정부 차원에서 베트남전 참전군인들의 PTSD에 대해 집대성한 기초자료는 거의 찾아볼 수 없다. 앞서 언급한 일본의 연구사례는 한국의 이러한 현황에 하나의 참조점이 된다. 일본의 「병상일지」의 경우, 이름을 지운 상태로 연구자들에게 공개하여 정신분석 전문의와 역사학자들의 협업으로 기록을 집대성하고 데이터화하였고, 이를 계기로 많은 연구와 활동이 시작되었다.

미국에서도 전투의 장기적인 심리적 영향력에 대한 체계적인 대규모 연구는 베트남전쟁 이후에야 시작되었다. 하지만, 당시 미국에서 연구가 활성화된 계기는 군사적 혹은 의학적 근거에 기반한 것이 아니었다. 전쟁에서 가해자인 동시에 그 전쟁의 피해 당사자이기도 했던 군인들의 자조적인 노력에서 시작되었다. 1970년 베트남전쟁이 한창일 때, 베트남 참전군인회(Vietnam Veterans Against the War)의 군인들은 훈장을 반납했고, 전쟁이 범죄임을 대중 앞에서 연설했다.

흥미로운 점은 이들이 전통적인 '정신의학적 배경의 외부에서' 토론 집단을 조직했다는 점이다. '전통적인 정신의학자들은 상처를 주고, 그렇다고 재향군인회에 가고 싶지는 않다.'는 이유에서였다. 참전군들은 망각과 낙인을 동시에 거부하면서 자신들의 고통 속에 담긴 '존엄성'을 주장했다. 1970년대 중반까지 100여 개의 비공식적인 토론 집단이 만들어졌고, 1970년대 후반에는 재향군인회 내에서도 심리치료 프로그램이 만들어졌다. 1980년, 심리적 외상의 주요 증후군은 최초로 실제 진단이 되었고, 그해 미국 정신의학회는 『정신장애편람』에 '외상후 스트레스 장애'라 불리는 새로운 진단 범주를 포함시켰다. 지난 백 년 동안 주기적으로 망각되었다가 재발견되었던 심리적 외상증후군은 마침내 진단 규준을 통하여 인정받게 되었다.[75]

그러나 사회의 구성원들이 의학계의 '공식적인 인정'이나 '치료'와는 별도로 참전군인과 관계를 맺거나 그들의 경험을 나눌 수 있는 방법은 없을까? PTSD의 치유 과정에 대한 통찰은 역설적으로 전 세계의 수많은 외상 생존자들 중에서 정식 치료를 받을 기회가 없었던 이들의 지혜에서 나온다. 그들은 '정식으로' 치료를 받지 않고도 회복을 위하여 개인의 역량과 공동체 속에 이미 갖추어져 있던 지지(支持) 관계에 기대어 자기만의 방법을 발명해야 했기 때문이다.[76] 병원을 거치지 않고도 생존한 이들이 어떻게 회복할 수 있었는지에 대한 체계적인 연구는 약물과 상담이라는 정신의학적인 치료의 틀을 넘어서는 사회적 치유에 대한 하나의 단서가 될 수 있을 것이다.

한국전쟁의 '전후(戰後)'는 베트남전쟁의 '전전(戰前)'이기도 했다. 한국전쟁 중 다치거나 죽은 이들은 군인들뿐만이 아니었다. 수많은 민간인들의 죽음이 있었지만, 한국전쟁에서 자행된 민간인 학살에 대한 깊은 성찰이 소거된 채, 병사들은 또다시 낯선 땅에서 국가 폭력의 수행자가 되었다. 국가 폭력에 대한 해석의 권리가 철저하게 국가에 의해 장악되었고, 경험된 폭력은 광주에서의 학살로 이어졌다. 죽여야 하는 대상을 '베트콩'이나 '빨갱이'라는 집단으로 비(非)인간화하여 피해와 가해의 경험을 동시

---

75   주디스 허먼, 위의 책, 56~58쪽.
76   주디스 허먼, 위의 책, 395~396쪽.

에 평균화하려는 충동은 내부 학살의 문제에서도 볼 수 있다. 외부로 향했던 학살의 벡터는 언제든 내부로 돌려질 수 있다. 민간인 학살이라는 폭력의 경험은 이렇게 한국전쟁에서 베트남전쟁을 거쳐 광주 학살로 이어져 있다.

20대 초반에 베트남전에 참전했던 병사들이 30대 중후반이 되었을 때 광주에서 시민군으로 싸웠다면, 그들은 '베트콩과 민간인이 구분되지 않아' 학살 명령을 수행하는 가해병사로서의 경험과, '폭도인지 시민인지 구분되지 않아' 죽거나 다치는 피해자로서의 이중적인 경험을 하게 된다. 이럴 경우, 예정조화적인 '저항하는 주체'를 말하는 건 무의미하다. 자신이 겪었던 폭력의 참담함만이 강조된다면, 그것은 역설적으로 자신에게 행해진 폭력의 효과를 입증하고 마는 결과를 가져오기 때문이다. 거기에서는 저항의 가능성이나 존엄을 되찾아올 희박한 연대의 실마리조차 생겨나기 어렵다. 그러나 누군가가 수행했거나 혹은 당했던 폭력에 대해서, 겪은 자들과 겪지 않은 자들이 '함께' 말함으로써 국가에 의해 독점되어온 '폭력을 해석할 권리'는 가까스로 탈환되고 그러한 시공간 속에서 우리는 '주체화' 과정을 겪는다. 소여된 '주체'가 아닌 구성되는 힘으로서의 '주체화'. 이것은 부단한 갱신의 과정이기도 하다.

주목할 만한 사실은 사병들이 중심이 되는 월남참전전우회(이하 '월참')가 군인 사회단체 중 유일하게 이라크 파병에 반대했다는 점이다. 장교 출신들이 중심이 되는 베트남참전전우회(이하 '베참')는 재향군인회와 더불어 국익을 위해 파병하라는 데모를 했지만, 월참은 과거의 전쟁 경험을 통해 국민의 생명 보호가 우선이라고 주장했다. 월참에 속한 일부의 참전군인들의 경험은 잠시나마 반전운동의 가능성으로 작동할 수 있는 잠재성을 보여주었다. 이렇듯 참전군인 단체 또한 하나의 성격으로만 규정될 수 없다. 국가권력의 주변부적인 특성을 지니다가도, 다른 한편에서는 시민사회단체의 특성을 보여주기도 한다. 그들이 공유하는 집단적 기억과 정치적 실천의 특성에 따라 이중적인 성격을 갖기도 하고, 이권과 이념의 동원 방식, 정부와의 관계, 활동의 공익성 등에 따라 각각의 단체는 동질적이지 않다.[77]

병사들의 전쟁신경증에 대한 연구와 활동은 억압하는 쪽에 속하면서도 억압당하는 사람들의 경험을 다룬다는 점에서 항상 '정치적'이며, 회복은 고립 속에서는 절대로 일어나지 않기 때문에 항상 '관계적'이다. 전쟁신경증을 은폐했던 과거의 권력은 현재 우리가 사는 세계에서도 동일하게 작동하고 있다. 따라서 말할 수 없었던 경험에 대해 말할 수 있고, 병사들의 고통 또한 인정받을 수 있는 자리는 참전군인들 자신에게도 잘려나갔던 존엄을 되찾아오는 '명예로운' 장소가 된다.

국가보훈처의 통계에 의하면, 2017년 4월 말 기준으로 참전유공자 등록 현황은 한국전쟁 참전 123,992명, 월남 참전 203,367명, 한국전쟁 및 월남 참전 2,652명으로 총 330,011명이다. 그러나 한국사회에서는 참전군인들의 PTSD에 대한 공론화의 장이 오랜 기간 공백으로 남아 있었다.[78] 베트남전쟁에서 돌아온 병사들이 살아내야 했던 1970년대 유신체제라는 시공간은

---

77   이태주, 「베트남전쟁과 이데올로기」, 『전쟁의 기억 냉전의 구술』, 선인, 2008, 271쪽, 273쪽.
78   평화박물관건립추진위원회는 2005년 10월 7일에 〈베트남전쟁과 한국사회－'정신의학자가 본 전쟁의 상처'〉라는 심포지움을 열렸다. 역사학자, 정신분석의, 사회학자, 뇌과학자 등이 발표를 하고 플로어에서는 참전군인의 질문이 이어졌다. 이 심포지움 이후로, 전공을 달리하는 연구자들이 함께 베트남참전군인들의 PTSD를 논의했던 학술대회나 심포지움을 찾아보기 어려웠다.

PTSD에 대한 이러한 담론의 부재를 설명하는 정치사회적 배경이 된다. 참전군인들은 복귀한 일상 속에서 자신들이 겪고 있는 정신적인 고통에 대한 이름을 갖지 못한 채, 긴 시간 동안 '귀신들이 가득한' 방에서 지내야 했다.

위의 증언에는 두 가지 문제가 혼종한다. 첫째, 1970년대 말에 상이군인이 부랑인 생활을 한다는 건 매우 위험한 일이었음을 짐작케 한다. 삼청교육대가 생겼고, 형제복지원도 운영되던 시기였다. 당시 정신질환에 대한 편견과 정신병원의 열악한 실태 등을 고려한다면 PTSD로 어려움을 겪었던 병사들의 사회 복귀는 더더욱 어려웠을 것이다. 이런 환경에서는 복귀라고 한들 '어디로'라는 문제가 있으며, 보호라고 한들 '누가'라는 문제가 남는다. 일본 병사들처럼 정신병원이나 요양 시설을 마지막 거처로 삼은 이들도 있었을 테고, 그곳에서는 인권침해 등의 문제도 있었을 것이다.

둘째, 참전군인들이 전장에서 겪은 폭력이 여성에 대한 폭력으로 이어

---

79 이임하, 『전쟁미망인, 한국현대사의 침묵을 깨다』, 책과함께, 2010, 383~384쪽.

지고 있다는 점이다. 인간의 삶을 황폐하게 만드는 재난에 전쟁만 해당되는 것은 아니다. 병사들의 트라우마는 전쟁과 함께 끝나지 않았다. 일상으로 돌아왔지만 가족, 특히 아내에게 폭력성을 드러내는 이들이 많았다. 남편의 PTSD는 치료받을 가능성이라도 있었지만, 그에게 폭력을 당한 아내가 치료되는 경우는 전후 일본에서도 1970~1980년대 한국에서도 드물었다. 집에서 전쟁을 경험하는 여성들과 아이들의 문제가 남는다. '전장'에서 '안방'으로 이어지는 폭력은 남성의 숨겨진 폭력에 의해서 여성에 대한 억압이 작동된다는 함의를 담고 있다. 이상의 두 가지 문제는 매우 중요하지만, 본고의 논의 범위를 초과하므로, 향후의 연구과제로 꼭 이어가고 싶다.

20세기에 이루어진 외상 장애에 대한 지식 체계의 발전은 대부분 참전군인에 관한 연구를 통해서였다. PTSD가 전쟁 수행 중인 남성이 아닌, 일상을 살아가는 여성들에게 더 일반적으로 나타난다는 사실은 1970년대 여성해방운동을 통해서 알려지게 되었다. 그때까지 대부분의 여성들은 성생활과 가정생활의 경험을 말하는 것에 대한 두려움과 수치심 때문에 가정에서 혹은 데이트 상황에서 겪은 폭력에 대해 침묵해 왔다. 그들에게는 삶의 포악성에 붙일 만한 이름이 없었다. 여성의 문제는 오랫동안 '이름 없는 문제'였다. 여성운동은 이에 대해 새로운 언어를 제공했다. 강간에 대한 최초의 대중적 토론의 장에서 강간은 '성행위'가 아니라 '성범죄'라는 정의가 제시되었다. 여성운동은 강간에 대한 공공의 자각을 높였을 뿐 아니라, 피해자를 위한 새로운 사회적 대응을 주도했고, 1971년에 미국 최초의 강간위기센터가 문을 열게 되었다.[80]

---

80   주디스 허먼, 위의 책, 59쪽, 62쪽.

　　강간은 여성의 삶에 숨겨진 폭력에 대한 여성주의 운동의 초기 패러다임이었다. 초기 여성운동의 방식은 '의식 향상(consciousness raising)'이라고 불렸다. 동일한 육체적 침해를 겪었고 동일한 비밀을 간직하고 있으며, 진실을 말해야 한다는 동일한 과제를 지니고 있었던 그들에게 특별한 공간이 생겼다. 상담실이 아닌 곳에서 그들은 자신들의 상처에 이름 짓는 것을 막았던 부인(否認)과 은폐, 수치심이라는 장벽을 넘어설 수 있게 되었다.[81] 누군가는 말했고 다른 이들은 그 말들을 믿어주었다. 이 기법은 심리치료와 닮은 점이 많았지만, 개인의 변화보다 사회적인 촉발에 더 중점을 두었다는 점에서 앞에서 언급한 '정신의학의 외부'에서 진행되었던 병사들의 PTSD 치유와 닮아 있다. 참전군인들의 PTSD에 대한 문제의 실마리는 어쩌면 이러한 여성들의 고통에 대한 이해를 통해서 발견할 수 있는 것일지도 모른다.

81　　주디스 허먼, 위의 책, 60쪽.

참고문헌

한국자료

국방부 전사편찬위원회, 『파월한국군전사 제4권』, 국방부, 1972.

김원섭, 「베트남전에서 나타난 미국의 정치 및 전략적 오류의 패턴에 관한 연구: 존슨 행정부의 실패원인과 닉슨 행정부의 변화」, 고려대학교 대학원 박사논문, 2012.

노영석, 『라틴아메리카의 과거청산과 민주주의』, 산지니, 2014.

다나카 히로시 지음, 이규수 옮김, 『기억과 망각—독일과 일본, 그 두 개의 전후』, 삼인, 2000.

비엣 타인 응우옌 지음, 부희령 옮김, 『아무것도 사라지지 않는다』, 더봄, 2019.

석미화, 이재춘, 박혜진, 최여울, 노예주, 박정원, 이현주, 김엘림, 『전쟁에 동원된 남자들』, 알록, 2025.

신다은, 「표지 이야기—국가가 외면하는 '고엽제 후유증' 대물림」, 『한겨레21』 제1531호, 2024. 9. 30.

심아정, 「우리가 만난 참전군인 – 참전군인A와 '함께 말한다'는 것」, 『베트남전쟁시기 한국군에 의한 민간인 학살 진상 규명을 위한 시민평화법정 자료집』, 2018.

심아정, 「민간인 학살이라는 단일쟁점을 넘어, 겪지 않은 자들의 베트남전쟁—에코사이드 개념의 확장과 국가에 귀속되지 않는 애도의 가능성」, 『역사와 책임』 16호, 민족문제연구소, 2025.

심주형, 「정처없는 애도, 끝나지 않은 전쟁—1968년 베트남 '후에학살'을 중심으로」, 『한국문화인류학50–2』, 한국문화인류학회, 2017.

이태주, 「전쟁경험과 집단 기억의 동원—베트남 참전용사 단체를 중심으로」, 『전쟁의 기억 냉전의 구술』, 선인, 2008.

우에노 나리토시 지음, 정기문 옮김, 『폭력』, 산지니, 2006.

윤충로, 「베트남전쟁 참전군인의 집합적 정체성 형성과 지배 이데올로기의 재생산」, 『경제와 사회』, 비판사회학회, 2007.

윤휘탁, 「만주국의 서남변경지구 '치안숙정공작'과 열하성 변경사회」, 『한국민족운동사연구』 121호, 한국민족운동사학회, 2024.

이삼성, 『20세기의 문명과 야만-전쟁과 평화, 인간의 비극에 관한 정치적 성
　　찰』, 한길사, 1999.
이승준, 「미국, 국가가 PTSD전문병원 운영, 외국에선 외상후스트레스장애 관리
　　어떻게 하나」, 『한겨레21』, 1221호.
이임하, 「상이군인들의 한국전쟁 기억」, 『전쟁의 기억 냉전의 구술』, 선인, 2008.
이임하, 『전쟁미망인, 한국현대사의 침묵을 깨다』, 책과함께, 2010.
이진경 지음, 나병철 옮김, 『서비스 이코노미』, 소명출판, 2015.
임재성, 「시민평화법정을 통해서 만난 베트남 참전군인들의 목소리」, 『베트남 참
　　전군인의 과거와 미래를 묻는다(2018 아시아평화인권연대 심포지엄 자료
　　집)』, 2018년 10월12일.
조너선 닐 지음, 정병선 옮김, 『미국의 베트남전쟁-미국은 어떻게 베트남전쟁
　　에서 패배했는가』, 책갈피, 2013.
존 다우어 지음, 『패배를 껴안고-제2차 세계대전 후의 일본과 일본인』, 최은석
　　옮김, 민음사, 2009.
욍케 나이첼, 하랄트 벨처 지음, 『나치의 병사들-평범했던 그들은 어떻게 괴물
　　이 되었나』, 김태희 옮김, 민음사, 2015.
주디스 허먼 지음, 『트라우마-가정폭력에서 정치적 테러까지』, 최현정 옮김, 열
　　린책들, 1997.
최현숙, 『할배의 탄생-어르신과 꼰대 사이, 가난한 남성성의 시원을 찾아』, 이
　　매진, 2016.
한나 아렌트 지음, 『예루살렘의 아이히만-악의 평범성에 대한 보고서』, 김선욱
　　옮김, 한길사, 2006.
후지이 다케시, 「명복을 빌지 마라」, 〈경향신문〉 2015. 4. 12.

일본자료

中村江里, 「戦争と男のヒステリー」, 『立教大学ジェンダーフォーラム年報16
　　号』, 2015年 3月.
中村江里, 『戦争とトラウマ-不可視化された日本兵の戦争神経症』, 吉川弘文
　　館, 2018年.
細渕富男, 清水寛, 飯塚希世, 「国府台陸軍病院"病床日誌"にみる戦争神経症患

者の生活史的検討」『神経医学44巻(8号)』2002年.

笠原, 十九司, 「日本軍の治安戦と三光作戦」『環日本海研究年報18号』2011年 3月.

防衛庁防衛研修所戦史室編, 『戦史叢書 北支の治安戦〈1〉』朝雲新聞社, 1968年.
　　同『戦史叢書 北支の治安戦〈2〉』朝雲新聞社, 1971年.

植野真澄, 「占領下日本の再軍備反対論と傷痍軍人問題−左派政党機関紙に見る
　　白衣の傷痍軍人」大原社会問題研究所雑誌(No. 550~551), 法政大学大原社
　　会問題研究所, 2004年.

「大戦名物の"砲弾病"皇軍には皆無」『読売新聞』1939年 4月 5日.

영상자료

다큐멘터리 〈뉴스타파 목격자들−전쟁 1부, 두 개의 기억〉, 2016.

다큐멘터리 〈미친 시간〉(이마리오 감독, 러닝타임 82분, 2003.

오시마 나기사(大島渚), 〈잊혀진 황군〉, 1963

NHK 다큐멘터리 ETV 特集 シリーズ データで読み解く戦争の時代(第2回) 〈隠
　　されたトラウマ−精神障害兵士8000人の記録〉(2018년 8월 25일 방영)

참고사이트

보훈공단 중앙보훈병원 홈페이지. http://seoul.bohun.or.kr/040part/01_
　　body.php?left=26&idx=82

심아정 독립연구활동가. 동물, 난민, 여성, 가해자성을 키워드로 트랜스보더링랩(Transboder-
ing Lab), 화성외국인보호소 방문시민모임 '마중', 번역공동체 '잇다', 국제법X 위안부
세미나팀에서 공부하고 활동한다. 동료들과 함께 실천적인 앎과 삶의 길을 내는 데 관
심이 있다. 최근의 공저와 논문으로는 『폭력에 대항하는 법−일본군 '위안부' 문제와 언
어, 기억 그리고 연대』(일본군 '위안부' 문제연구소, 2024); 『군대에 대해 말하지 않는
것들−#남성성 #젠더 #퀴어 #동물 #AI』(서해문집, 2024); 『수용 격리 박탈−세계의 내
부로 추방된 존재들/동아시아의 수용소와 난민 이야기』(서해문집, 2024)가 있고, 심아
정, 「민간인 학살이라는 단일쟁점을 넘어, 겪지 않은 자들의 베트남전쟁에코사이드 개
념의 확장과 국가에 귀속되지 않는 애도의 가능성」, 『역사와 책임』 16호(민족문제연구
소, 2025); "지금−여기 페미니스트의 서경식 다시 읽기−젠더적 관점으로 고마쓰 가와
사건 과 식민지주의를 묻다"『사이間SAI』 37호, (2024) 등이 있다.

5·18국제연구원 연구총서 1

기억하기, 연대하기

초판1쇄 찍은 날 | 2025년 12월 18일
초판1쇄 펴낸 날 | 2025년 12월 22일

펴낸이 | (재)5·18기념재단 5·18국제연구원
주소 | 61965 광주광역시 서구 내방로 152(쌍촌동) 5·18기념문화센터 1층
전화 | 062-360-0518
팩스 | 062-360-0519

만든곳 | 심미안
등록 | 2003년 3월 13일 제 05-01-0268호
주소 | 61489 광주광역시 동구 천변우로 487(학동) 2층
전화 | 062-651-6968
팩스 | 062-651-9690
전자우편 | simmian21@hanmail.net
블로그 | blog.naver.com/munhakdlesimmian

값 18,000원
ISBN | 978-89-6381-480-3   03900